LE DÉCLIN, LA CRISE ET LE CHAOS

RÉFLEXIONS SUR LE DÉSORDRE MONDIAL

JACUQES BAINVILLE   GEORGES BERNANOS
PAUL VALERY   RENÉ GUÉNON

FV ÉDITIONS

TABLE DES MATIÈRES

Préface — v

JACQUES BAINVILLE : L'AVENIR DE LA CIVILISATION. — 1
RENÉ GUÉNON : LA CRISE DU MONDE MODERNE — 15
PAUL VALERY : REGARDS SUR LE MONDE ACTUEL — 117
GEORGES BERNANOS : LA FRANCE CONTRE LES ROBOTS — 185

PRÉFACE

Les auteurs qui figurent dans ce recueil ont en commun d'avoir été en leur temps des intellectuels influents qui se sont interrogés sur les changements opérés dans la société occidentale à la suite de la révolution industrielle et des bouleversements démographiques, sociologiques et politiques qui en ont découlé à la charnière du XIXe et du XXe siècle. Ces modifications profondes de la société, dans son fond et dans sa forme, nous renvoient directement à la définition du terme crise qui désigne cette période de flottement et d'incertitudes caractérisant le passage d'un état à un autre. Ne parle-t-on pas par exemple à juste titre de crise de l'adolescence ? Ou de crise politique lorsqu'un pays est en passe de basculer vers la démocratie, ou vers la dictature ? Valery écrit avec pertinence que "nous ne savons que penser des changements prodigieux qui se déclarent autour de nous et même en nous. Pouvoirs nouveaux, gênes nouvelles, le monde n'a jamais moins su où il allait". Ces paroles traduisent à elles seules la tonalité des pages qui suivent. Alors que Bernanos et Bainville interrogent ainsi les notions de progrès et de civilisation, Guénon et Valery proposent notamment une réflexion sur le rapport au religieux et à l'histoire. Notre rapport au temps qui passe et la relation que nous entretenons avec le passé ont connu des évolutions considérables dont les incidences sont visibles dans la construction même de nos identités. Il en est de même pour la place qu'occupaient autrefois la religion et la métaphysique, René Guénon soulignant que notre éloignement progressif de toutes formes de spiritualité conduit nos sociétés à une forme d'anémie, à une régression intellectuelle susceptible de nous conduire à notre perte. Tous, bien qu'ils aient des sensibilités philosophiques divergentes qui sur certains aspects les opposent, s'accordent en outre à reconnaitre que la modernité n'est pas toujours synonyme de progrès et que la société moderne — avec un constat qui reste d'une cruelle actualité — s'apparente à un monde liquide qui semble nous échapper entre les doigts comme l'eau que l'on essaye vainement de retenir au creux de la main. Fuite en avant, chaos et déclin peuvent-ils pour autant être évités ? Ne serait-il pas nécessaire de redonner du poids à la tradition ? De faire en sorte que l'Histoire décélère ? Ces questions trouveront ici des réponses qui méritent, plus que jamais, l'attention du lecteur contemporain.

Cette édition est composée de quatre textes dont nous avons respecté l'ordre chronologique :

- Jacques Bainville : L'avenir de la civilisation, 1922
- René Guénon : La crise du monde moderne, 1927
- Paul Valery : Regards sur le monde actuel, 1931
- Georges Bernanos : La France contre les robots, 1946

FVE

JACQUES BAINVILLE : L'AVENIR DE LA CIVILISATION.

AVRIL 1922.

Si l'on vous demandait quel est le mot abstrait qui a été le plus souvent prononcé depuis la guerre, pour lequel seriez-vous disposé à parier ? Serait-ce le droit ? Serait-ce la justice ? Serait-ce la démocratie ? Ce serait sans doute un de ces trois mots-là, à moins que ce ne fût celui de civilisation. Et, tous ces mots, nous entendons très bien ce qu'ils veulent dire. Seulement, quand il s'agit d'en donner le sens exact, d'en apporter une définition précise, c'est alors que commence l'embarras.

Qu'est-ce que la civilisation ? Nous croyons tous le savoir. Mais ce que tout le monde peut constater, c'est que les meilleurs dictionnaires ne le savent pas. Ouvrez celui de Littré qui est l'incomparable trésor de la langue française. Vous y trouverez que la définition est bien vague. Elle est même inexistante, à la vérité.

Littré dit, en effet : « Civilisation : action de civiliser. » Cela ne nous avance pas beaucoup. Il dit encore : « état de ce qui est civilisé, c'est-à-dire… » Attention, Littré va expliquer : « ensemble des opinions et des mœurs qui résulte de l'action réciproque des arts industriels, de la religion, des beaux-arts et des sciences. » Très bien. Mais nous tombons là dans une définition particulière du mot. C'est en ce sens que l'on dit la civilisation grecque, romaine, égyptienne, chinoise, etc. On a pu écrire des livres sur les civilisations nègres, qui ne sont pas méprisables, et sur les civilisations préhistoriques. Mais la civilisation par un grand C, la civilisation en soi ? Nous en revenons à la décourageante définition de Littré : « État de ce qui est civilisé. » Et si nous cherchons le sens du verbe civiliser nous trouvons : *rendre civil*, c'est-à-dire courtois, et *polir les mœurs*, c'est-à-dire donner la civilisation. Le dictionnaire tourne en rond. Littré donne sa langue aux chats.

Il y a mieux. Si le verbe *civiliser* se trouve déjà avec la signification que nous lui prêtons chez les bons auteurs du dix-huitième siècle, le substantif *civilisation* ne se rencontre que chez les économistes de l'époque qui a précédé immédiatement la Révolution. Littré cite un exemple pris chez Turgot. Littré, qui avait dépouillé toute notre littérature, n'a pas pu remonter plus loin. Ainsi le mot civilisation n'a pas plus d'un siècle et demi d'existence. Il n'a fini par entrer dans le dictionnaire de l'Académie qu'en 1835, il y a moins de cent ans. Et comme, avant cette date, la société française était tout de même arrivée à un certain raffinement, on devrait conclure que Racine et Molière ont fait de la civilisation sans le savoir.

L'antiquité, dont nous vivons encore, n'avait pas non plus de terme pour rendre ce que nous entendons par civilisation. Si l'on donnait ce mot-là à traduire dans un thème latin, le jeune élève serait bien embarrassé. J'ai demandé à l'un de nos meilleurs latinistes de me dire comment il s'y prendrait. « Il y a, me fut-il répondu, le mot *humanitas* qui veut dire plutôt culture de l'esprit, bonne éducation, bonnes manières, politesse : de là viennent nos « humanités ». Il y a aussi le mot *cultus* qui veut dire éducation et mœurs. Ce n'est pas suffisant. Si je cherche dans les classiques, je trouve que Cicéron, pour dire approximativement ce que nous pouvons entendre par la civilisation opposée à la barbarie, a dû se servir de trois mots : *cultus humanus civilisque*, c'est-à-dire : des mœurs douces et policées. » Ainsi, Quicherat et la Sorbonne en sont témoins : Rome, pas plus que le grand siècle, n'a su ce que c'était que la civilisation.

On pardonnera tout ce pédantisme. Mais la vie des mots n'est pas indépendante de la vie des idées. Le mot de civilisation, dont nos ancêtres se passaient fort bien, peut-être parce qu'ils avaient la chose, s'est répandu au dix-neuvième siècle sous l'influence d'idées nouvelles. Les découvertes scientifiques, le développement de l'industrie, du commerce, de la prospérité et du bien-être avaient créé une sorte d'enthousiasme et même de prophétisme. La conception du progrès indéfini, apparue dans la seconde moitié du dix-huitième siècle, concourut à convaincre l'espèce humaine qu'elle était entrée dans une ère nouvelle, celle de la civilisation absolue.

C'est à un prodigieux utopiste, bien oublié aujourd'hui, Fourier, que l'on doit d'appeler la période contemporaine celle de la civilisation et de confondre la civilisation avec l'âge moderne. Fourier était un homme qui ne doutait de rien. C'est lui qui avait inventé d'éteindre la dette d'Angleterre en six mois avec les œufs de poule, combinaison qui n'était pas beaucoup plus chimérique que celle de certains hommes d'affaires d'aujourd'hui qui proposent de reconstruire l'Europe avec le concours des bolcheviks.

La civilisation, c'était donc le degré de développement et de perfectionnement auquel les nations européennes étaient parvenues au dix-neuvième siècle. Ce terme, compris par tous, bien qu'il ne fût défini par personne, embrassait à la fois le progrès matériel et le progrès moral, l'un portant l'autre, l'un uni à l'autre, inséparables tous deux. La civilisation, c'était en somme l'Europe elle-même, c'était un brevet que se décernait le monde européen.

On eût beaucoup étonné nos grands-pères si on leur eût dit qu'un schisme éclaterait un jour dans la civilisation européenne et que la civilisation occidentale s'opposerait à la *kultur* germanique. À ce moment et sous le coup de la guerre, le mot de civilisation prit une nouvelle actualité et une nouvelle acception. Il représentait l'antithèse de la barbarie. C'était le moment où, en Angleterre, on n'appelait jamais les Allemands autrement que les Huns. Aujourd'hui on invite les Huns à collaborer à la reconstruction d'une Europe qu'ils ont démolie de fond en comble. C'est sans doute ce qu'on appelle avoir de la suite dans les idées.

Un Russe très spirituel disait pendant la guerre : « Nous autres, Russes, nous ne comprenons pas très bien ce que vous appelez la guerre de civilisation. La civilisation, elle nous est venue en grande partie par l'Allemagne. » Il voulait parler en effet de la civilisation industrielle et, bien avant lui, un autre Russe, Herzen, avait déjà dit : « Chez nous, tout est allemand, les horlogers, les pharmaciens, les sages-femmes et les impératrices. » L'Allemagne représentait certainement le plus haut degré de ce qu'elle appelait avec orgueil l'organisation, c'est-à-dire une forme gigantesque du machinisme étendu jusqu'au monde politique et moral.

L'organisation allemande, la kultur, c'était sans doute une monstruosité de la civilisation. Cet enfant monstrueux et imprévu était pourtant le fils de sa mère. Et quand on voit ce que l'Allemagne avait fait de la civilisation, on peut se demander ce qu'elle fera, par exemple, de la démocratie.

En tout cas, c'est un abus formidable des moyens que la civilisation a mis aux mains des hommes qui a poussé l'Allemagne à porter à la civilisation elle-même le coup terrible qui l'a ébranlée. Cet abus même, voisin de l'absurdité, destinait l'Allemagne à la défaite, car elle était fatalement poussée à organiser l'Europe et le monde sur son modèle. Pendant la guerre quand on disait à M. Alfred Capus qui était invinciblement optimiste : « Oui, mais les Allemands sont bien forts », il répondait par cet apologue : « Je vois de savants ingénieurs et d'incomparables techniciens qui construisent une machine colossale dont l'aspect inspire de l'admiration et de la terreur. Je demande à quoi elle doit servir et l'on me dit qu'elle doit servir à monter dans la lune. Alors je hausse les épaules et j'attends la fin. »

Les Allemands ne sont pas montés dans la lune. Mais s'ils avaient détaché un gros morceau de notre satellite et s'ils l'avaient fait tomber sur la terre, ils n'y auraient pas produit beaucoup plus de ravages qu'en déclarant la guerre au monde au mois d'août 1914. Ce jour-là, un stupide excès dans une certaine forme de la civilisation a compromis l'avenir de la civilisation. Estimons-nous heureux s'il ne l'a pas tuée. Car nous avons de sérieuses raisons de trembler pour elle.

À l'époque même où le monde civilisé était le plus orgueilleux et le plus enivré de ses progrès, à l'époque où l'on avait fait du progrès et du perfectionnement sans limites une sorte de dogme, des doutes, des inquiétudes étaient bien venus assiéger quelquefois les philosophes. Se disaient-ils qu'après tout d'autres civilisations avaient disparu, qu'elles avaient jonché la terre de leurs ruines et que notre société s'était péniblement relevée et édifiée sur leurs vestiges ? Mais comment se serait-on arrêté à l'idée que notre civilisation moderne, fondée sur des assises aussi vastes et aussi puissantes, pourrait être à la merci des événements qui ont renversé les civilisations antiques ? Lorsqu'on nous dit que les anciens Égyptiens avaient déterminé, comme l'attestent les mesures symboliques de la grande pyramide, la distance de la terre au soleil, résultat que l'astronomie n'a retrouvé que de nos jours, nous nous consolons par la pensée que la science, en ce temps-là, était comme un secret transmis à un petit nombre d'hommes et qui pouvait périr facilement. Nous nous disons qu'il ne peut pas en être de même aujourd'hui, car la science, universellement répandue, appartient à tous. Au fait, qu'en savons-nous ?

Sans doute, le dix-neuvième siècle a eu ses pessimistes qui ont annoncé des catastrophes. C'étaient, en général, des excentriques ou des fantaisistes. Ils ne concevaient guère qu'un drame rapide et brutal. Ils avaient une vision romantique de la fin du monde dans une ruée de barbares, oubliant que l'agonie de l'empire romain avait été longue avec des repos et des transitions.

Quant aux penseurs les plus illustres et qui passaient pour les plus sérieux, quant aux théoriciens du progrès, leur confiance était imperturbable. Tenez : un homme qui avait la foi, c'était Condorcet. Ce philosophe, qui avait eu le tort de faire de la politique, avait dû fuir et se cacher, pendant la Révolution, pour échapper à la guillotine. Il fut d'ailleurs arrêté un jour aux environs de Paris, dans une auberge, s'étant rendu suspect d'aristocratisme pour n'avoir pas su dire de combien d'œufs il voulait son omelette. Il s'empoisonna dans sa prison. C'est au moment où il était traqué par la Terreur que Condorcet écrivit pourtant son *Tableau historique des progrès de l'esprit humain*. Et dans quelles hypothèses concevait-il que les progrès de l'esprit humain pourraient être arrêtés ? Dans une seule, celle d'une révolution physique, d'un cataclysme terrestre ou cosmique, hypothèse tellement vague, tellement lointaine qu'elle ne comptait même pas. Comme le guerrier gaulois, Condorcet craignait seulement que le ciel tombât sur nos têtes.

Renan était du même avis. Pour lui, le progrès, c'était la petite tour d'acier qui s'élève sans cesse. On ne pouvait prévoir jusqu'où elle aurait monté dans cent ans, mille ans, cent mille ans, car, jusqu'au refroidissement et à la mort de notre globe, il doit s'écouler des millénaires. Renan se demandait seulement si la science ne finirait pas par rendre la vie si facile que les hommes n'auraient plus rien à faire et perdraient leur activité physique et intellectuelle. Il se demandait si la science n'en arriverait pas à se tuer elle-même. « Parfois, dit un personnage de ses *Dialogues philosophiques*, je vois la terre dans l'avenir sous forme d'une planète d'idiots se chauffant au soleil dans la sordide oisiveté de l'être qui ne vise qu'à avoir le nécessaire de la vie matérielle. » En somme, Renan appréhendait que le travail ne fût supprimé avec la misère. Il serait rassuré s'il vivait de nos jours. Il verrait que l'humanité n'est pas près d'être dispensée de l'effort et de se chauffer oisivement au soleil.

Cependant toutes les spéculations que l'on a faites sur le progrès indéfini ressemblent aux calculs que l'on fonde sur le placement d'une somme à intérêts composés. Tout le monde sait qu'un sou placé à intérêts composés depuis l'an premier de notre ère formerait une masse d'or plus grosse que notre globe lui-même. Sur le papier, cette progression arithmétique n'est pas contestable. L'hypothèse est pourtant absurde. Ce qui la corrige, c'est qu'un capital est condamné à être détruit un grand nombre de fois dans le cours de dix-neuf siècles.

Il y avait, avant la Révolution française, un philanthrope qui avait fondé un merveilleux système d'assistance à l'humanité : il suffisait d'accumuler les intérêts d'une petite fortune. Au bout de trente ans, on pouvait élever des familles entières. Au bout de cent ans, on pouvait construire une cité modèle. Puis, cela allait très vite, on pouvait abattre toutes les maisons insalubres, exécuter de gigantesques travaux d'utilité publique, si bien qu'après deux ou trois siècles la terre n'eût plus été qu'un immense jardin.

Ce philanthrope avait matérialisé l'idée du progrès indéfini. Il légua une rente de mille livres avec charge de l'appliquer à son système et, en effet, le legs grossit pendant plusieurs années. Puis vinrent la Révolution, les assignats, la faillite. L'exécuteur testamentaire supplia le Directoire de faire une exception pour la rente de mille livres et pour le capital produit, afin de ne pas interrompre la merveilleuse expérience. On ne l'écouta même pas.

Cette histoire, qui est parfaitement vraie, prouve que les choses de ce monde répugnent à l'indéfini et ne s'accommodent pas de l'absurde « de plus en plus ». Rien ne va de plus en plus, ni de moins en moins. C'est tantôt plus et tantôt moins. Les anciens l'avaient déjà dit : il y a des limites à tout. Les hommes d'affaires le savent bien aussi. À la Bourse, une valeur ne monte pas éternellement. La *Royal Dutch* elle-même a fini par baisser. Réaliser, c'est le grand art.

Mais il ne dépendait pas de nous de réaliser la vie facile et agréable telle que nous l'avons connue avant 1914, lorsque ne se posaient ni les problèmes de la monnaie, ni ceux de l'habitation, ni ceux du vêtement, ni ceux de la nourriture. Nous étions alors comme Condorcet qui ne s'était jamais occupé de savoir combien d'œufs il fallait dans une omelette. Qui eût alors pensé que les commodités de l'existence disparaîtraient si rapidement, que l'existence elle-même deviendrait un problème ardu ? Nous voulons bien croire encore, par un reste d'habitude, au progrès fatal et nécessaire. Mais l'idée de régression nous hante, comme elle devait hanter les témoins de la décadence de l'empire romain.

Ouvrons une histoire de France, une de celles qui ont été destinées à faire sentir aux Français du dix-neuvième siècle, par la comparaison avec les temps anciens, combien ils étaient heureux de jouir d'un gouvernement moderne et des bienfaits de la science. Ouvrons l'histoire de Michelet qui raconte, à faire frissonner, les horreurs du moyen âge. Je trouve, au moment de la guerre de Cent ans, la description d'une mystérieuse épidémie à laquelle succombaient les jeunes gens et les hommes dans la force de l'âge, et qui, épargnant les vieillards, « frappait la force et l'espoir des générations ». On reconnaît là tous les symptômes de la grippe redoutable que nous nommons grippe espagnole. D'ailleurs Michelet, avec un diagnostic très sûr, ajoute que « la mauvaise nourriture y était pour beaucoup ». C'est ce que nous ont dit aussi nos médecins.

Ailleurs Michelet parle comme d'une abomination d'un certain impôt institué par le roi Philippe VI qui cherchait comme il pouvait à remplir le Trésor vide : « En 1343, la guerre avait forcé Philippe de Valois à demander aux États un droit de quatre deniers par livre sur les marchandises, lequel devait être perçu à chaque vente. Ce n'était pas seulement un impôt, c'était une intolérable vexation, une guerre contre le commerce. Le percepteur campait sur le marché, espionnait marchands et acheteurs, mettait la main à toutes les poches, demandait sa part sur un sou d'herbe. Ce droit, qui n'est autre que l'alcavala espagnol, a tué l'industrie de l'Espagne. » Croyons-en Michelet et l'alcavala, mais aujourd'hui nous connaissons cet impôt, nous l'appelons taxe sur le chiffre d'affaires et nous entendons les plaintes des consommateurs et des commerçants.

Il serait trop facile de multiplier ces exemples. Ah ! comme la civilisation est fragile ! On pourrait dire d'elle ce que disait de la santé un médecin célèbre : « La santé est un état provisoire et qui ne laisse rien présager de bon. » La civilisation tient comme la santé à un équilibre instable. C'est une fleur délicate. Elle dépend de tout un ensemble de conditions. Supprimez quelques-unes de ces conditions elle dépérit, elle recule. Heureux si elle ne disparaît pas !

À cet égard, la Russie nous offre une étonnante leçon de choses. Récemment, un commissaire bolcheviste, Ossinsky, remarquait que la production de la fonte, dans la Russie soviétique, était tombée au même niveau qu'au temps de Pierre le Grand, l'introducteur de la civilisation européenne en Russie, introducteur par la force, car les tsars et les tsarines avaient civilisé la Russie malgré elle. La statistique d'Ossinsky, voilà un petit fait qui en dit très long. Sans doute la production de la fonte ne peut pas être considérée comme l'étalon de la civilisation morale. Mais elle est d'une importance capitale pour une civilisation qui repose pour une très grande part sur l'industrie. Que signifie cette décadence de la métallurgie russe ? Elle signifie que les chemins de fer ne peuvent plus être entretenus, que les transports s'arrêtent, que ni les marchandises, ni les idées, s'il y en a, ne circulent plus, qu'un des progrès les plus sensibles de notre temps est par conséquent aboli, que les régions où la récolte a été mauvaise sont condamnées à la famine, que les populations se replient sur elles-mêmes et, coupées de communications avec le reste du monde, retournent à la barbarie. Ce qu'on sait de la vie actuelle dans les campagnes russes, misère, épidémies, brigandage, cannibalisme même, confirme cette vue. Il a suffi de la désorganisation d'une branche essentielle de l'industrie russe, à la suite de la désorganisation politique de la Russie, pour amener une épouvantable régression matérielle et morale. Car, on l'a remarqué il y a déjà longtemps toute civilisation fait corps. On ne peut détruire une de ses parties sans l'atteindre en entier.

Mais la Russie, avec une industrie ramenée à ce qu'elle était avant les progrès de Pierre le Grand, est bien plus malheureuse, elle est bien plus bas qu'avant Pierre le Grand. Je me rappelle une dame qui, voilà une vingtaine d'années, avait été ruinée par un krach célèbre et qui disait : « C'est terrible. Que vais-je devenir ? Il ne me reste plus que soixante mille francs de rente. » Les nations européennes appauvries par la guerre et les révolutions sont comme cette dame. Elles ont contracté des habitudes, elles se sont créé des besoins. Elles avaient édifié tout un mécanisme très compliqué, très délicat, très dispendieux. Elles avaient un train de maison considérable. Avec des ressources qui suffisaient il y a deux cents ans à leur assurer une vie très supportable, elles se trouvent aujourd'hui dans la détresse. Il y a de grandes villes comme Vienne où l'Université doit fermer ses portes. D'ailleurs, les conditions misérables de la vie en Autriche ne permettent même plus qu'il y ait des étudiants. En France même, il faut s'occuper de la grande pitié des laboratoires, d'une pénurie qui ne compromet pas seulement la recherche scientifique, mais la transmission de la science et la formation des savants.

La réalité que l'on avait oubliée ou méconnue et qui se rappelle à nous cruellement, c'est que la civilisation, non seulement pour se développer mais pour se maintenir, a besoin d'un support matériel. Elle n'est pas en l'air. Elles n'est pas dans les régions idéales. Elle suppose d'abord la sécurité et la facilité de la vie qui suppose à son tour des États organisés, des finances saines et abondantes. En d'autres termes, la civilisation est une plante qui pousse avec des soins. C'est une plante de serre. Elle exige qu'un grand nombre de conditions économiques, sociales et politiques soient remplies. Voilà pourquoi Auguste Comte mettait au premier rang « l'immense question de l'ordre ». Voilà pourquoi il avait pris pour devise « Ordre et progrès », le progrès ne se concevant pas dans l'anarchie et le désordre. Le jour où le fondateur du positivisme était allé proposer aux jésuites une alliance contre les « orages de l'avenir », le Père qui l'avait reçu l'avait pris pour un fou. Dans l'esprit d'Auguste Comte, cette démarche était un symbole. Il recherchait contre l'anarchie le concours de l'Église, la plus grande puissance d'ordre du monde.

Les orages de l'avenir sont venus. La guerre a produit des conséquences que personne n'avait prévues, ceux qui l'ont déclarée encore moins que les autres. De toutes les manières la civilisation a travaillé contre elle-même. Et non pas seulement par les engins de destruction qu'elle a inventés, non pas seulement par les idées qu'elle a répandues et dont l'idée de nationalité reste la plus dangereuse, bien plus explosive que la nitroglycérine. La civilisation avait mis en outre à la disposition des États des forces plus grandes que celles qu'aucun État, aux temps anciens, eût jamais possédées. Et pour mettre ces forces en mouvement, pour les lancer les unes contre les autres, l'électricité a encore joué le rôle d'une fée malfaisante en supprimant entre les peuples l'espace et le temps.

Il y a, dans les *Essais d'histoire et de critique* d'Albert Sorel, des pages célèbres et toujours actuelles sur la *Diplomatie et le progrès*. Elles seraient tout entières à relire. Citons au moins ceci :

> Imaginez un Richelieu et un Bismarck, un Louis XIV et un Frédéric, enfermés chacun dans son cabinet à téléphones, resserrant en un dialogue précipité les conflits séculaires des dynasties et des nations. À côté du téléphone qui les met en présence de l'adversaire est celui qui les met en communication avec le serviteur. Un mot lancé entre deux répliques, et les soldats s'apprêtent dans leurs casernes, les locomotives se mettent en pression. À mesure que la dispute s'anime, les armées se précipitent vers les frontières. Les courants de la passion humaine se heurtent comme les courants électriques qui les portent. Dans l'instant où la guerre est déclarée, elle éclate, et des générations humaines sont fauchées avant que l'humanité ait pu savoir pourquoi.

Ces lignes étaient écrites en 1883. Ne croirait-on pas lire la prophétie de ce qui s'est passé en 1914 ? C'est la preuve que, par l'étude de l'histoire, par l'observation et par l'analyse, on peut devenir prophète. Seulement, il faut bien le dire : ce qu'on n'avait pas prophétisé, c'est que la guerre serait aussi longue et qu'elle serait par conséquent aussi destructive. Les économistes et les financiers avaient même annoncé tout le contraire. Selon eux, une grande guerre européenne devait nécessairement être courte parce que les belligérants ne pourraient pas suffire longtemps à d'aussi colossales dépenses. L'argent devait manquer bien avant les hommes. Les économistes n'avaient pas songé que les États modernes jouissaient d'un immense crédit et qu'ils avaient en outre la ressource d'imprimer du papier-monnaie avec cours forcé. Oh ce n'est pas que ce moyen de créer de la richesse soit nouveau. Marco Polo, le voyageur vénitien du treizième siècle, racontait déjà que Gengis Khan, guerrier fameux, l'avait employé. « Ce sont, rapporte Marco Polo, petites cartes qui portent le sceau du grand seigneur ». Ce n'est pas plus difficile que cela. Et Gengis Khan lui-même n'avait rien inventé, car Marco Polo raconte encore qu'un sage chinois avait averti que ce système ne valait rien. « Aux anciens temps, disait le mandarin, les empereurs de Chine avaient déjà commencé à émettre du papier. Il y avait alors un ministre qui gagna beaucoup avec l'émission de ce papier. Mais les choses en vinrent au point que, pour dix mille billets, on pouvait à peine acheter un gâteau de riz. Le peuple souffrit beaucoup et l'État fut ruiné. » Les historiens ont été sévères pour les rois de France qui ont altéré les monnaies. Mais si les écus étaient plus légers, c'étaient encore des écus. Nous nous en contenterions.

Cependant, entre l'inflation en Chine ou en France au temps des assignats, et l'inflation de notre siècle, il y a une différence. Cette différence, c'est qu'en 1914 les États avaient un crédit tellement solide qu'ils ont pu émettre très longtemps et en immense quantité des billets de banque avant qu'il en fallût dix mille pour acheter un gâteau de riz. La confiance publique a permis de créer pour des centaines de milliards de richesse fictive, tandis que des centaines de milliards de richesse réelle se détruisaient, se consommaient, s'évaporaient tous les jours. La merveilleuse organisation financière de notre temps, qui était un des fruits de la civilisation, a contribué peut-être plus qu'autre chose à ruiner la civilisation elle-même, parce que, derrière le voile d'une illusion, elle a servi à anéantir une très grande partie du capital dont la civilisation vit.

Aujourd'hui nous savons encore mieux qu'autrefois que le hideux capital doit être appelé le divin capital. Sans lui, pas de science, ni d'art. Sans lui, pas de ces études désintéressées grâce auxquelles se réalisent toutes les améliorations. Si les études médicales deviennent trop coûteuses, parmi combien de sujets se fera la sélection des chercheurs ? Si tous les médecins sont obligés de gagner leur vie tout de suite, qui restera pour les recherches de laboratoire ? Or, dans la même mesure que le capital, s'affaiblissent les classes moyennes qui sont le plus solide support de la civilisation, parce que c'est d'elles que sortent sans cesse les talents. La civilisation romaine a reculé avec la ruine de la bourgeoisie municipale et elle s'est longtemps réfugiée dans les monastères parce que, dans les temps de pauvreté, les seuls hommes qui puissent se livrer aux travaux de l'esprit, aux travaux qui ne rapportent pas d'argent, sont ceux qui n'ont ni femmes ni enfants, ceux qui sont affranchis des soucis de la vie matérielle, parce qu'ils sont détachés de tous les biens de ce monde.

Et notre siècle a encore découvert que, si la civilisation supposait des richesses stables, elle supposait aussi un ordre politique stable. La guerre a apporté en Europe d'immenses changements. Ce n'est pas seulement la carte qui a été changée, et qui a d'ailleurs repris un aspect semblable à celui qu'elle avait au moyen âge. La renaissance de la Pologne et de la Bohême, que nous appelons sauvagement Tchéco-Slovaquie, c'est un progrès qui est un retour en arrière. Mais ce n'est pas seulement le système européen qui été bouleversé par les révolutions. C'est l'esprit européen. Dans toute une partie de l'Europe, les monarchies, les cours, l'aristocratie conservaient une certaine communauté d'idées, de langage et de manières ; souvenir du temps où la langue française était celle de Frédéric II. À leur place sont venues des démocraties nationalistes qui ne connaissent qu'elles-mêmes et qui font de l'Europe une tour de Babel. L'Europe a cessé d'être gouvernée par des hommes qui avaient eu invariablement une nurse anglaise et un précepteur français. Ne nous étonnons donc pas qu'on voie disparaître le sens européen et que des barrières se dressent entre les peuples. On ne peut pas demander à des moujiks d'avoir été élevés comme des princes.

A tous les points de vue, il suffit de comparer l'Europe d'aujourd'hui à ce qu'elle était avant la guerre et même à ce qu'elle était il y a cinquante ans, cent ans et plus pour s'apercevoir que la civilisation matérielle a reculé autant que la civilisation morale. Les chemins de fer tendent à devenir en Russie un souvenir archéologique. L'archéologue y aurait bien d'autres surprises. On voyait autrefois dans la grande cour du Kremlin les canons que les Russes avaient pris en 1812 à la Grande Armée. Et l'inscription qui dominait ces trophées était gravée sur le mur dans la langue de l'ennemi, la langue universelle, le français. Elle y est peut-être encore. Les inscriptions bolchevistes sont en russe. De nos jours ont dit « Prolétaires de tous les pays, unissez-vous. » Mais chacun le dit dans sa langue, on ne se comprend pas et l'on s'unit encore moins.

Rares sont les hommes du dix-neuvième siècle qui ont eu le pressentiment d'une décadence possible et surtout d'une décadence aussi prompte de notre civilisation. En 1863, Sainte-Beuve se demandait ce que serait le sort des hommes et de la pensée un siècle plus tard et il était partagé entre l'espérance et la crainte. Mais il y a eu quelqu'un qui été franchement pessimiste et qui n'a pas craint d'annoncer des calamités. C'est Henri Heine, qui avait fini par redouter également la révolution et l'Allemagne et qui conseillait aux Français de se méfier du prince royal de Prusse et du docteur Wirth, car il y avait déjà, en ce temps-là, un docteur Wirth en Allemagne. Henri Heine a peint l'avenir, notre présent, sous les couleurs les plus sinistres. Et c'est le prophète d'Israël qui, chez lui, a eu raison. Ce n'est pas lui qui eût cru que l'on pouvait reconstruire par la vertu d'une formule, ni par un coup de baguette magique, ce qui a été détruit. Ce n'est pas lui qui eût cru qu'on guérirait l'Europe en huit jours par le Congrès de Gênes. « Je conseille à nos petits-enfants, disait-il, de venir au monde avec une peau épaisse sur le dos. » C'est une image à prendre à la lettre ; car il faut aux hommes d'aujourd'hui une peau très dure pour ne pas sentir trop douloureusement les pierres du chemin.

Est-ce à dire qu'on doive désespérer de l'avenir de l'Europe et de la civilisation ? On ne doit jamais désespérer. L'histoire nous montre une suite de décadences et de renaissances. Ce qu'elle n'avait peut-être pas encore montré, c'est un monde aussi sûr de lui-même, aussi fier de ses progrès et brisant en aussi peu de temps une machine aussi compliquée qui a peut-être échappé aux mains de ceux qui se flattaient de la conduire. Pour l'humanité, quelle leçon de modestie ! Nous n'avons qu'une crainte : c'est que cette leçon ne soit perdue pour les prétendus reconstructeurs d'aujourd'hui, aussi légers, aussi orgueilleux que les destructeurs d'hier. En mettant tout au mieux, l'Europe emploiera des années à refaire ce qui a été défait en quelques mois. Et ce sera à la condition que l'Occident surveille sans cesse ces plaines de l'est d'où a toujours surgi l'anarchie, non moins barbare que les invasions.

Pour que la civilisation se maintienne au niveau que nous lui avons connu, quelle est la condition essentielle à remplir ? De toute évidence, qu'il y ait au moins autant d'écoles qu'il y en avait naguère : c'est pour avoir fondé, encouragé et visité des écoles que l'empereur Charlemagne est resté un des pères de la civilisation. Et pour qu'il y ait des écoles, des collèges, des universités, que faut-il ? Un budget de l'instruction publique abondant. Si l'État est pauvre, il faudra bien qu'il fasse des économies sur l'enseignement comme sur le reste. Ainsi l'un des progrès dont le monde moderne était le plus fier, l'enseignement universel, deviendrait problématique.

Toutes ces conséquences n'ont pas échappé aux plus pénétrants de nos contemporains. Parmi les hommes qui s'adressent au public, il faut distinguer deux catégories. Il y a ceux qui continuent de parler en disant des choses apprises, qu'ils ne renouvellent pas et qui finissent par n'avoir aucun sens. Ceux-là parlent toujours du progrès nécessaire et indéfini comme si rien ne s'était passé depuis 1914. Et il y a ceux qui regardent, qui observent, qui voient les causes et les effets et qui se demandent si, à l'idée de progrès, il ne faut pas substituer l'idée de régression.

Cette inquiétude, un romancier, M. Pierre Mille, l'a déjà traduite dans un conte philosophique qui contraste singulièrement avec les images du monde futur que l'on donnait couramment autrefois, que M. Anatole

France lui-même avait données. On sait encore que M. Guglielmo Ferrero a transposé dans l'histoire ce souci nouveau.

Un des esprits les plus subtils de notre temps, un poète qui est en même temps un mathématicien, M. Paul Valéry, a écrit récemment des pages qui portent dans le domaine de l'esprit les craintes dont les êtres pensants sont assiégés de nos jours. M. Paul Valéry a dit avec une sombre magnificence des choses que d'autres disent d'une manière plus positive :

> Nous autres, civilisations, nous savons maintenant que nous sommes mortelles.
>
> Nous avions entendu parler de mondes disparus tout entiers, d'empires coulés à pic avec tous leurs hommes et tous leurs engins ; descendus au fond inexplorable des siècles avec leurs dieux et leurs lois, leurs académies et leurs sciences pures et appliquées ; avec leurs grammaires, leurs dictionnaires, leurs classiques, leurs romantiques et leurs symbolistes, leurs critiques et les critiques de leurs critiques. Nous savions bien que toute la terre apparente est faite de cendres, que la cendre signifie quelque chose. Nous apercevions à travers l'épaisseur de l'histoire les fantômes d'immenses navires qui furent chargés de richesse et d'esprit. Nous ne pouvions pas les compter. Mais ces naufrages, après tout, n'étaient pas notre affaire.
>
> Elam, Ninive, Babylone étaient de beaux noms vagues, et la ruine totale de ces mondes avait aussi peu de signification pour nous que leur existence même. Mais France, Angleterre, Russie. ce seraient aussi de beaux noms. *Lusitania* aussi est un beau nom. Et nous voyons maintenant que l'abîme de l'histoire est assez grand pour tout le monde. Nous sentons qu'une civilisation a la même fragilité qu'une vie. Les circonstances qui enverraient les œuvres de Keats et celles de Baudelaire rejoindre les œuvres de Ménandre ne sont plus du tout inconcevables : elles sont dans les journaux.

De telles méditations sont salutaires. Elles nous font mieux sentir le prix de ce que nous sommes exposés à perdre et, par conséquent, elles nous inspirent le désir de le garder et nous incitent à l'effort pour le garder. Le pessimisme, cause de découragement pour les uns, est un principe d'action pour les autres. L'histoire vue sous un aspect est une école de scepticisme vue sous un autre aspect, elle enseigne la confiance.

Telle est surtout l'histoire du peuple français. Dans ses annales de quatorze siècles, si on commence à la chute de l'empire romain, la France a connu un nombre incroyable de vicissitudes. Non seulement elle n'a réalisé son unité qu'au prix de longues luttes, non seulement elle a failli bien des fois cesser d'exister comme nation, mais encore il y a eu des époques si terribles que les contemporains ont bien cru que tout allait périr. Chaque fois, cependant, les périodes de calamités publiques, d'obscurcissement de l'esprit humain, ont été suivies d'une rapide renaissance, car il serait faux de ne compter dans l'histoire qu'une renaissance. Le moyen âge, si troublé, en a vu au moins deux ou trois.

La grande faculté de la France, une de ses facultés maîtresses, aurait dit Taine, c'est de reconstituer sans cesse une classe moyenne qui, elle-même, engendre toutes les aristocraties. À la base se trouve une race paysanne, ancienne et dure, qui crée constamment de la richesse et qui, par la plus réelle des richesses, celle du sol fécondé par le travail, s'élève constamment. Un vieux proverbe de la noblesse française disait : « Nous venons tous de la charrue. » C'est encore vrai de nos jours pour toutes nos espèces d'aristocratie, y compris celle de l'intelligence. Vingt millions de paysans forment l'humus dont se nourrit sans cesse ce qui fait la France. Vingt millions de paysans qui ont deux passions, celle de l'épargne et celle de l'ordre, sont les garanties de toutes nos renaissances. Quelles que soient nos plaies financières, politiques ou sociales, on peut compter que le paysan français, par son labeur aussi régulier qu'opiniâtre, rétablira l'équilibre et aura raison de tout.

Un penseur du dix-neuvième siècle, Bonald, un de ceux qu'Auguste Comte, avec une tendre familiarité, appelait « les dignes rétrogrades », — Bonald a dit après la Révolution : « La France, premier-né de la civilisation européenne, sera la première à renaître à l'ordre ou à périr. » Dans les convulsions engendrées par la guerre, qui a été une révolution bien plus vaste que l'autre, la France a fait preuve d'une stabilité qui n'a été dépassée nulle part. Renaître à l'ordre ? Bonald, ce jour-là, voyait en noir. Les Français naissent avec l'idée de l'ordre. C'est pourquoi, si la civilisation devait s'éteindre, vaciller ou languir ailleurs, c'est en France, et j'ajouterai dans les pays qui sont les plus voisins de la France et qui lui ressemblent le plus, qu'elle se perpétuerait...

Nous avons commencé en cherchant une définition littérale et pour ainsi dire grammaticale de la civilisation, et nous ne l'avons pas trouvée. Nous finirons en donnant une définition philosophique. Elle est d'un homme dont la pensée, l'action et la vie — pour lui, c'est tout un, — ont des sources qui ne sont ni assez étudiées ni assez comprises. À la base des idées de Charles Maurras, il y a une analyse de tous les principes. Dédaigneux de ses travaux préparatoires, il a semé, il a laissé derrière lui des pages qui, rassemblées, formeraient une somme philosophique. C'est à Charles Maurras que l'on doit la définition la plus profonde et la plus étendue du mot que les dictionnaires renoncent à expliquer. La civilisation, a-t-il dit, c'est *l'état social dans lequel l'individu qui vient au monde trouve incomparablement plus qu'il n'apporte. En d'autres termes, la civilisation est d'abord un capital. Elle est ensuite un capital transmis.* Car les connaissances, les idées, les perfectionnements techniques, la moralité se capitalisent comme autre chose. Capitalisation et tradition, — tradition c'est transmission, — voilà deux termes inséparables de l'idée de civilisation. Que l'un ou l'autre vienne à manquer, et la civilisation est compromise. Toute grande destruction, toute sédition de l'individu, toute rupture brutale avec le passé sont également funestes pour la civilisation. C'est la leçon que nous devons tirer des conséquences de la guerre. Et c'est ainsi qu'apparaissent le remède et la guérison. L'orgueil du progrès a vécu. L'avenir est aux humbles vertus du travail, de la discipline et de la patience. Comme les fortunes privées, comme les champs ravagés, comme les maisons et les monuments abattus par la guerre, beaucoup de choses que l'on croyait acquises sont à reconstituer. L'humilité : voilà ce qu'enseigne la catastrophe européenne.

Cependant, il est encore des hommes auxquels on donne le nom d'hommes d'État et qui ont imaginé, pour reconstruire l'Europe, de fonder une société anonyme au capital de vingt millions de livres sterling. Qu'il n'y ait plus de Swift ni de Voltaire pour tuer ces graves niaiseries par le rire, c'est le signe que l'esprit humain est tombé bien bas, qu'il est dans un cruel marasme. Autant que la balance du commerce a besoin d'être rétablie, l'esprit humain a besoin d'être relevé. Le jour où nous aurons l'équivalent de *Candide* et de *Gulliver*, ce jour-là nous pourrons dire que la civilisation est revenue.

RENÉ GUÉNON : LA CRISE DU MONDE MODERNE

1927

AVANT-PROPOS

Lorsque nous avons, il y a quelques années, écrit Orient et Occident, nous pensions avoir donné, sur les questions qui faisaient l'objet de ce livre, toutes les indications utiles, pour le moment tout au moins. Depuis lors, les événements sont allés en se précipitant avec une vitesse toujours croissante, et, sans nous faire changer d'ailleurs un seul mot à ce que nous disions alors, ils rendent opportunes certaines précisions complémentaires et nous amènent à développer des points de vue sur lesquels nous n'avions pas cru nécessaire d'insister tout d'abord. Ces précisions s'imposent d'autant plus que nous avons vu s'affirmer de nouveau, en ces derniers temps, et sous une forme assez agressive, quelques-unes des confusions que nous nous sommes déjà attaché précisément à dissiper ; tout en nous abstenant soigneusement de nous mêler à aucune polémique, nous avons jugé bon de remettre les choses au point une fois de plus. Il est, dans cet ordre, des considérations, même élémentaires, qui semblent tellement étrangères à l'immense majorité de nos contemporains, que, pour les leur faire comprendre, il ne faut pas se lasser d'y revenir à maintes reprises, en les présentant sous leurs différents aspects, et en expliquant plus complètement, à mesure que les circonstances le permettent, ce qui peut donner lieu à des difficultés qu'il n'était pas toujours possible de prévoir du premier coup.

Le titre même du présent volume demande quelques explications que nous devons fournir avant tout, afin que l'on sache bien comment nous l'entendons et qu'il n'y ait à cet égard aucune équivoque. Que l'on puisse parler d'une crise du monde moderne, en prenant ce mot de « crise » dans son acception la plus ordinaire, c'est une chose que beaucoup ne mettent déjà plus en doute, et, à cet égard tout au moins, il s'est produit un changement assez sensible : sous l'action même des événements, certaines illusions commencent à se dissiper, et nous ne pouvons, pour notre part, que nous en féliciter, car il y a là, malgré tout, un symptôme assez favorable, l'indice d'une possibilité de redressement de la mentalité contemporaine, quelque chose qui apparaît comme une faible lueur au milieu du chaos actuel. C'est ainsi que la croyance à un « progrès » indéfini, qui était tenue naguère encore pour une sorte de dogme intangible et indiscutable, n'est plus aussi généralement admise ; certains entrevoient plus ou moins vaguement, plus ou moins confusément, que la civilisation occidentale, au lieu d'aller toujours en continuant à se développer dans le même sens, pourrait bien arriver un jour à un point d'arrêt, ou même sombrer entièrement dans quelque cataclysme. Peut-être ceux-là ne voient-ils pas nettement où est le danger, et les craintes chimériques ou puériles qu'ils manifestent parfois prouvent suffisamment la persistance de bien des erreurs dans leur esprit ; mais enfin c'est déjà quelque chose qu'ils se rendent compte qu'il y a un danger, même s'ils le sentent plus qu'ils ne le comprennent vraiment, et qu'ils parviennent à concevoir que cette civilisation dont les modernes sont si infatués n'occupe pas une place privilégiée dans l'histoire du monde, qu'elle peut avoir le même sort que tant d'autres qui ont déjà disparu à des époques plus ou moins lointaines, et dont certaines n'ont laissé derrière elles que des traces infimes, des vestiges à peine perceptibles ou difficilement reconnaissables.

Donc, si l'on dit que le monde moderne subit une crise, ce que l'on entend par là le plus habituellement, c'est qu'il est parvenu à un point critique, ou, en d'autres termes, qu'une transformation plus ou moins profonde est imminente, qu'un changement d'orientation devra inévitablement se produire à brève échéance, de gré ou de force, d'une façon plus ou moins brusque, avec ou sans catastrophe. Cette acception est parfaitement légitime et correspond bien à une partie de ce que nous pensons nous-même, mais à une partie seulement, car, pour nous, et en nous plaçant à un point de vue plus général, c'est toute l'époque moderne, dans son ensemble, qui représente pour le monde une période de crise ; il semble d'ailleurs que nous approchions du dénouement, et c'est ce qui rend plus sensible aujourd'hui que jamais le caractère anormal de cet état de choses qui dure depuis quelques siècles, mais dont les conséquences n'avaient pas encore été aussi visibles qu'elles le sont maintenant. C'est aussi pourquoi les événements se déroulent avec cette vitesse accélérée à laquelle nous faisions allusion tout d'abord ; sans doute, cela peut continuer ainsi quelque temps encore, mais non pas indéfiniment ; et même, sans être en mesure d'assigner une limite précise, on a l'impression que cela ne peut plus durer très longtemps.

Mais, dans le mot même de « crise », d'autres significations sont contenues, qui le rendent encore plus apte à exprimer ce que nous voulons dire : son étymologie, en effet, qu'on perd souvent de vue dans l'usage courant, mais à laquelle il convient de se reporter comme il faut toujours le faire lorsqu'on veut restituer à un terme la plénitude de son sens propre et de sa valeur originelle, son étymologie, disons-nous, le fait partiellement synonyme de « jugement » et de « discrimination ». La phase qui peut être dite véritablement « critique », dans n'importe quel ordre de choses, c'est celle qui aboutit immédiatement à une solution favorable ou défavorable, celle où une décision intervient dans un sens ou dans l'autre ; c'est alors, par conséquent, qu'il est possible de porter un jugement sur les résultats acquis, de peser le « pour » et le « contre », en opérant une sorte de classement parmi ces résultats, les uns positifs, les autres négatifs, et de voir ainsi de quel côté la balance penche définitivement. Bien entendu, nous n'avons aucunement la prétention d'établir d'une façon complète une telle discrimination, ce qui serait d'ailleurs prématuré, puisque la crise n'est point encore résolue et qu'il n'est peut-être même pas possible de dire exactement quand et comment elle le sera, d'autant plus qu'il est toujours préférable de s'abstenir de certaines prévisions qui ne sauraient s'appuyer sur des raisons clairement intelligibles à tous, et qui, par suite, risqueraient trop d'être mal interprétées et d'ajouter à la confusion au lieu d'y remédier. Tout ce que nous pouvons nous proposer, c'est donc de contribuer, jusqu'à un certain point et autant que nous le permettront les moyens dont nous disposons, à donner à ceux qui en sont capables la conscience de quelques-uns des résultats qui semblent bien établis dès maintenant, et à préparer ainsi, ne fût-ce que d'une manière très partielle et assez indirecte, les éléments qui devront servir par la suite au futur « jugement », à partir duquel s'ouvrira une nouvelle période de l'histoire de l'humanité terrestre.

Quelques-unes des expressions que nous venons d'employer évoqueront sans doute, dans l'esprit de certains, l'idée de ce qu'on appelle le « jugement dernier », et, à vrai dire, ce ne sera pas à tort ; qu'on l'entende d'ailleurs littéralement ou symboliquement, ou des deux façons à la fois, car elles ne s'excluent nullement en réalité, peu importe ici, et ce n'est pas le lieu ni le moment de nous expliquer entièrement sur ce point. En tout cas, cette mise en balance du « pour » et du « contre », cette discrimination des résultats positifs et négatifs, dont nous parlions tout à l'heure, peuvent assurément faire songer à la répartition des « élus » et des « damnés » en deux groupes immuablement fixés désormais ; même s'il n'y a là qu'une analogie, il faut reconnaître que c'est du moins une analogie valable et bien fondée, en conformité avec la nature même des choses ; et ceci appelle encore quelques explications.

Ce n'est certes pas par hasard que tant d'esprits sont aujourd'hui hantés par l'idée de la « fin du monde » ; on peut le regretter à certains égards, car les extravagances auxquelles donne lieu cette idée mal comprise, les divagations « messianiques » qui en sont la conséquence en divers milieux, toutes ces manifestations issues du déséquilibre mental de notre époque, ne font qu'aggraver encore ce même déséquilibre dans des proportions qui ne sont pas absolument négligeables ; mais enfin il n'en est pas moins certain qu'il y a là un fait dont on ne peut se dispenser de tenir compte. L'attitude la plus commode, quand on constate des choses de ce genre, est assurément celle qui consiste à les écarter purement et simplement sans plus d'examen, à les traiter comme des erreurs ou des rêveries sans importance ; nous pensons pourtant que, même si ce sont en effet des erreurs, il vaut mieux, tout en les dénonçant comme telles, rechercher les raisons qui les ont provoquées et la part de vérité plus ou moins déformée qui peut s'y trouver contenue malgré tout, car, l'erreur n'ayant en somme qu'un mode d'existence purement négatif, l'erreur absolue ne peut se rencontrer nulle part et n'est qu'un mot vide de sens. Si l'on considère les choses de cette façon, on s'aperçoit sans peine que cette préoccupation de la « fin du monde » est étroitement liée à l'état de malaise général dans lequel nous vivons présentement : le pressentiment obscur de quelque chose qui est effectivement près de finir, agissant sans contrôle sur certaines imaginations, y produit tout naturellement des représentations désordonnées, et le plus souvent grossièrement matérialisées, qui, à leur tour, se traduisent extérieurement par les extravagances auxquelles nous venons de faire allusion. Cette explication n'est d'ailleurs pas une excuse en faveur de celles-ci ; ou du moins si l'on peut excuser ceux qui tombent involontairement dans l'erreur, parce qu'ils y sont prédisposés par un état mental dont ils ne sont pas responsables, ce ne saurait jamais être une raison pour excuser l'erreur elle-même. Du reste, en ce qui nous concerne, on ne pourra sûrement pas nous reprocher une indulgence excessive à l'égard des manifestations « pseudo-religieuses » du monde contemporain, non plus que de toutes les erreurs modernes en général ; nous savons même que certains seraient plutôt tentés de nous faire le reproche contraire, et peut-être ce que nous disons ici leur fera-t-il mieux comprendre comment nous envisageons ces choses, nous efforçant de nous placer toujours au seul point de vue qui nous importe, celui de la vérité impartiale et désintéressée.

Ce n'est pas tout : une explication simplement « psychologique » de l'idée de la « fin du monde » et de ses manifestations actuelles, si juste quelle soit dans son ordre, ne saurait passer à nos yeux pour pleinement suffisante ; s'en tenir là, ce serait se laisser influencer par une de ces illusions modernes contre lesquelles nous nous élevons précisément en toute occasion. Certains, disions-nous, sentent confusément la fin imminente de quelque chose dont ils ne peuvent définir exactement la nature et la portée ; il faut admettre qu'ils ont là une perception très réelle, quoique vague et sujette à de fausses interprétations ou à des déformations imaginatives, puisque, quelle que soit cette fin, la crise qui doit forcément y aboutir est assez apparente, et qu'une multitude de signes non équivoques et faciles à constater conduisent tous d'une façon concordante à la même conclusion. Cette fin n'est sans doute pas la « fin du monde », au sens total où certains veulent l'entendre, mais elle est tout au moins la fin d'un monde ; et, si ce qui doit finir est la civilisation occidentale sous sa forme actuelle, il est compréhensible que ceux qui se sont habitués à ne rien voir en dehors d'elle, à la considérer comme « la civilisation » sans épithète, croient facilement que tout finira avec elle, et que, si elle vient à disparaître, ce sera véritablement la « fin du monde ».

Nous dirons donc, pour ramener les choses à leurs justes proportions, qu'il semble bien que nous approchions réellement de la fin d'un monde, c'est-à-dire de la fin d'une époque ou d'un cycle historique, qui peut d'ailleurs être en correspondance avec un cycle cosmique, suivant ce qu'enseignent à cet égard toutes les doctrines traditionnelles. Il y a déjà eu dans le passé bien des événements de ce genre, et sans doute y en aura-t-il encore d'autres dans l'avenir ; événements d'importance inégale, du reste, selon qu'ils terminent des périodes plus ou moins étendues et qu'ils concernent, soit tout l'ensemble de l'humanité terrestre, soit seulement l'une ou l'autre de ses portions, une race ou un peuple déterminé. Il est à supposer, dans l'état présent du monde, que le changement qui interviendra aura une portée très générale, et que, quelle que soit la forme qu'il revêtira, et que nous n'entendons point chercher à définir, il affectera plus ou moins la terre tout entière. En tout cas, les lois qui régissent de tels événements sont applicables analogiquement à tous les degrés ; aussi ce qui est dit de la « fin du monde », en un sens aussi complet qu'il est possible de la concevoir, et qui d'ailleurs ne se rapporte d'ordinaire qu'au monde terrestre, est-il encore vrai, toutes proportions gardées, lorsqu'il s'agit simplement de la fin d'un monde quelconque en un sens beaucoup plus restreint.

Ces observations préliminaires aideront grandement à comprendre les considérations qui vont suivre ; nous avons déjà eu l'occasion, dans d'autres ouvrages, de faire assez souvent allusion aux « lois cycliques » ; il serait d'ailleurs peut-être difficile de faire de ces lois un exposé complet sous une forme aisément accessible aux esprits occidentaux, mais du moins est-il nécessaire d'avoir quelques données sur ce sujet si l'on veut se faire une idée vraie de ce qu'est l'époque actuelle et de ce qu'elle représente exactement dans l'ensemble de l'histoire du monde. C'est pourquoi nous commencerons par montrer que les caractères de cette époque sont bien réellement ceux que les doctrines traditionnelles ont indiqués de tout temps pour la période cyclique à laquelle elle correspond ; et ce sera aussi montrer que ce qui est anomalie et désordre à un certain point de vue est pourtant un élément nécessaire d'un ordre plus vaste, une conséquence inévitable des lois qui régissent le développement de toute manifestation. Du reste, disons-le tout de suite, ce n'est pas là une raison pour se contenter de subir passivement le trouble et l'obscurité qui semblent momentanément triompher, car, s'il en était ainsi, nous n'aurions qu'à garder le silence ; c'en est une, au contraire, pour travailler, autant qu'on le peut, à préparer la sortie de cet « âge sombre » dont bien des indices permettent déjà d'entrevoir la fin plus ou moins prochaine, sinon tout à fait imminente. Cela aussi est dans l'ordre, car l'équilibre est le résultat de l'action simultanée de deux tendances opposées ; si l'une ou l'autre pouvait entièrement cesser d'agir, l'équilibre ne se retrouverait plus jamais et le monde même s'évanouirait ; mais cette supposition est irréalisable, car les deux termes d'une opposition n'ont de sens que l'un par l'autre, et, quelles que soient les apparences, on peut être sûr que tous les déséquilibres partiels et transitoires concourent finalement à la réalisation de l'équilibre total.

1
L'ÂGE SOMBRE

La doctrine hindoue enseigne que la durée d'un cycle humain, auquel elle donne le nom de *Manvantara*, se divise en quatre âges, qui marquent autant de phases d'un obscurcissement graduel de la spiritualité primordiale ; ce sont ces mêmes périodes que les traditions de l'antiquité occidentale, de leur côté, désignaient comme les âges d'or, d'argent, d'airain et de fer. Nous sommes présentement dans le quatrième âge, le *Kali-Yuga* ou « âge sombre », et nous y sommes, dit-on, depuis déjà plus de six mille ans, c'est-à-dire depuis une époque bien antérieure à toutes celles qui sont connues de l'histoire « classique ». Depuis lors, les vérités qui étaient autrefois accessibles à tous les hommes sont devenues de plus en plus cachées et difficiles à atteindre ; ceux qui les possèdent sont de moins en moins nombreux, et, si le trésor de la sagesse « non humaine », antérieure à tous les âges, ne peut jamais se perdre, il s'enveloppe de voiles de plus en plus impénétrables, qui le dissimulent aux regards et sous lesquels il est extrêmement difficile de le découvrir. C'est pourquoi il est partout question, sous des symboles divers, de quelque chose qui a été perdu, en apparence tout au moins et par rapport au monde extérieur, et que doivent retrouver ceux qui aspirent à la véritable connaissance ; mais il est dit aussi que ce qui est ainsi caché redeviendra visible à la fin de ce cycle, qui sera en même temps, en vertu de la continuité qui relie toutes choses entre elles, le commencement d'un cycle nouveau.

Mais, demandera-t-on sans doute, pourquoi le développement cyclique doit-il s'accomplir ainsi dans un sens descendant, en allant, du supérieur à l'inférieur, ce qui, comme on le remarquera sans peine, est la négation même de l'idée de « progrès » telle que les modernes l'entendent ? C'est que le développement de toute manifestation implique nécessairement un éloignement de plus en plus grand du principe dont elle procède ; partant du point le plus haut, elle tend forcément vers le bas, et, comme les corps pesants, elle y tend avec une vitesse sans cesse croissante, jusqu'à ce qu'elle rencontre enfin un point d'arrêt. Cette chute pourrait être caractérisée comme une matérialisation progressive, car l'expression du principe est pure spiritualité ; nous disons l'expression, et non le principe même, car celui-ci ne peut être désigné par aucun des termes qui semblent indiquer une opposition quelconque, étant au delà de toutes les oppositions. D'ailleurs, des mots comme ceux d'« esprit » et de « matière », que nous empruntons ici pour plus de commodité au langage occidental, n'ont guère pour nous qu'une valeur symbolique ; ils ne peuvent, en tout cas, convenir vraiment à ce dont il s'agit qu'à la condition d'en écarter les interprétations spéciales qu'en donne la philosophie moderne, dont « spiritualisme » et « matérialisme » ne sont, à nos yeux, que deux formes complémentaires qui s'impliquent l'une l'autre et qui sont pareillement négligeables pour qui veut s'élever au-dessus de ces points de vue contingents. Mais d'ailleurs ce n'est pas de métaphysique pure que nous nous proposons de traiter ici, et c'est pourquoi, sans jamais perdre de vue les principes essentiels, nous pouvons, tout en prenant les précautions indispensables pour éviter toute équivoque, nous permettre l'usage de termes qui, bien qu'inadéquats, paraissent susceptibles de rendre les choses plus facilement compréhensibles, dans la mesure où cela peut se faire sans toutefois les dénaturer.

Ce que nous venons de dire du développement de la manifestation présente une vue qui, pour être exacte dans l'ensemble, est cependant trop simplifiée et schématique, en ce qu'elle peut faire penser que ce développement s'effectue en ligne droite, selon un sens unique et sans oscillation d'aucune sorte ; la réalité est bien autrement complexe. En effet, il y a lieu d'envisager en toutes choses, comme nous l'indiquions déjà précédemment, deux tendances opposées, l'une descendante et l'autre ascendante, ou si l'on veut se servir d'un autre mode de présentation, l'une centrifuge et l'autre centripète ; et de la prédominance de l'une ou de l'autre procèdent deux phases complémentaires de la manifestation, l'une d'éloignement du principe, l'autre de retour vers le principe, qui sont souvent comparées symboliquement aux mouvements du cœur ou aux deux phases de la respiration. Bien que ces deux phases soient d'ordinaire décrites comme successives, il faut concevoir que, en réalité, les deux tendances auxquelles elles correspondent agissent toujours simultanément, quoique dans des proportions diverses ; et il arrive parfois, à certains moments critiques où la tendance descendante semble sur le point de l'emporter définitivement dans la marche générale du monde, qu'une action spéciale intervient pour renforcer la tendance contraire, de façon à rétablir un certain équilibre au moins relatif, tel que peuvent le comporter les conditions du moment, et à opérer ainsi un redressement partiel, par lequel le mouvement de chute peut sembler arrêté ou neutralisé temporairement [1].

Il est facile de comprendre que ces données traditionnelles, dont nous devons nous borner à esquisser un aperçu très sommaire, rendent possibles des conceptions bien différentes de tous les essais de « philosophie de l'histoire » auxquels se livrent les modernes, et bien autrement vastes et profondes. Mais nous ne songeons point, pour le moment, à remonter aux origines du cycle présent, ni même plus simplement aux débuts du *Kali-Yuga* ; nos intentions ne se rapportent, d'une façon directe tout au moins, qu'à un domaine beaucoup plus limité, aux dernières phases de ce même *Kali-Yuga*. On peut en effet, à l'intérieur de chacune des grandes périodes dont nous avons parlé, distinguer encore différentes phases secondaires, qui en constituent autant de subdivisions ; et, chaque partie étant en quelque façon analogue au tout, ces subdivisions reproduisent pour ainsi dire, sur une échelle plus réduite, la marche générale du grand cycle dans lequel elles s'intègrent ; mais, là encore, une recherche complète des modalités d'application de cette loi aux divers cas particuliers nous entraînerait bien au delà du cadre que nous nous sommes tracé pour cette étude. Nous mentionnerons seulement, pour terminer ces considérations préliminaires, quelques-unes des dernières époques particulièrement critiques qu'a traversées l'humanité, celles qui rentrent dans la période que l'on a coutume d'appeler « historique », parce qu'elle est effectivement la seule qui soit vraiment accessible à l'histoire ordinaire ou « profane » ; et cela nous conduira tout naturellement à ce qui doit faire l'objet propre de notre étude, puisque la dernière de ces époques critiques n'est autre que celle qui constitue ce qu'on nomme les temps modernes.

Il est un fait assez étrange, qu'on semble n'avoir jamais remarqué comme il mérite de l'être : c'est que la période proprement « historique », au sens que nous venons d'indiquer, remonte exactement au VIe siècle avant l'ère chrétienne, comme s'il y avait là, dans le temps, une barrière qu'il n'est pas possible de franchir à l'aide des moyens d'investigation dont disposent les chercheurs ordinaires. À partir de cette époque, en effet, on possède partout une chronologie assez précise et bien établie ; pour tout ce qui est antérieur, au contraire, on n'obtient en général qu'une très vague approximation, et les dates proposées pour les mêmes événements varient souvent de plusieurs siècles. Même pour les pays où l'on a plus que de simples vestiges épars, comme l'Egypte par exemple, cela est très frappant ; et ce qui est peut-être plus étonnant encore, c'est que, dans un cas exceptionnel et privilégié comme celui de la Chine, qui possède, pour des époques bien plus éloignées, des annales datées au moyen d'observations astronomiques qui ne devraient laisser de place à aucun doute, les modernes n'en qualifient pas moins ces époques de « légendaires », comme s'il y avait là un domaine où ils ne se reconnaissent le droit à aucune certitude et où ils s'interdisent eux-mêmes d'en obtenir. L'antiquité dite « classique » n'est donc, à vrai dire, qu'une antiquité toute relative, et même beaucoup plus proche des temps modernes que de la véritable antiquité, puisqu'elle ne remonte même pas à la moitié du *Kali-Yuga*, dont la durée n'est elle-même, suivant la doctrine hindoue, que la dixième partie de celle du *Manvantara* ; et l'on pourra suffisamment juger par là jusqu'à quel point les modernes ont raison d'être fiers de l'étendue de leurs connaissances historiques ! Tout cela, répondraient-ils sans doute encore pour se justifier, ce ne sont que des périodes « légendaires », et c'est pourquoi ils estiment n'avoir pas à en tenir compte ; mais cette réponse n'est précisément que l'aveu de leur ignorance, et d'une incompréhension qui peut seule expliquer leur dédain de la tradition ; l'esprit spécifiquement moderne, ce n'est en effet, comme nous le montrerons plus loin, rien d'autre que l'esprit antitraditionnel.

Au VIe siècle avant l'ère chrétienne, il se produisit, quelle qu'en ait été la cause, des changements considérables chez presque tous les peuples ; ces changements présentèrent d'ailleurs des caractères différents suivant les pays. Dans certains cas, ce fut une réadaptation de la tradition à des conditions autres que celles qui avaient existé antérieurement, réadaptation qui s'accomplit en un sens rigoureusement orthodoxe ; c'est ce qui eut lieu notamment en Chine, où la doctrine, primitivement constituée en un ensemble unique, fut alors divisée en deux parties nettement distinctes : le Taoïsme, réservé à une élite, et comprenant la métaphysique pure et les sciences traditionnelles d'ordre proprement spéculatif ; le Confucianisme, commun à tous sans distinction, et ayant pour domaine les applications pratiques et principalement sociales. Chez les Perses, il semble qu'il y ait eu également une réadaptation du Mazdéisme, car cette époque fut celle du dernier Zoroastre [2]. Dans l'Inde, on vit naître alors le Bouddhisme, qui, quel qu'ait été d'ailleurs son caractère original [3], devait aboutir, au contraire, tout au moins dans certaines de ses branches, à une révolte contre l'esprit traditionnel, allant jusqu'à la négation de toute autorité, jusqu'à une véritable anarchie, au sens étymologique d'« absence de principe », dans l'ordre intellectuel et dans l'ordre social. Ce qui est assez curieux, c'est qu'on ne trouve, dans l'Inde, aucun monument remontant au delà de cette époque, et les orientalistes, qui veulent tout faire commencer au Bouddhisme dont ils exagèrent singulièrement l'importance, ont essayé de tirer parti de cette constatation en faveur de leur thèse ; l'explication du fait est cependant bien simple : c'est que toutes les constructions antérieures étaient en bois, de sorte qu'elles ont naturellement disparu sans laisser de traces [4] ; mais ce qui est vrai, c'est qu'un tel changement dans le mode de construction correspond nécessairement à une modification profonde des conditions générales d'existence du peuple chez qui il s'est produit.

En nous rapprochant de l'Occident, nous voyons que la même époque fut, chez les Juifs, celle de la captivité de Babylone ; et ce qui est peut-être un des faits les plus étonnants qu'on ait à constater, c'est qu'une courte période de soixante-dix ans fut suffisante pour leur faire perdre jusqu'à leur écriture, puisqu'ils durent ensuite reconstituer les Livres sacrés avec des caractères tout autres que ceux qui avaient été en usage jusqu'alors. On pourrait citer encore bien d'autres événements se rapportant à peu près à la même date : nous noterons seulement que ce fut pour Rome le commencement de la période proprement « historique », succédant à l'époque « légendaire » des rois, et qu'on sait aussi, quoique d'une façon un peu vague, qu'il y eut alors d'importants mouvements chez les peuples celtiques ; mais, sans y insister davantage, nous en arriverons à ce qui concerne la Grèce. Là également, le VIe siècle fut le point de départ de la civilisation dite « classique », la seule à laquelle les modernes reconnaissent le caractère « historique », et tout ce qui précède est assez mal connu pour être traité de « légendaire », bien que les découvertes archéologiques récentes ne permettent plus de douter que, du moins, il y eut là une civilisation très réelle ; et nous avons quelques raisons de penser que cette première civilisation hellénique fut beaucoup plus intéressante intellectuellement que celle qui la suivit, et que leurs rapports ne sont pas sans offrir quelque analogie avec ceux qui existent entre l'Europe du moyen âge et l'Europe moderne. Cependant, il convient de remarquer que la scission ne fut pas aussi radicale que dans ce dernier cas, car il y eut, au moins partiellement, une réadaptation effectuée dans l'ordre traditionnel, principalement dans le domaine des « mystères » ; et il faut y rattacher le Pythagorisme, qui fut surtout, sous une forme nouvelle, une restauration de l'Orphisme antérieur, et dont les liens évidents avec le culte delphique de l'Apollon hyperboréen permettent même d'envisager une filiation continue et régulière avec l'une des plus anciennes traditions de l'humanité. Mais, d'autre part, on vit bientôt apparaître quelque chose dont on n'avait encore eu aucun exemple et qui devait, par la suite, exercer une influence néfaste sur tout le monde occidental : nous voulons parler de ce mode spécial de pensée qui prit et garda le nom de « philosophie » ; et ce point est assez important pour que nous nous y arrêtions quelques instants.

Le mot « philosophie », en lui-même, peut assurément être pris en un sens fort légitime, qui fut sans doute son sens primitif, surtout s'il est vrai que, comme on le prétend, c'est Pythagore qui l'employa le premier : étymologiquement, il ne signifie rien d'autre qu'« amour de la sagesse » ; il désigne donc tout d'abord une disposition préalable requise pour parvenir à la sagesse, et il peut désigner aussi, par une extension toute naturelle, la recherche qui, naissant de cette disposition même, doit conduire à la connaissance. Ce n'est donc qu'un stade préliminaire et préparatoire, un acheminement vers la sagesse, un degré correspondant à un état inférieur à celle-ci [5] ; la déviation qui s'est produite ensuite a consisté à prendre ce degré transitoire pour le but même, à prétendre substituer la « philosophie » à la sagesse, ce qui implique l'oubli ou la méconnaissance de la véritable nature de cette dernière. C'est ainsi que prit naissance ce que nous pouvons appeler la philosophie « profane », c'est-à-dire une prétendue sagesse purement humaine, donc d'ordre simplement rationnel, prenant la place de la vraie sagesse traditionnelle, suprarationnelle et « non humaine ». Pourtant, il subsista encore quelque chose de celle-ci à travers toute l'antiquité ; ce qui le prouve, c'est d'abord la persistance des « mystères », dont le caractère essentiellement « initiatique » ne saurait être contesté, et c'est aussi le fait que l'enseignement des philosophes eux-mêmes avait à la fois, le plus souvent, un côté « exotérique » et un côté « ésotérique », ce dernier pouvant permettre le rattachement à un point de vue supérieur, qui se manifeste d'ailleurs d'une façon très nette, quoique peut-être incomplète à certains égards, quelques siècles plus tard, chez les Alexandrins. Pour que la philosophie « profane » fût définitivement constituée comme telle, il fallait que l'« exotérisme » seul demeurât et qu'on allât jusqu'à la négation pure et simple de tout « ésotérisme » ; c'est précisément à quoi devait aboutir, chez les modernes, le mouvement commencé par les Grecs ; les tendances qui s'étaient déjà affirmées chez ceux-ci devaient être alors poussées jusqu'à leurs conséquences les plus extrêmes, et l'importance excessive qu'ils avaient accordée à la pensée rationnelle allait s'accentuer encore pour en arriver au « rationalisme », attitude spécialement moderne qui consiste, non plus même simplement à ignorer, mais à nier expressément tout ce qui est d'ordre suprarationnel ; mais n'anticipons pas davantage, car nous aurons à revenir sur ces conséquences et à en voir le développement dans une autre partie de notre exposé.

Dans ce qui vient d'être dit, une chose est à retenir particulièrement au point de vue qui nous occupe : c'est qu'il convient de chercher dans l'antiquité « classique » quelques-unes des origines du monde moderne ; celui-ci n'a donc pas entièrement tort quand il se recommande de la civilisation gréco-latine et s'en prétend le continuateur. Il faut dire, cependant, qu'il ne s'agit que d'une continuation lointaine et quelque peu infidèle, car il y avait malgré tout, dans cette antiquité, bien des choses, dans l'ordre intellectuel et spirituel, dont on ne saurait trouver l'équivalent chez les modernes ; ce sont, en tout cas, dans l'obscuration progressive de la vraie connaissance, deux degrés assez différents. On pourrait d'ailleurs concevoir que la décadence de la civilisation antique ait amené, d'une façon graduelle et sans solution de continuité, un état plus ou moins semblable à celui que nous voyons aujourd'hui ; mais, en fait, il n'en fut pas ainsi, et, dans l'intervalle, il y eut, pour l'Occident, une autre époque critique qui fut en même temps une de ces époques de redressement auxquelles nous faisions allusion plus haut.

Cette époque est celle du début et de l'expansion du Christianisme, coïncidant, d'une part, avec la dispersion du peuple juif, et, d'autre part, avec la dernière phase de la civilisation gréco-latine ; et nous pouvons passer plus rapidement sur ces événements, en dépit de leur importance, parce qu'ils sont plus généralement connus que ceux dont nous avons parlé jusqu'ici, et que leur synchronisme a été plus remarqué, même des historiens dont les vues sont les plus superficielles. On a aussi signalé assez souvent certains traits communs à la décadence antique et à l'époque actuelle ; et, sans vouloir pousser trop loin le parallélisme, on doit reconnaître qu'il y a en effet quelques ressemblances assez frappantes. La philosophie purement « profane » avait gagné du terrain : l'apparition du scepticisme d'un côté, le succès du « moralisme » stoïcien et épicurien de l'autre, montrent assez à quel point l'intellectualité s'était abaissée. En même temps, les anciennes doctrines sacrées, que presque personne ne comprenait plus, avaient dégénéré, du fait de cette incompréhension, en « paganisme » au vrai sens de ce mot, c'est-à-dire qu'elles n'étaient plus que des « superstitions », des choses qui, ayant perdu leur signification profonde, se survivent à elles-mêmes par des manifestations tout extérieures. Il y eut des essais de réaction contre cette déchéance : l'hellénisme lui-même tenta de se revivifier à l'aide d'éléments empruntés aux doctrines orientales avec lesquelles il pouvait se trouver en contact ; mais cela n'était plus suffisant, la civilisation gréco-latine devait prendre fin, et le redressement devait venir d'ailleurs et s'opérer sous une tout autre forme. Ce fut le Christianisme qui accomplit cette transformation ; et, notons-le en passant, la comparaison qu'on peut établir sous certains rapports entre ce temps et le nôtre est peut-être un des éléments déterminants du « messianisme » désordonné qui se fait jour actuellement. Après la période troublée des invasions barbares, nécessaire pour achever la destruction de l'ancien état de choses, un ordre normal fut restauré pour une durée de quelques siècles ; ce fut le moyen âge, si méconnu des modernes qui sont incapables d'en comprendre l'intellectualité, et pour qui cette époque paraît certainement beaucoup plus étrangère et lointaine que l'antiquité « classique ».

Le vrai moyen âge, pour nous, s'étend du règne de Charlemagne au début du XIVe siècle ; à cette dernière date commence une nouvelle décadence qui, à travers des étapes diverses, ira en s'accentuant jusqu'à nous. C'est là qu'est le véritable point de départ de la crise moderne : c'est le commencement de la désagrégation de la « Chrétienté », à laquelle s'identifiait essentiellement la civilisation occidentale du moyen âge ; c'est, en même temps que la fin du régime féodal, assez étroitement solidaire de cette même « Chrétienté », l'origine de la constitution des « nationalités ».

Il faut donc faire remonter l'époque moderne près de deux siècles plus tôt qu'on ne le fait d'ordinaire ; la Renaissance et la Réforme sont surtout des résultantes, et elles n'ont été rendues possibles que par la décadence préalable ; mais, bien loin d'être un redressement, elles marquèrent une chute beaucoup plus profonde, parce qu'elles consommèrent la rupture définitive avec l'esprit traditionnel, l'une dans le domaine des sciences et des arts, l'autre dans le domaine religieux lui-même, qui était pourtant celui où une telle rupture eût pu sembler le plus difficilement concevable.

Ce qu'on appelle la Renaissance fut en réalité, comme nous l'avons déjà dit en d'autres occasions, la mort de beaucoup de choses ; sous prétexte de revenir à la civilisation gréco-romaine, on n'en prit que ce qu'elle avait eu de plus extérieur, parce que cela seul avait pu s'exprimer clairement dans des textes écrits ; et cette restitution incomplète ne pouvait d'ailleurs avoir qu'un caractère fort artificiel, puisqu'il s'agissait de formes qui, depuis des siècles, avaient cessé de vivre de leur vie véritable. Quant aux sciences traditionnelles du moyen âge, après avoir eu encore quelques dernières manifestations vers cette époque, elles disparurent aussi totalement que celles des civilisations lointaines qui furent jadis anéanties par quelque cataclysme ; et, cette fois, rien ne devait venir les remplacer. Il n'y eut plus désormais que la philosophie et la science « profanes », c'est-à-dire la négation de la véritable intellectualité, la limitation de la connaissance à l'ordre le plus inférieur, l'étude empirique et analytique de faits qui ne sont rattachés à aucun principe, la dispersion dans une multitude indéfinie de détails insignifiants, l'accumulation d'hypothèses sans fondement, qui se détruisent incessamment les unes les autres, et de vues fragmentaires qui ne peuvent conduire à rien, sauf à ces applications pratiques qui constituent la seule supériorité effective de la civilisation moderne ; supériorité peu enviable d'ailleurs, et qui, en se développant jusqu'à étouffer toute autre préoccupation, a donné à cette civilisation le caractère purement matériel qui en fait une véritable monstruosité.

Ce qui est tout à fait extraordinaire, c'est la rapidité avec laquelle la civilisation du moyen âge tomba dans le plus complet oubli ; les hommes du XVIIe siècle n'en avaient plus la moindre notion, et les monuments qui en subsistaient ne représentaient plus rien à leurs yeux, ni dans l'ordre intellectuel, ni même dans l'ordre esthétique ; on peut juger par là combien la mentalité avait été changée dans l'intervalle. Nous n'entreprendrons pas de rechercher ici les facteurs, certainement fort complexes, qui concoururent à ce changement, si radical qu'il semble difficile d'admettre qu'il ait pu s'opérer spontanément et sans l'intervention d'une volonté directrice dont la nature exacte demeure forcément assez énigmatique ; il y a, à cet égard, des circonstances bien étranges, comme la vulgarisation, à un moment déterminé, et en les présentant comme des découvertes nouvelles, de choses qui étaient connues en réalité depuis fort longtemps, mais dont la connaissance, en raison de certains inconvénients qui risquaient d'en dépasser les avantages, n'avait pas été répandue jusque là dans le domaine public [6]. Il est bien invraisemblable aussi que la légende qui fit du moyen âge une époque de « ténèbres », d'ignorance et de barbarie, ait pris naissance et se soit accréditée d'elle-même, et que la véritable falsification de l'histoire à laquelle les modernes se sont livrés ait été entreprise sans aucune idée préconçue ; mais nous n'irons pas plus avant dans l'examen de cette question, car, de quelque façon que ce travail se soit accompli, c'est, pour le moment, la constatation du résultat qui, en somme, nous importe le plus.

Il y a un mot qui fut mis en honneur à la Renaissance, et qui résumait par avance tout le programme de la civilisation moderne : ce mot est celui d'« humanisme ». Il s'agissait en effet de tout réduire à des proportions purement humaines, de faire abstraction de tout principe d'ordre supérieur, et, pourrait-on dire symboliquement, de se détourner du ciel sous prétexte de conquérir la terre ; les Grecs, dont on prétendait suivre l'exemple, n'avaient jamais été aussi loin en ce sens, même au temps de leur plus grande décadence intellectuelle, et du moins les préoccupations utilitaires n'étaient-elles jamais passées chez eux au premier plan, ainsi que cela devait bientôt se produire chez les modernes. L'« humanisme », c'était déjà une première forme de ce qui est devenu le « laïcisme » contemporain ; et, en voulant tout ramener à la mesure de l'homme, pris pour une fin en lui-même, on a fini par descendre, d'étape en étape, au niveau de ce qu'il y a en celui-ci de plus inférieur, et par ne plus guère chercher que la satisfaction des besoins inhérents au côté matériel de sa nature, recherche bien illusoire, du reste, car elle crée toujours plus de besoins artificiels qu'elle n'en peut satisfaire.

Le monde moderne ira-t-il jusqu'au bas de cette pente fatale, ou bien, comme il est arrivé à la décadence du monde gréco-latin, un nouveau redressement se produira-t-il, cette fois encore, avant qu'il n'ait atteint le fond de l'abîme où il est entraîné ? Il semble bien qu'un arrêt à mi-chemin ne soit plus guère possible, et que, d'après toutes les indications fournies par les doctrines traditionnelles, nous soyons entrés vraiment dans la phase finale du *Kali-Yuga*, dans la période la plus sombre de cet « âge sombre », dans cet état de dissolution dont il n'est plus possible de sortir que par un cataclysme, car ce n'est plus un simple redressement qui est alors nécessaire, mais une rénovation totale. Le désordre et la confusion règnent dans tous les domaines ; ils ont été portés à un point qui dépasse de loin tout ce qu'on avait vu précédemment, et, partis de l'Occident, ils menacent maintenant d'envahir le monde tout entier ; nous savons bien que leur triomphe ne peut jamais être qu'apparent et passager, mais, à un tel degré, il paraît être le signe de la plus grave de toutes les crises que l'humanité ait traversées au cours de son cycle actuel. Ne sommes-nous pas arrivés à cette époque redoutable annoncée par les Livres sacrés de l'Inde, « où les castes seront mêlées, où la famille même n'existera plus » ? Il suffit de regarder autour de soi pour se convaincre que cet état est bien réellement celui du monde actuel, et pour constater partout cette déchéance profonde que l'Évangile appelle « l'abomination de la désolation ». Il ne faut pas se dissimuler la gravité de la situation ; il convient de l'envisager telle qu'elle est, sans aucun « optimisme », mais aussi sans aucun « pessimisme », puisque, comme nous le disions précédemment, la fin de l'ancien monde sera aussi le commencement d'un monde nouveau.

Maintenant, une question se pose : quelle est la raison d'être d'une période comme celle où nous vivons ? En effet, si anormales que soient les conditions présentes considérées en elles-mêmes, elles doivent cependant rentrer dans l'ordre général des choses, dans cet ordre qui, suivant une formule extrême-orientale, est fait de la somme de tous les désordres ; cette époque, si pénible et si troublée qu'elle soit, doit avoir aussi, comme toutes les autres, sa place marquée dans l'ensemble du développement humain, et d'ailleurs le fait même qu'elle était prévue par les doctrines traditionnelles est à cet égard une indication suffisante. Ce que nous avons dit de la marche générale d'un cycle de manifestation, allant dans le sens d'une matérialisation progressive, donne immédiatement l'explication d'un tel état, et montre bien que ce qui est anormal et désordonné à un certain point de vue particulier n'est pourtant que la conséquence d'une loi se rapportant à un point de vue supérieur ou plus étendu. Nous ajouterons, sans y insister, que, comme tout changement d'état, le passage d'un cycle à un autre ne peut s'accomplir que dans l'obscurité ; il y a là encore une loi fort importante et dont les applications sont multiples, mais dont, par cela même, un exposé quelque peu détaillé nous entraînerait beaucoup trop loin [7].

Ce n'est pas tout : l'époque moderne doit nécessairement correspondre au développement de certaines des possibilités qui, dès l'origine, étaient incluses dans la potentialité du cycle actuel ; et, si inférieur que soit le rang occupé par ces possibilités dans la hiérarchie de l'ensemble, elles n'en devaient pas moins, aussi bien que les autres, être appelées à la manifestation selon l'ordre qui leur était assigné. Sous ce rapport, ce qui, suivant la tradition, caractérise l'ultime phase du cycle, c'est, pourrait-on dire, l'exploitation de tout ce qui a été négligé ou rejeté au cours des phases précédentes ; et, effectivement, c'est bien là ce que nous pouvons constater dans la civilisation moderne, qui ne vit en quelque sorte que de ce dont les civilisations antérieures n'avaient pas voulu. Il n'y a, pour s'en rendre compte, qu'à voir comment les représentants de celles de ces civilisations qui se sont maintenues jusqu'ici dans le monde oriental apprécient les sciences occidentales et leurs applications industrielles. Ces connaissances inférieures, si vaines au regard de qui possède une connaissance d'un autre ordre, devaient pourtant être « réalisées », et elles ne pouvaient l'être qu'à un stade où la véritable intellectualité aurait disparu ; ces recherches d'une portée exclusivement pratique, au sens le plus étroit de ce mot, devaient être accomplies, mais elles ne pouvaient l'être qu'à l'extrême opposé de la spiritualité primordiale, par des hommes enfoncés dans la matière au point de ne plus rien concevoir au delà, et devenant d'autant plus esclaves de cette matière qu'ils voudraient s'en servir davantage, ce qui les conduit à une agitation toujours croissante, sans règle et sans but, à la dispersion dans la pure multiplicité, jusqu'à la dissolution finale.

Telle est, esquissée dans ses grands traits et réduite à l'essentiel, la véritable explication du monde moderne ; mais, déclarons-le très nettement, cette explication ne saurait aucunement être prise pour une justification. Un malheur inévitable n'en est pas moins un malheur ; et, même si du mal doit sortir un bien, cela n'enlève point au mal son caractère ; nous n'employons d'ailleurs ici, bien entendu, ces termes de « bien » et de « mal » que pour nous faire mieux comprendre, et en dehors de toute intention spécifiquement « morale ». Les désordres partiels ne peuvent pas ne pas être, parce qu'ils sont des éléments nécessaires de l'ordre total ; mais, malgré cela, une époque de désordre est, en elle-même, quelque chose de comparable à une monstruosité, qui, tout en étant la conséquence de certaines lois naturelles, n'en est pas moins une déviation et une sorte d'erreur, ou à un cataclysme, qui, bien que résultant du cours normal des choses, est tout de même, si on l'envisage isolément, un bouleversement et une anomalie. La civilisation moderne, comme toutes choses, a forcément sa raison d'être, et, si elle est vraiment celle qui termine un cycle, on peut dire qu'elle est ce qu'elle doit être, qu'elle vient en son temps et en son lieu ; mais elle n'en devra pas moins être jugée selon la parole évangélique trop souvent mal comprise : « Il faut qu'il y ait du scandale ; mais malheur à celui par qui le scandale arrive ! »

---

1. Ceci se rapporte à la fonction de « conservation divine », qui, dans la tradition hindoue, est représentée par *Vishnu*, et plus particulièrement à la doctrine des *Avatâras* ou « descentes » du principe divin dans le monde manifesté, que nous ne pouvons naturellement songer à développer ici.
2. Il faut remarquer que le nom de Zoroastre désigne en réalité, non un personnage particulier, mais une fonction, à la fois prophétique et législatrice ; il y eut plusieurs Zoroastres, qui vécurent à des époques fort différentes ; et il est même vraisemblable que cette fonction dut avoir un caractère collectif, de même que celle de Vyâsa dans l'Inde, et de même aussi que en Egypte, ce qui fut attribué à Thoth ou Hermès représente l'œuvre de toute la caste sacerdotale.
3. La question du Bouddhisme est, en réalité, loin d'être aussi simple que pourrait le donner à penser ce bref aperçu ; et il est intéressant de noter que, si les Hindous, au point de vue de leur propre tradition, ont toujours condamné les Bouddhistes, beaucoup d'entre eux n'en professent pas moins un grand respect pour le Bouddha lui-même, quelques-uns allant même jusqu'à voir en lui le neuvième *Avatâra*, tandis que d'autres identifient celui-

ci avec le Christ. D'autre part, en ce qui concerne le Bouddhisme tel qu'il est connu aujourd'hui, il faut avoir bien soin de distinguer entre ses deux formes du *Mahâyâna* et du *Hîna-yâna*, ou du « Grand Véhicule » et du « Petit Véhicule » ; d'une façon générale, on peut dire que le Bouddhisme hors de l'Inde diffère notablement de sa forme indienne originelle, qui commença à perdre rapidement du terrain après la mort d'Ashoka et disparut complètement quelques siècles plus tard.

4. Ce cas n'est pas particulier à l'Inde et se rencontre aussi en Occident ; c'est exactement pour la même raison qu'on ne trouve aucun vestige des cités gauloises, dont l'existence est cependant incontestable, étant attestée par des témoignages contemporains ; et, là également, les historiens modernes ont profité de cette absence de monuments pour dépeindre les Gaulois comme des sauvages vivant dans les forêts.
5. Le rapport est ici à peu près le même que celui qui existe, dans la doctrine taoïste, entre l'état de l'« homme doué » et celui de l'« homme transcendant ».
6. Nous ne citerons que deux exemples, parmi les faits de ce genre qui devaient avoir les plus graves conséquences : la prétendue invention de l'imprimerie, que les Chinois connaissaient antérieurement à l'ère chrétienne, et la découverte « officielle » de l'Amérique, avec laquelle des communications beaucoup plus suivies qu'on ne le pense avaient existé durant tout le moyen âge.
7. Cette loi était représentée, dans les mystères d'Eleusis, par le symbolisme du grain de blé ; les alchimistes la figuraient par la « putréfaction » et par la couleur noire qui marque le début du « Grand Œuvre » ; ce que les mystiques chrétiens appellent la « nuit obscure de l'Ame » n'en est que l'application au développement spirituel de l'être qui s'élève à des états supérieurs ; et il serait facile de signaler encore bien d'autres concordances

2
L'OPPOSITION DE L'ORIENT ET DE L'OCCIDENT

Un des caractères particuliers du monde moderne, c'est la scission qu'on y remarque entre l'Orient et l'Occident ; et, bien que nous ayons déjà traité cette question d'une façon plus spéciale, il est nécessaire d'y revenir ici pour en préciser certains aspects et dissiper quelques malentendus. La vérité est qu'il y eut toujours des civilisations diverses et multiples, dont chacune s'est développée d'une façon qui lui était propre et dans un sens conforme aux aptitudes de tel peuple ou de telle race ; mais distinction ne veut pas dire opposition, et il peut y avoir une sorte d'équivalence entre des civilisations de formes très différentes, dès lors qu'elles reposent toutes sur les mêmes principes fondamentaux, dont elles représentent seulement des applications conditionnées par des circonstances variées. Tel est le cas de toutes les civilisations que nous pouvons appeler normales, ou encore traditionnelles ; il n'y a entre elles aucune opposition essentielle, et les divergences, s'il en existe, ne sont qu'extérieures et superficielles. Par contre, une civilisation qui ne reconnaît aucun principe supérieur, qui n'est même fondée en réalité que sur une négation des principes, est par là même dépourvue de tout moyen d'entente avec les autres, car cette entente, pour être vraiment profonde et efficace, ne peut s'établir que par en haut, c'est-à-dire précisément par ce qui manque à cette civilisation anormale et déviée. Dans l'état présent du monde, nous avons donc, d'un côté, toutes les civilisations qui sont demeurées fidèles à l'esprit traditionnel, et qui sont les civilisations orientales, et, de l'autre, une civilisation proprement antitraditionnelle, qui est la civilisation occidentale moderne.

Pourtant, certains ont été jusqu'à contester que la division même de l'humanité en Orient et Occident corresponde à une réalité ; mais, tout au moins pour l'époque actuelle, cela ne semble pas pouvoir être sérieusement mis en doute. D'abord, qu'il existe une civilisation occidentale, commune à l'Europe et à l'Amérique, c'est là un fait sur lequel tout le monde doit être d'accord, quel que soit d'ailleurs le jugement qu'on portera sur la valeur de cette civilisation. Pour l'Orient, les choses sont moins simples, parce qu'il existe effectivement, non pas une, mais plusieurs civilisations orientales ; mais il suffit qu'elles possèdent certains traits communs, ceux qui caractérisent ce que nous avons appelé une civilisation traditionnelle, et que ces mêmes traits ne se trouvent pas dans la civilisation occidentale, pour que la distinction et même l'opposition de l'Orient et de l'Occident soit pleinement justifiée. Or il en est bien ainsi, et le caractère traditionnel est en effet commun à toutes les civilisations orientales, pour lesquelles nous rappellerons, afin de mieux fixer les idées, la division générale que nous avons adoptée précédemment, et qui, bien que peut-être un peu trop simplifiée si l'on voulait entrer dans le détail, est cependant exacte quand on s'en tient aux grandes lignes : l'Extrême-Orient, représenté essentiellement par la civilisation chinoise ; le Moyen-Orient, par la civilisation hindoue ; le Proche-Orient, par la civilisation islamique. Il convient d'ajouter que cette dernière, à bien des égards, devrait plutôt être regardée comme intermédiaire entre l'Orient et l'Occident, et que beaucoup de ses caractères la rapprochent même surtout de ce que fut la civilisation occidentale du moyen âge ; mais, si on l'envisage par rapport à l'Occident moderne, on doit reconnaître qu'elle s'y oppose au même titre que les civilisations proprement orientales, auxquelles il faut donc l'associer à ce point de vue. C'est là ce sur quoi il est essentiel d'insister : l'opposition de l'Orient et de l'Occident n'avait aucune raison d'être lorsqu'il y avait aussi en Occident des civilisations traditionnelles ; elle n'a donc de sens que s'il s'agit spécialement de l'Occident moderne, car cette opposition est beaucoup plus celle de deux esprits que celle de deux entités géographiques plus ou moins nettement définies. À certaines époques, dont la plus proche de nous est le moyen âge, l'esprit occidental ressemblait fort, par ses côtés les plus importants, à ce qu'est encore aujourd'hui l'esprit oriental, bien plus qu'à ce qu'il est devenu lui-même dans les temps modernes ; la civilisation occidentale était alors comparable aux civilisations orientales, au même titre que celles-ci le sont entre elles. Il s'est produit, au cours des derniers siècles, un changement considérable, beaucoup plus grave que toutes les déviations qui avaient pu se manifester antérieurement en des époques de décadence, puisqu'il va même jusqu'à un véritable renversement dans la direction donnée à l'activité humaine ; et c'est dans le monde occidental exclusivement que ce changement a pris naissance. Par conséquent, lorsque nous disons esprit occidental, en nous référant à ce qui existe présentement, ce qu'il faut entendre par là n'est pas autre chose que l'esprit moderne ; et, comme l'autre esprit ne s'est maintenu qu'en Orient, nous pouvons, toujours par rapport aux conditions actuelles, l'appeler esprit oriental. Ces deux termes, en somme, n'expriment rien d'autre qu'une situation de fait ; et, s'il apparaît bien clairement que l'un des deux esprits en présence est effectivement occidental, parce que son apparition appartient à l'histoire récente, nous n'entendons rien préjuger quant à la provenance de l'autre, qui fut jadis commun à l'Orient et à l'Occident, et dont l'origine, à vrai dire, doit se confondre avec celle de l'humanité elle-même, puisque c'est là l'esprit que l'on pourrait qualifier de normal, ne serait-ce que parce qu'il a inspiré toutes les civilisations que nous connaissons plus ou moins complètement, à l'exception d'une seule, qui est la civilisation occidentale moderne.

Quelques-uns, qui n'avaient sans doute pas pris la peine de lire nos livres, ont cru devoir nous reprocher d'avoir dit que toutes les doctrines traditionnelles avaient une origine orientale, que l'antiquité occidentale elle-même, à toutes les époques, avait toujours reçu ses traditions de l'Orient ; nous n'avons jamais rien écrit de semblable, ni même rien qui puisse suggérer une telle opinion, pour la simple raison que nous savons très bien que cela est faux. En effet, ce sont précisément les données traditionnelles qui s'opposent nettement à une assertion de ce genre : on trouve partout l'affirmation formelle que la tradition primordiale du cycle actuel est venue des régions hyperboréennes ; il y eut ensuite plusieurs courants secondaires, correspondant à des périodes diverses, et dont un des plus importants, tout au moins parmi ceux dont les vestiges sont encore discernables, alla incontestablement de l'Occident vers l'Orient. Mais tout cela se rapporte à des époques fort lointaines, de celles qui sont communément dites « préhistoriques », et ce n'est pas là ce que nous avons en vue ; ce que nous disons, c'est d'abord que, depuis fort longtemps déjà, le dépôt de la tradition primordiale a été transféré en Orient, et que c'est là que se trouvent maintenant les formes doctrinales qui en sont issues le plus directement ; c'est ensuite que, dans l'état actuel des choses, le véritable esprit traditionnel, avec tout ce qu'il implique, n'a plus de représentants authentiques qu'en Orient.

Pour compléter cette mise au point, nous devons nous expliquer aussi, au moins brièvement, sur certaines idées de restauration d'une « tradition occidentale » qui ont vu le jour dans divers milieux contemporains ; le seul intérêt qu'elles présentent, au fond, c'est de montrer que quelques esprits ne sont plus satisfaits de la négation moderne, qu'ils éprouvent le besoin d'autre chose que de ce que leur offre notre époque, qu'ils entrevoient la possibilité d'un retour à la tradition, sous une forme ou sous une autre, comme l'unique moyen de sortir de la crise actuelle. Malheureusement, le « traditionalisme » n'est point la même chose que le véritable esprit traditionnel ; il peut n'être, et il n'est bien souvent en fait, qu'une simple tendance, une aspiration plus ou moins vague, qui ne suppose aucune connaissance réelle ; et, dans le désarroi mental de notre temps, cette aspiration provoque surtout, il faut bien le dire, des conceptions fantaisistes et chimériques, dépourvues de tout fondement sérieux. Ne trouvant aucune tradition authentique sur laquelle on puisse s'appuyer, on va jusqu'à imaginer des pseudo-traditions qui n'ont jamais existé, et qui manquent tout autant de principes que ce à quoi on voudrait les substituer ; tout le désordre moderne se reflète dans ces constructions, et, quelles que puissent être les intentions de leurs auteurs, le seul résultat qu'ils obtiennent est d'apporter une contribution nouvelle au déséquilibre général. Nous ne mentionnerons que pour mémoire, en ce genre, la prétendue « tradition occidentale » fabriquée par certains occultistes à l'aide des éléments les plus disparates, et surtout destinée à faire concurrence à une « tradition orientale » non moins imaginaire, celle des théosophistes ; nous avons suffisamment parlé de ces choses ailleurs, et nous préférons en venir tout de suite à l'examen de quelques autres théories qui peuvent sembler plus dignes d'attention, parce qu'on y trouve tout au moins le désir de faire appel à des traditions qui ont eu une existence effective. Nous faisions allusion tout à l'heure au courant traditionnel venu des régions occidentales ; les récits des anciens, relatifs à l'Atlantide, en indiquent l'origine ; après la disparition de ce continent, qui est le dernier des grands cataclysmes arrivés dans le passé, il ne semble pas douteux que des restes de sa tradition aient été transportés en des régions diverses, où ils se sont mêlés à d'autres traditions préexistantes, principalement à des rameaux de la grande tradition hyperboréenne ; et il est fort possible que les doctrines des Celtes, en particulier, aient été un des produits de cette fusion. Nous sommes fort loin de contester ces choses ; mais que l'on songe bien à ceci : c'est que la forme proprement « atlantéenne » a disparu il y a des milliers d'années, avec la civilisation à laquelle elle appartenait, et dont la destruction ne peut s'être produite qu'à la suite d'une déviation qui était peut-être comparable, à certains égards, à celle que nous constatons aujourd'hui, bien qu'avec une notable différence tenant à ce que l'humanité n'était pas encore entrée alors dans le *Kali-Yuga* ; c'est aussi que cette tradition ne correspondait qu'à une période secondaire de notre cycle, et que ce serait une grande erreur que de prétendre l'identifier à la tradition primordiale dont toutes les autres sont issues, et qui seule demeure du commencement à la fin. Il serait hors de propos d'exposer ici toutes les données qui justifient ces affirmations ; nous n'en retiendrons que la conclusion, qui est l'impossibilité de faire revivre présentement une tradition « atlantéenne », ou même de s'y rattacher plus ou moins directement ; il y a d'ailleurs bien de la fantaisie dans les tentatives de cette sorte. Il n'en est pas moins vrai qu'il peut être intéressant de rechercher l'origine des éléments qui se rencontrent dans les traditions ultérieures, pourvu qu'on le fasse avec toutes les précautions nécessaires pour se garder de certaines illusions ; mais ces recherches ne peuvent en aucun cas aboutir à la résurrection d'une tradition qui ne serait adaptée à aucune des conditions actuelles de notre monde.

Il en est d'autres qui veulent se rattacher au « celtisme », et, parce qu'ils font ainsi appel à quelque chose qui est moins éloigné de nous, il peut sembler que ce qu'ils proposent soit moins irréalisable ; pourtant, où trouveront-ils aujourd'hui le « celtisme » à l'état pur, et doué encore d'une vitalité suffisante pour qu'il soit possible d'y prendre un point d'appui ? Nous ne parlons pas, en effet, de reconstitutions archéologiques ou simplement « littéraires », comme on en a vu quelques-unes ; c'est de tout autre chose qu'il s'agit. Que des éléments celtiques très reconnaissables et encore utilisables soient parvenus jusqu'à nous par divers intermédiaires, cela est vrai ; mais ces éléments sont très loin de représenter l'intégralité d'une tradition, et, chose surprenante, celle-ci, dans les pays mêmes où elle a vécu jadis, est maintenant plus complètement ignorée encore que celles de beaucoup de civilisations qui furent toujours étrangères à ces mêmes pays ; n'y a-t-il pas là quelque chose qui devrait donner à réfléchir, tout au moins à ceux qui ne sont pas entièrement dominés par une idée préconçue ? Nous dirons plus : dans tous les cas comme celui-là, où l'on a affaire aux vestiges laissés par des civilisations disparues, il n'est possible de les comprendre vraiment que par comparaison avec ce qu'il y a de similaire dans les civilisations traditionnelles qui sont encore vivantes ; et l'on peut en dire autant pour le moyen âge lui-même, où se rencontrent tant de choses dont la signification est perdue pour les Occidentaux modernes. Cette prise de contact avec les traditions dont l'esprit subsiste toujours est même le seul moyen de revivifier ce qui est encore susceptible de l'être ; et c'est là, comme nous l'avons déjà indiqué bien souvent, un des plus grands services que l'Orient puisse rendre à l'Occident. Nous ne nions pas la survivance d'un certain « esprit celtique », qui peut encore se manifester sous des formes diverses, comme il l'a fait déjà à différentes époques ; mais, quand on vient nous assurer qu'il existe toujours des centres spirituels conservant intégralement la tradition druidique, nous attendons qu'on nous en fournisse la preuve, et, jusqu'à nouvel ordre, cela nous paraît bien douteux, sinon tout à fait invraisemblable.

La vérité est que les éléments celtiques subsistants ont été pour la plupart, au moyen âge, assimilés par le Christianisme ; la légende du « Saint Graal », avec tout ce qui s'y rattache, est, à cet égard, un exemple particulièrement probant et significatif. Nous pensons d'ailleurs qu'une tradition occidentale, si elle parvenait à se reconstituer, prendrait forcément une forme extérieure religieuse, au sens le plus strict de ce mot, et que cette forme ne pourrait être que chrétienne, car, d'une part, les autres formes possibles sont depuis trop longtemps étrangères à la mentalité occidentale, et, d'autre part, c'est dans le Christianisme seul, disons plus précisément encore dans le Catholicisme, que se trouvent, en Occident, les restes d'esprit traditionnel qui survivent encore. Toute tentative « traditionaliste » qui ne tient pas compte de ce fait est inévitablement vouée à l'insuccès, parce qu'elle manque de base ; il est trop évident qu'on ne peut s'appuyer que sur ce qui existe d'une façon effective, et que, là où la continuité fait défaut, il ne peut y avoir que des reconstitutions artificielles et qui ne sauraient être viables ; si l'on objecte que le Christianisme même, à notre époque, n'est plus guère compris vraiment et dans son sens profond, nous répondrons qu'il a du moins gardé, dans sa forme même, tout ce qui est nécessaire pour fournir la base dont il s'agit. La tentative la moins chimérique, la seule même qui ne se heurte pas à des impossibilités immédiates, serait donc celle qui viserait à restaurer quelque chose de comparable à ce qui exista au moyen âge, avec les différences requises par la modification des circonstances ; et, pour tout ce qui est entièrement perdu en Occident, il conviendrait de faire appel aux traditions qui se sont conservées intégralement, comme nous l'indiquions tout à l'heure, et d'accomplir ensuite un travail d'adaptation qui ne pourrait être que l'œuvre d'une élite intellectuelle fortement constituée. Tout cela, nous l'avons déjà dit ; mais il est bon d'y insister encore, parce que trop de rêveries inconsistantes se donnent libre cours actuellement, et aussi parce qu'il faut bien comprendre que, si les traditions orientales, dans leurs formes propres, peuvent assurément être assimilées par une élite qui, par définition en quelque sorte, doit être au-delà de toutes les formes, elles ne pourront sans doute jamais l'être, à moins de transformations imprévues, par la généralité des Occidentaux, pour qui elles n'ont point été faites. Si une élite occidentale arrive à se former, la connaissance vraie des doctrines orientales, pour la raison que nous venons d'indiquer, lui sera indispensable pour remplir sa fonction ; mais ceux qui n'auront qu'à recueillir le bénéfice de son travail, et qui seront le plus grand nombre pourront fort bien n'avoir aucune conscience de ces choses, et l'influence qu'ils en recevront, pour ainsi dire sans s'en douter et en tout cas par des moyens qui leur échapperont entièrement, n'en sera pas pour cela moins réelle ni moins efficace. Nous n'avons jamais dit autre chose ; mais nous avons cru devoir le répéter ici aussi nettement que possible, parce que, si nous devons nous attendre à ne pas être toujours entièrement compris par tous, nous tenons du moins à ce qu'on ne nous attribue pas des intentions qui ne sont aucunement les nôtres.

Mais laissons maintenant de côté toutes les anticipations, puisque c'est le présent état de choses qui doit nous occuper surtout, et revenons encore un instant sur les idées de restauration d'une « tradition occidentale », telles que nous pouvons les observer autour de nous. Une seule remarque suffirait à montrer que ces idées ne sont point « dans l'ordre », s'il est permis de s'exprimer ainsi : c'est qu'elles sont presque toujours conçues dans un esprit d'hostilité plus ou moins avouée vis-à-vis de l'Orient. Ceux mêmes qui voudraient s'appuyer sur le Christianisme sont parfois, il faut bien le dire, animés de cet esprit ; ils semblent chercher avant tout à découvrir des oppositions qui, en réalité, sont parfaitement inexistantes ; et c'est ainsi que nous avons entendu émettre cette opinion absurde, que, si les mêmes choses se trouvent à la fois dans le Christianisme et dans les doctrines orientales, et exprimées de part et d'autre sous une forme presque identique, elles n'ont cependant pas la même signification dans les deux cas, qu'elles ont même une signification contraire ! Ceux qui émettent de semblables affirmations prouvent par là que, quelles que soient leurs prétentions, ils ne sont pas allés bien loin dans la compréhension des doctrines traditionnelles, puisqu'ils n'ont pas entrevu l'identité fondamentale qui se dissimule sous toutes les différences de formes extérieures, et que, là même où cette identité devient tout à fait apparente, ils s'obstinent encore à la méconnaître. Aussi ceux-là n'envisagent-ils le Christianisme lui-même que d'une façon tout à fait extérieure, qui ne saurait répondre à la notion d'une véritable doctrine traditionnelle, offrant dans tous les ordres une synthèse complète ; c'est le principe qui leur manque, en quoi ils sont affectés, beaucoup plus qu'ils ne le peuvent penser, de cet esprit moderne contre lequel ils voudraient pourtant réagir ; et, lorsqu'il leur arrive d'employer le mot de « tradition », ils ne le prennent certainement pas dans le même sens que nous.

Dans la confusion mentale qui caractérise notre époque, on en est arrivé à appliquer indistinctement ce même mot de « tradition » à toutes sortes de choses, souvent fort insignifiantes, comme de simples coutumes sans aucune portée et parfois d'origine toute récente ; nous avons signalé ailleurs un abus du même genre en ce qui concerne le mot de « religion ». Il faut se méfier de ces déviations du langage, qui traduisent une sorte de dégénérescence des idées correspondantes ; et ce n'est pas parce que quelqu'un s'intitule « traditionaliste » qu'il est sûr qu'il sache, même imparfaitement, ce qu'est la tradition au vrai sens de ce mot. Pour notre part, nous nous refusons absolument à donner ce nom à tout ce qui est d'ordre purement humain ; il n'est pas inopportun de le déclarer expressément lorsqu'on rencontre à tout instant, par exemple, une expression comme celle de « philosophie traditionnelle ». Une philosophie, même si elle est vraiment tout ce qu'elle peut être, n'a aucun droit à ce titre, parce qu'elle se tient tout entière dans l'ordre rationnel, même si elle ne nie pas ce qui le dépasse, et parce qu'elle n'est qu'une construction édifiée par des individus humains, sans révélation ou inspiration d'aucune sorte, ou, pour résumer tout cela en un seul mot, parce qu'elle est quelque chose d'essentiellement a profane ». D'ailleurs, en dépit de toutes les illusions où certains semblent se complaire, ce n'est certes pas une science toute « livresque » qui peut suffire à redresser la mentalité d'une race et d'une époque ; et il faut pour cela autre chose qu'une spéculation philosophique, qui, même dans le cas le plus favorable, est condamnée, par sa nature même, à demeurer tout extérieure et beaucoup plus verbale que réelle. Pour restaurer la tradition perdue, pour la revivifier véritablement, il faut le contact de l'esprit traditionnel vivant, et, nous l'avons déjà dit, ce n'est qu'en Orient que cet esprit est encore pleinement vivant ; il n'en est pas moins vrai que cela même suppose avant tout, en Occident, une aspiration vers un retour à cet esprit traditionnel, mais ce ne peut guère être qu'une simple aspiration. Les quelques mouvements de réaction « antimoderne », d'ailleurs bien incomplète à notre avis, qui se sont produits jusqu'ici, ne peuvent que nous confirmer dans cette conviction, car tout cela, qui est sans doute excellent dans sa partie négative et critique, est pourtant fort éloigné d'une restauration de la véritable intellectualité et ne se développe que dans les limites d'un horizon mental assez restreint. C'est cependant quelque chose, en ce sens que c'est l'indice d'un état d'esprit dont on aurait eu bien de la peine à trouver la moindre trace il y a peu d'années encore ; si tous les Occidentaux ne sont plus unanimes à se contenter du développement exclusivement matériel de la civilisation moderne, c'est peut-être là un signe que, pour eux, tout espoir de salut n'est pas encore entièrement perdu.

Quoi qu'il en soit, si l'on suppose que l'Occident, d'une façon quelconque, revienne à sa tradition, son opposition avec l'Orient se trouverait par là même résolue et cesserait d'exister, puisqu'elle n'a pris naissance que du fait de la déviation occidentale, et qu'elle n'est en réalité que l'opposition de l'esprit traditionnel et de l'esprit antitraditionnel. Ainsi, contrairement à ce que supposent ceux auxquels nous faisions allusion il y a un instant, le retour à la tradition aurait, parmi ses premiers résultats, celui de rendre une entente avec l'Orient immédiatement possible, comme elle l'est entre toutes les civilisations qui possèdent des éléments comparables ou équivalents, et entre celles-là seulement, car ce sont ces éléments qui constituent l'unique terrain sur lequel cette entente puisse s'opérer valablement. Le véritable esprit traditionnel, de quelque forme qu'il se revête, est partout et toujours le même au fond ; les formes diverses, qui sont spécialement adaptées à telles ou telles conditions mentales, à telles ou telles circonstances de temps et de lieu, ne sont que des expressions d'une seule et même vérité ; mais il faut pouvoir se placer dans l'ordre de l'intellectualité pure pour découvrir cette unité fondamentale sous leur apparente multiplicité. D'ailleurs, c'est dans cet ordre intellectuel que résident les principes dont tout le reste dépend normalement à titre de conséquences ou d'applications plus ou moins éloignées ; c'est donc sur ces principes qu'il faut s'accorder avant tout, s'il doit s'agir d'une entente vraiment profonde, puisque c'est là tout l'essentiel ; et, dès lors qu'on les comprend réellement, l'accord se fait de lui-même. Il faut remarquer, en effet, que la connaissance des principes, qui est la connaissance par excellence, la connaissance métaphysique au vrai sens de ce mot, est universelle comme les principes eux-mêmes, donc entièrement dégagée de toutes les contingences individuelles, qui interviennent au contraire nécessairement dès qu'on en vient aux applications ; aussi ce domaine purement intellectuel est-il le seul où il n'y ait pas besoin d'un effort d'adaptation entre mentalités différentes. En outre, lorsqu'un travail de cet ordre est accompli, il n'y a plus qu'à en développer les résultats pour que l'accord dans tous les autres domaines se trouve également réalisé, puisque, comme nous venons de le dire, c'est là ce dont tout dépend directement ou indirectement ; par contre, l'accord obtenu dans un domaine particulier, en dehors des principes, sera toujours éminemment instable et précaire, et beaucoup plus semblable à une combinaison diplomatique qu'à une véritable entente. C'est pourquoi celle-ci, nous y insistons encore, ne peut s'opérer réellement que par en haut, et non par en bas, et ceci doit s'entendre en un double sens : il faut partir de ce qu'il y a de plus élevé, c'est-à-dire des principes, pour descendre graduellement aux divers ordres d'applications en observant toujours rigoureusement la dépendance hiérarchique qui existe entre eux ; et cette œuvre, par son caractère même, ne peut être que celle d'une élite, en donnant à ce mot son acception la plus vraie et la plus complète : c'est d'une élite intellectuelle que nous voulons parler exclusivement, et, à nos yeux, il ne saurait y en avoir d'autres, toutes les distinctions sociales extérieures étant sans aucune importance au point de vue où nous nous plaçons.

Ces quelques considérations peuvent faire comprendre déjà tout ce qui manque à la civilisation occidentale moderne, non seulement quant à la possibilité d'un rapprochement effectif avec les civilisations orientales, mais aussi en elle-même, pour être une civilisation normale et complète ; d'ailleurs, à la vérité, les deux questions sont si étroitement liées qu'elles n'en font qu'une, et nous venons précisément de donner les raisons pour lesquelles il en est ainsi. Nous aurons maintenant à montrer plus complètement en quoi consiste l'esprit antitraditionnel, qui est proprement l'esprit moderne, et quelles sont les conséquences qu'il porte en lui-même, conséquences que nous voyons se dérouler avec une logique impitoyable dans les événements actuels ; mais, avant d'en venir là, une dernière réflexion s'impose encore. Ce n'est point être « antioccidental », si l'on peut employer ce mot, que d'être résolument « antimoderne », puisque que c'est au contraire faire le seul effort qui soit valable pour essayer de sauver l'Occident de son propre désordre ; et, d'autre part, aucun Oriental fidèle à sa propre tradition ne peut envisager les choses autrement que nous ne le faisons nous-même ; il y a certainement beaucoup moins d'adversaires de l'Occident comme tel, ce qui d'ailleurs n'aurait guère de sens, que de l'Occident en tant qu'il s'identifie à la civilisation moderne. Quelques-uns parlent aujourd'hui de « défense de l'Occident », ce qui est vraiment singulier, alors que, comme nous le verrons plus loin, c'est celui-ci qui menace de tout submerger et d'entraîner l'humanité entière dans le tourbillon de son activité désordonnée ; singulier, disons-nous, et tout à fait injustifié, s'ils entendent, comme il le semble bien malgré quelques restrictions, que cette défense doit être dirigée contre l'Orient, car le véritable Orient ne songe ni à attaquer ni à dominer qui que ce soit, il ne demande rien de plus que son indépendance et sa tranquillité, ce qui, on en conviendra, est assez légitime. La vérité, pourtant, est que l'Occident a en effet grand besoin d'être défendu, mais uniquement contre lui-même, contre ses propres tendances qui, si elles sont poussées jusqu'au bout, le mèneront inévitablement à la ruine et à la destruction ; c'est donc « réforme de l'Occident » qu'il faudrait dire, et cette réforme, si elle était ce qu'elle doit être, c'est-à-dire une vraie restauration traditionnelle, aurait pour conséquence toute naturelle un rapprochement avec l'Orient. Pour notre part, nous ne demandons qu'à contribuer à la fois, dans la mesure de nos moyens, à cette réforme et à ce rapprochement, si toutefois il en est temps encore, et si un tel résultat peut être obtenu avant la catastrophe finale vers laquelle la civilisation moderne marche à grands pas ; mais, même s'il était déjà trop tard pour éviter cette catastrophe, le travail accompli dans cette intention ne serait pas inutile, car il servirait en tout cas à préparer, si lointainement que ce soit, cette « discrimination » dont nous parlions au début, et à assurer ainsi la conservation des éléments qui devront échapper au naufrage du monde actuel pour devenir les germes du monde futur.

3
CONNAISSANCE ET ACTION

Nous considérons maintenant, d'une façon plus particulière, un des principaux aspects de l'opposition qui existe actuellement entre l'esprit oriental et l'esprit occidental, et qui est, plus généralement, celle de l'esprit traditionnel et de l'esprit antitraditionnel, ainsi que nous l'avons expliqué. À un certain point de vue, qui est d'ailleurs un des plus fondamentaux, cette opposition apparaît comme celle de la contemplation et de l'action, ou, pour parler plus exactement, comme portant sur les places respectives qu'il convient d'attribuer à l'un et à l'autre de ces deux termes. Ceux-ci peuvent, dans leur rapport, être envisagés de plusieurs manières différentes : sont-ils vraiment deux contraires comme on semble le penser le plus souvent, ou ne seraient-ils pas plutôt deux complémentaires, ou bien encore n'y aurait-il pas en réalité entre eux une relation, non de coordination, mais de subordination ? Tels sont les différents aspects de la question, et ces aspects se rapportent à autant de points de vue, d'ailleurs d'importance fort inégale, mais dont chacun peut se justifier à quelques égards et correspond à un certain ordre de réalité.

Tout d'abord, le point de vue le plus superficiel, le plus extérieur de tous, est celui qui consiste à opposer purement et simplement l'une à l'autre la contemplation et l'action, comme deux contraires au sens propre de ce mot. L'opposition, en effet, existe bien dans les apparences, cela est incontestable ; et pourtant, si elle était absolument irréductible, il y aurait une incompatibilité complète entre contemplation et action, qui ainsi ne pourraient jamais se trouver réunies. Or, en fait, il n'en est pas ainsi ; il n'est pas, du moins dans les cas normaux, de peuple, ni même peut-être d'individu, qui puisse être exclusivement contemplatif ou exclusivement actif. Ce qui est vrai, c'est qu'il y a là deux tendances dont l'une ou l'autre domine presque nécessairement, de telle sorte que le développement de l'une paraît s'effectuer au détriment de l'autre, pour la simple raison que l'activité humaine, entendue en son sens le plus général, ne peut pas s'exercer également et à la fois dans tous les domaines et dans toutes les directions. C'est là ce qui donne l'apparence d'une opposition ; mais il doit y avoir une conciliation possible entre ces contraires ou soi-disant tels ; et, du reste, on pourrait en dire autant pour tous les contraires, qui cessent d'être tels dès que, pour les envisager, on s'élève au-dessus d'un certain niveau, celui où leur opposition a toute sa réalité. Qui dit opposition ou contraste dit, par là même, désharmonie ou déséquilibre, c'est-à-dire quelque chose qui, nous l'avons déjà indiqué suffisamment, ne peut exister que sous un point de vue relatif, particulier et limité. En considérant la contemplation et l'action comme complémentaires, on se place donc à un point de vue déjà plus profond et plus vrai que le précédent, parce que l'opposition s'y trouve conciliée et résolue, ces deux termes s'équilibrant en quelque sorte l'un par l'autre. Il s'agirait alors, semble-t-il, de deux éléments également nécessaires, qui se complètent et s'appuient mutuellement, et qui constituent la double activité, intérieure et extérieure, d'un seul et même être, que ce soit chaque homme pris en particulier ou l'humanité envisagée collectivement. Cette conception est assurément plus harmonieuse et plus satisfaisante que la première ; cependant, si l'on s'y tenait exclusivement, on serait tenté, en vertu de la corrélation ainsi établie, de placer sur le même plan la contemplation et l'action, de sorte qu'il n'y aurait qu'à s'efforcer de tenir autant que possible la balance égale entre elles, sans jamais poser la question d'une supériorité quelconque de l'une par rapport à l'autre ; et ce qui montre bien qu'un tel point de vue est encore insuffisant, c'est que cette question de supériorité se pose au contraire effectivement et s'est toujours posée, quel que soit le sens dans lequel on a voulu la résoudre.

La question qui importe à cet égard, du reste, n'est pas celle d'une prédominance de fait, qui est, somme toute, affaire de tempérament ou de race, mais celle de ce qu'on pourrait appeler une prédominance de droit ; et les deux choses ne sont liées que jusqu'à un certain point. Sans doute, la reconnaissance de la supériorité de l'une des deux tendances incitera à la développer le plus possible, de préférence à l'autre ; mais, dans l'application, il n'en est pas moins vrai que la place que tiendront la contemplation et l'action dans l'ensemble de la vie d'un homme ou d'un peuple résultera toujours en grande partie de la nature propre de celui-ci, car il faut en cela tenir compte des possibilités particulières de chacun. Il est manifeste que l'aptitude à la contemplation est plus répandue et plus généralement développée chez les Orientaux ; il n'est probablement aucun pays où elle le soit autant que dans l'Inde, et c'est pourquoi celle-ci peut être considérée comme représentant par excellence ce que nous avons appelé l'esprit oriental. Par contre, il est incontestable que, d'une façon générale, l'aptitude à l'action, ou la tendance qui résulte de cette aptitude, est celle qui prédomine chez les peuples occidentaux, en ce qui concerne la grande majorité des individus, et que, même si cette tendance n'était pas exagérée et déviée comme elle l'est présentement, elle subsisterait néanmoins, de sorte que la contemplation ne pourrait jamais être là que l'affaire d'une élite beaucoup plus restreinte ; c'est pourquoi on dit volontiers dans l'Inde que, si l'Occident revenait à un état normal et possédait une organisation sociale régulière, on y trouverait sans doute beaucoup de *Kshatriyas*, mais peu de *Brahmanes* [1]. Cela suffirait cependant, si l'élite intellectuelle était constituée effectivement et si sa suprématie était reconnue, pour que tout rentre dans l'ordre car la puissance spirituelle n'est nullement basée sur le nombre, dont la loi est celle de la matière ; et d'ailleurs, qu'on le remarque bien, dans l'antiquité et surtout au moyen âge, la disposition naturelle à l'action, existant chez les Occidentaux, ne les empêchait pourtant pas de reconnaître la supériorité de la contemplation, c'est-à-dire de l'intelligence pure ; pourquoi en est-il autrement à l'époque moderne ? Est-ce parce que les Occidentaux, en développant outre mesure leurs facultés d'action, en sont arrivés à perdre leur intellectualité, qu'ils ont, pour s'en consoler, inventé des théories qui mettent l'action au-dessus de tout et vont même, comme le « pragmatisme », jusqu'à nier qu'il existe quoi que ce soit de valable en dehors d'elle, ou bien est-ce au contraire cette façon de voir qui, ayant prévalu tout d'abord, a amené l'atrophie intellectuelle que nous constatons aujourd'hui ? Dans les deux hypothèses, et aussi dans le cas assez probable où la vérité se trouverait dans une combinaison de l'une et de l'autre, les résultats sont exactement les mêmes ; au point où les choses en sont arrivées, il est grand temps de réagir, et c'est ici, redisons-le une fois de plus, que l'Orient peut venir au secours de l'Occident, si toutefois celui-ci le veut bien, non pour lui imposer des conceptions qui lui sont étrangères, comme certains semblent le craindre, mais bien pour l'aider à retrouver sa propre tradition dont il a perdu le sens.

On pourrait dire que l'antithèse de l'Orient et de l'Occident, dans l'état présent des choses, consiste en ce que l'Orient maintient la supériorité de la contemplation sur l'action, tandis que l'Occident moderne affirme au contraire la supériorité de l'action sur la contemplation. Ici, il ne s'agit plus, comme lorsqu'on parlait simplement d'opposition ou de complémentarisme, donc d'un rapport de coordination entre les deux termes en présence, il ne s'agit plus, disons-nous, de points de vue dont chacun peut avoir sa raison d'être et être accepté tout au moins comme l'expression d'une certaine vérité relative ; un rapport de subordination étant irréversible par sa nature même, les deux conceptions sont réellement contradictoires, donc exclusives l'une de l'autre, de sorte que forcément, dès que l'on admet qu'il y a effectivement subordination, l'une est vraie et l'autre fausse. Avant d'aller au fond même de la question, remarquons encore ceci : alors que l'esprit qui s'est maintenu en Orient est vraiment de tous les temps, ainsi que nous le disions plus haut, l'autre esprit n'est apparu qu'à une époque fort récente, ce qui, en dehors de toute autre considération, peut déjà donner à penser qu'il est quelque chose d'anormal. Cette impression est confirmée par l'exagération même où tombe, en suivant la tendance qui lui est propre, l'esprit occidental moderne, qui, non content de proclamer en toute occasion la supériorité de l'action, en est arrivé à en faire sa préoccupation exclusive et à dénier toute valeur à la contemplation, dont il ignore ou méconnaît d'ailleurs entièrement la véritable nature. Au contraire, les doctrines orientales, tout en affirmant aussi nettement que possible la supériorité et même la transcendance de la contemplation par rapport à l'action, n'en accordent pas moins à celle-ci sa place légitime et reconnaissent volontiers toute son importance dans l'ordre des contingences humaines [2].

Les doctrines orientales, et aussi les anciennes doctrines occidentales, sont unanimes à affirmer que la contemplation est supérieure à l'action, comme l'immuable est supérieur au changement [3]. L'action, n'étant qu'une modification transitoire et momentanée de l'être, ne saurait avoir en elle-même son principe et sa raison suffisante ; si elle ne se rattache à un principe qui est au-delà de son domaine contingent, elle n'est qu'une pure illusion ; et ce principe dont elle tire toute la réalité dont elle est susceptible, et son existence et sa possibilité même, ne peut se trouver que dans la contemplation ou, si l'on préfère, dans la connaissance, car, au fond, ces deux termes sont synonymes ou tout au moins coïncident, la connaissance elle-même et l'opération par laquelle on l'atteint ne pouvant en aucune façon être séparées [4]. De même, le changement, dans son acception la plus générale, est inintelligible et contradictoire, c'est-à-dire impossible, sans un principe dont il procède et qui, par là même qu'il est son principe, ne peut lui être soumis, donc est forcément immuable ; et c'est pourquoi, dans l'antiquité occidentale, Aristote avait affirmé la nécessité du « moteur immobile » de toutes choses. Ce rôle de « moteur immobile », la connaissance le joue précisément par rapport à l'action ; il est évident que celle-ci appartient tout entière au monde du changement, du « devenir » ; la connaissance seule permet de sortir de ce monde et des limitations qui lui sont inhérentes, et, lorsqu'elle atteint l'immuable, ce qui est le cas de la connaissance principielle ou métaphysique qui est la connaissance par excellence, elle possède elle-même l'immutabilité, car toute connaissance vraie est essentiellement identification avec son objet. C'est là justement ce qu'ignorent les Occidentaux modernes, qui, en fait de connaissance, n'envisagent plus qu'une connaissance rationnelle et discursive, donc indirecte et imparfaite, ce qu'on pourrait appeler une connaissance par reflet, et qui même, de plus en plus, n'apprécient cette connaissance inférieure que dans la mesure où elle peut servir immédiatement à des fins pratiques ; engagés dans l'action au point de nier tout ce qui la dépasse, ils ne s'aperçoivent pas que cette action même dégénère ainsi, par défaut de principe, en une agitation aussi vaine que stérile.

C'est bien là, en effet, le caractère le plus visible de l'époque moderne : besoin d'agitation incessante de changement continuel, de vitesse sans cesse croissante comme celle avec laquelle se déroulent les événements eux-mêmes. C'est la dispersion dans la multiplicité, et dans une multiplicité qui n'est plus unifiée par la conscience d'aucun principe supérieur ; c'est, dans la vie courante comme dans les conceptions scientifiques, l'analyse poussée à l'extrême, le morcellement indéfini, une véritable désagrégation de l'activité humaine dans tous les ordres où elle peut encore s'exercer ; et de là l'inaptitude à la synthèse, l'impossibilité de toute concentration, si frappante aux yeux des Orientaux. Ce sont les conséquences naturelles et inévitables d'une matérialisation de plus en plus accentuée, car la matière est essentiellement multiplicité et division, et c'est pourquoi, disons-le en passant, tout ce qui en procède ne peut engendrer que des luttes et des conflits de toutes sortes, entre les peuples comme entre les individus. Plus on s'enfonce dans la matière, plus les éléments de division et d'opposition s'accentuent et s'amplifient ; inversement, plus on s'élève vers la spiritualité pure, plus on s'approche de l'unité, qui ne peut être pleinement réalisée que par la conscience des principes universels.

Ce qui est le plus étrange, c'est que le mouvement et le changement sont véritablement recherchés pour eux-mêmes, et non en vue d'un but quelconque auquel ils peuvent conduire ; et ce fait résulte directement de l'absorption de toutes les facultés humaines par l'action extérieure, dont nous signalions tout à l'heure le caractère momentané. C'est encore la dispersion envisagée sous un autre aspect, et à un stade plus accentué : c'est, pourrait-on dire, comme une tendance à l'instantanéité, ayant pour limite un état de pur déséquilibre, qui, s'il pouvait être atteint, coïnciderait avec la dissolution finale de ce monde ; et c'est encore un des signes les plus nets de la dernière période du *Kali-Yuga*.

Sous ce rapport aussi, la même chose se produit dans l'ordre scientifique : c'est la recherche pour la recherche, beaucoup plus encore que pour les résultats partiels et fragmentaires auxquels elle aboutit ; c'est la succession de plus en plus rapide de théories et d'hypothèses sans fondement, qui, à peine édifiées, s'écroulent pour être remplacées par d'autres qui dureront moins encore, véritable chaos au milieu duquel il serait vain de chercher quelques éléments définitivement acquis, si ce n'est une monstrueuse accumulation de faits et de détails qui ne peuvent rien prouver ni rien signifier. Nous parlons ici, bien entendu, de ce qui concerne le point de vue spéculatif, dans la mesure où il subsiste encore ; pour ce qui est des applications pratiques, il y a au contraire des résultats incontestables, et cela se comprend sans peine, puisque ces applications se rapportent immédiatement au domaine matériel, et que ce domaine est précisément le seul où l'homme moderne puisse se vanter d'une réelle supériorité. Il faut donc s'attendre à ce que les découvertes ou plutôt les inventions mécaniques et industrielles aillent encore en se développant et en se multipliant, de plus en plus vite elles aussi, jusqu'à la fin de l'âge actuel ; et qui sait si, avec les dangers de destruction qu'elles portent en elles-mêmes, elles ne seront pas un des principaux agents de l'ultime catastrophe, si les choses en viennent à un tel point que celle-ci ne puisse être évitée ?

En tout cas, on éprouve très généralement l'impression qu'il n'y a plus, dans l'état actuel, aucune stabilité ; mais, tandis que quelques-uns sentent le danger et essaient de réagir, la plupart de nos contemporains se complaisent dans ce désordre où ils voient comme une image extériorisée de leur propre mentalité. Il y a, en effet, une exacte correspondance entre un monde où tout semble être en pur « devenir », où il n'y a plus aucune place pour l'immuable et le permanent, et l'état d'esprit des hommes qui font consister toute réalité dans ce même « devenir », ce qui implique la négation de la véritable connaissance, aussi bien que de l'objet même de cette connaissance, nous voulons dire des principes transcendants et universels. On peut même aller plus loin : c'est la négation de toute connaissance réelle, dans quelque ordre que ce soit, même dans le relatif, puisque, comme nous l'indiquions plus haut, le relatif est inintelligible et impossible sans l'absolu, le contingent sans le nécessaire, le changement sans l'immuable, la multiplicité sans l'unité ; le « relativisme » enferme une contradiction en lui-même, et, quand on veut tout réduire au changement, on devrait en arriver logiquement à nier l'existence même du changement ; au fond, les arguments fameux de Zénon d'Élée n'avaient pas d'autre sens. Il faut bien dire, en effet, que les théories du genre de celles dont il s'agit ne sont pas exclusivement propres aux temps modernes, car il ne faut rien exagérer ; on peut en trouver quelques exemples dans la philosophie grecque, et le cas d'Heraclite, avec son « écoulement universel », est le plus connu à cet égard ; c'est même ce qui amena les Eléates à combattre ces conceptions, aussi bien que celles des atomistes, par une sorte de réduction à l'absurde. Dans l'Inde même, il s'est rencontré quelque chose de comparable, mais, bien entendu, à un autre point de vue que celui de la philosophie ; certaines écoles bouddhiques, en effet, présentèrent aussi le même caractère, car une de leurs thèses principales était celle de la « dissolubilité de toutes choses » [5]. Seulement, ces théories n'étaient alors que des exceptions, et de telles révoltes contre l'esprit traditionnel, qui ont pu se produire pendant tout le cours du *Kali-Yuga*, n'avaient en somme qu'une portée assez limitée ; ce qui est nouveau, c'est la généralisation de semblables conceptions, telle que nous la constatons dans l'Occident contemporain.

Il faut noter aussi que les « philosophies du devenir », sous l'influence de l'idée très récente de « progrès », ont pris chez les modernes une forme spéciale, que les théories du même genre n'avaient jamais eue chez les anciens : cette forme, susceptible d'ailleurs de variétés multiples, est ce qu'on peut, d'une façon générale, désigner par le nom d'« évolutionnisme ». Nous ne reviendrons pas sur ce que nous avons déjà dit ailleurs à ce sujet ; nous rappellerons seulement que toute conception qui n'admet rien d'autre que le « devenir » est nécessairement, par là même, une conception « naturaliste », impliquant comme telle une négation formelle de ce qui est au delà de la nature, c'est-à-dire du domaine métaphysique, qui est le domaine des principes immuables et éternels. Nous signalerons aussi, à propos de ces théories antimétaphysiques, que l'idée bergsonienne de la « durée pure » correspond exactement à cette dispersion dans l'instantané dont nous parlions plus haut ; la prétendue intuition qui se modèle sur le flux incessant des choses sensibles, loin de pouvoir être le moyen d'une véritable connaissance, représente en réalité la dissolution de toute connaissance possible.

Ceci nous amène à redire une fois de plus, car c'est là un point tout à fait essentiel et sur lequel il est indispensable de ne laisser subsister aucune équivoque, que l'intuition intellectuelle, par laquelle seule s'obtient la vraie connaissance métaphysique, n'a absolument rien de commun avec cette autre intuition dont parlent certains philosophes contemporains : celle-ci est de l'ordre sensible, elle est proprement infra-rationnelle, tandis que l'autre, qui est l'intelligence pure, est au contraire supra-rationnelle. Mais les modernes, qui ne connaissent rien de supérieur à la raison dans l'ordre de l'intelligence, ne conçoivent même pas ce que peut être l'intuition intellectuelle, alors que les doctrines de l'antiquité et du moyen âge, même quand elles n'avaient qu'un caractère simplement philosophique et, par conséquent, ne pouvaient pas faire effectivement appel à cette intuition, n'en reconnaissaient pas moins expressément son existence et sa suprématie sur toutes les autres facultés. C'est pourquoi il n'y eut pas de « rationalisme » avant Descartes ; c'est là encore une chose spécifiquement moderne, et qui est d'ailleurs étroitement solidaire de l'« individualisme », puisqu'elle n'est rien d'autre que la négation de toute faculté d'ordre supra-individuel. Tant que les Occidentaux s'obstineront à méconnaître ou à nier l'intuition intellectuelle, ils ne pourront avoir aucune tradition au vrai sens de ce mot, et ils ne pourront non plus s'entendre avec les authentiques représentants des civilisations orientales, dans lesquelles tout est comme suspendu à cette intuition, immuable et infaillible en soi, et unique point de départ de tout développement conforme aux normes traditionnelles.

1. La contemplation et l'action, en effet, sont respectivement les fonctions propres des deux premières castes, celle des *Brahmanes* et celle des *Kshatriyas* ; aussi leurs rapports sont-ils en même temps ceux de l'autorité spirituelle et du pouvoir temporel ; mais nous ne nous proposons pas d'envisager spécialement ici ce côté de la question, qui mériterait d'être traité à part.
2. Ceux qui douteraient de cette importance très réelle, quoique relative, que les doctrines traditionnelles de l'Orient et notamment celle de l'Inde, accordent à l'action, n'auraient, pour s'en convaincre, qu'à se reporter à la *Bhagavad-Gîta*, qui est d'ailleurs, il ne faut pas l'oublier si l'on veut en bien comprendre le sens, un livre spécialement destiné à l'usage des *Kshatriyas*.
3. C'est en vertu du rapport ainsi établi qu'il est dit que le *Brâhmane* est le type des êtres stables, et que le *Kshatriya* est le type des êtres mobiles ou changeants ; ainsi, tous les êtres de ce monde, suivant leur nature, sont principalement en relation avec l'un ou l'autre, car il y a une parfaite correspondance entre l'ordre cosmique et l'ordre humain.
4. Il faut noter, en effet, comme conséquence du caractère essentiellement momentané de l'action, que, dans le domaine de celle-ci, les résultats sont toujours séparés de ce qui les produit, tandis que la connaissance, au contraire, porte son fruit en elle-même.
5. Peu de temps après son origine, le Bouddhisme dans l'Inde devint associé à une des principales manifestations de la révolte des *Kshatriyas* contre l'autorité des *Brahmanes* ; et, comme il est facile de le comprendre d'après les indications qui précèdent, il existe, d'une façon générale, un lien très direct entre la négation de tout principe immuable et celle de l'autorité spirituelle, entre la réduction de toute réalité au « devenir » et l'affirmation de la suprématie du pouvoir temporel, dont le domaine propre est le monde de l'action ; et l'on pourrait constater que l'apparition de doctrines « naturalistes » ou antimétaphysiques se produit toujours lorsque l'élément qui représente le pouvoir temporel prend, dans une civilisation, la prédominance sur celui qui représente l'autorité spirituelle.

4

SCIENCE SACRÉE ET SCIENCE PROFANE

Nous venons de dire que, dans les civilisations qui possèdent le caractère traditionnel, l'intuition intellectuelle est au principe de tout ; en d'autres termes, c'est la pure doctrine métaphysique qui constitue l'essentiel, et tout le reste s'y rattache à titre de conséquences ou d'applications aux divers ordres de réalités contingentes. Il en est ainsi notamment pour les institutions sociales ; et, d'autre part, la même chose est vraie aussi en ce qui concerne les sciences, c'est-à-dire les connaissances se rapportant au domaine du relatif, et qui, dans de telles civilisations, ne peuvent être envisagées que comme de simples dépendances et en quelque sorte comme des prolongements ou des reflets de la connaissance absolue et principielle. Ainsi, la véritable hiérarchie est partout et toujours observée : le relatif n'est point tenu pour inexistant, ce qui serait absurde ; il est pris en considération dans la mesure où il mérite de l'être, mais il est mis à sa juste place, qui ne peut être qu'une place secondaire et subordonnée ; et, dans ce relatif même, il y a des degrés fort divers, selon qu'il s'agit de choses plus ou moins éloignées du domaine des principes.

Il y a donc, en ce qui concerne les sciences, deux conceptions radicalement différentes et même incompatibles entre elles, que nous pouvons appeler la conception traditionnelle et la conception moderne ; nous avons eu souvent l'occasion de faire allusion à ces « sciences traditionnelles » qui existèrent dans l'antiquité et au moyen âge, qui existent toujours en Orient, mais dont l'idée même est totalement étrangère aux Occidentaux de nos jours. Il faut ajouter que chaque civilisation a eu des « sciences traditionnelles » d'un type particulier, lui appartenant en propre, car, ici, nous ne sommes plus dans l'ordre des principes universels, auquel se rapporte seule la métaphysique pure, mais dans l'ordre des adaptations, où, par là même qu'il s'agit d'un domaine contingent, il doit être tenu compte de l'ensemble des conditions, mentales et autres, qui sont celles de tel peuple déterminé, et nous dirons même de telle période de l'existence de ce peuple, puisque nous avons vu plus haut qu'il y a des époques où des réadaptations » deviennent nécessaires. Ces « réadaptations » ne sont que des changements de forme, qui ne touchent en rien à l'essence même de la tradition ; pour la doctrine métaphysique, l'expression seule peut être modifiée, d'une façon qui est assez comparable à la traduction d'une langue dans une autre ; quelles que soient les formes dont elle s'enveloppe pour s'exprimer dans la mesure où cela est possible, il n'y a absolument qu'une métaphysique, comme il n'y a qu'une vérité. Mais, quand on passe aux applications, le cas est naturellement différent : avec les sciences, aussi bien qu'avec les institutions sociales, nous sommes dans le monde de la forme et de la multiplicité ; c'est pourquoi l'on peut dire que d'autres formes constituent véritablement d'autres sciences, même si elles ont, au moins partiellement, le même objet. Les logiciens ont l'habitude de regarder une science comme entièrement définie par son objet, ce qui est inexact par excès de simplification ; le point de vue sous lequel cet objet est envisagé doit aussi entrer dans la définition de la science. Il y a une multitude indéfinie de sciences possibles ; il peut arriver que plusieurs sciences étudient les mêmes choses, mais sous des aspects tellement différents, donc par des méthodes et avec des intentions tellement différentes aussi, qu'elles n'en sont pas moins des sciences réellement distinctes. Ce cas peut, en particulier, se présenter pour les « sciences traditionnelles » de civilisations diverses, qui, bien que comparables entre elles, ne sont pourtant pas toujours assimilables les unes aux autres, et, souvent, ne pourraient qu'abusivement être désignées par les mêmes noms. La différence est encore beaucoup plus considérable, cela va de soi, si, au lieu d'établir une comparaison entre des « sciences traditionnelles », qui du moins ont toutes le même caractère fondamental, on veut comparer ces sciences, d'une façon générale, aux sciences telles que les modernes les conçoivent ; à première vue, il peut sembler parfois que l'objet soit le même de part et d'autre, et pourtant la connaissance que les deux sortes de sciences donnent respectivement de cet objet est tellement autre, qu'on hésite, après plus ample examen, à affirmer encore l'identité, même sous un certain rapport seulement.

Quelques exemples ne seront pas inutiles pour faire mieux comprendre ce dont il s'agit ; et, tout d'abord, nous prendrons un exemple d'une portée très étendue, celui de la « physique » telle qu'elle est comprise par les anciens et par les modernes ; il n'est d'ailleurs aucunement besoin, dans ce cas, de sortir du monde occidental pour voir la différence profonde qui sépare les deux conceptions. Le terme de « physique », dans son acception première et étymologique, ne signifie pas autre chose que « science de la nature », sans aucune restriction ; c'est donc la science qui concerne les lois les plus générales du « devenir », car « nature » et « devenir » sont au fond synonymes, et c'est bien ainsi que l'entendaient les Grecs, et notamment Aristote ; s'il existe des sciences plus particulières se rapportant au même ordre, elles ne sont alors que des « spécifications » de la physique pour tel ou tel domaine plus étroitement déterminé. Il y a donc déjà quelque chose d'assez significatif dans la déviation que les modernes ont fait subir à ce mot de « physique » en l'employant pour désigner exclusivement une science particulière parmi d'autres sciences qui, toutes, sont également des sciences de la nature ; ce fait se rattache à la fragmentation que nous avons déjà signalée comme un des caractères de la science moderne, à cette « spécialisation » engendrée par l'esprit d'analyse, et poussée au point de rendre véritablement inconcevable, pour ceux qui en subissent l'influence, une science portant sur la nature considérée dans son ensemble. On n'a pas été sans remarquer assez souvent quelques-uns des inconvénients de cette « spécialisation », et surtout l'étroitesse de vues qui en est une conséquence inévitable ; mais il semble que ceux mêmes qui s'en rendaient compte le plus nettement se soient cependant résignés à la regarder comme un mal nécessaire, en raison de l'accumulation des connaissances de détail que nul homme ne saurait embrasser d'un seul coup d'œil ; ils n'ont pas compris, d'une part, que ces connaissances de détail sont insignifiantes en elles-mêmes et ne valent pas qu'on leur sacrifie une connaissance synthétique qui, même en se bornant encore au relatif, est d'un ordre beaucoup plus élevé, et, d'autre part, que l'impossibilité où l'on se trouve d'unifier leur multiplicité vient seulement de ce qu'on s'est interdit de les rattacher à un principe supérieur, de ce qu'on s'est obstiné à procéder par en bas et de l'extérieur, alors qu'il aurait fallu faire tout le contraire pour avoir une science possédant une réelle valeur spéculative.

Si l'on veut comparer la physique ancienne, non pas à ce que les modernes désignent par le même mot, mais à l'ensemble des sciences de la nature telles qu'elles sont actuellement constituées, car c'est là ce qui devrait y correspondre en réalité, il y a donc lieu de noter, comme première différence, la division en multiples « spécialités » qui sont pour ainsi dire étrangères les unes aux autres. Pourtant, ce n'est là que le côté le plus extérieur de la question, et il ne faudrait pas penser que, en réunissant toutes ces sciences spéciales, on obtiendrait un équivalent de l'ancienne physique. La vérité est que le point de vue est tout autre, et c'est ici que nous voyons apparaître la différence essentielle entre les deux conceptions dont nous parlions tout à l'heure : la conception traditionnelle, disions-nous, rattache toutes les sciences aux principes comme autant d'applications particulières, et c'est ce rattachement que n'admet pas la conception moderne. Pour Aristote, la physique n'était que « seconde » par rapport à la métaphysique, c'est-à-dire qu'elle en était dépendante, qu'elle n'était au fond qu'une application, au domaine de la nature, des principes supérieurs à la nature et qui se reflètent dans ses lois ; et l'on peut en dire autant de la « cosmologie » du moyen âge. La conception moderne, au contraire, prétend rendre les sciences indépendantes, en niant tout ce qui les dépasse, ou tout au moins en le déclarant « inconnaissable » et en refusant d'en tenir compte, ce qui revient encore à le nier pratiquement ; cette négation existait en fait bien longtemps avant qu'on ait songé à l'ériger en théorie systématique sous des noms tels que ceux de « positivisme » et d'« agnosticisme », car on peut dire qu'elle est véritablement au point de départ de toute la science moderne. Seulement, ce n'est guère qu'au XIXe siècle qu'on a vu des hommes se faire gloire de leur ignorance, car se proclamer « agnostique » n'est point autre chose que cela, et prétendre interdire à tous la connaissance de ce qu'ils ignoraient eux-mêmes ; et cela marquait une étape de plus dans la déchéance intellectuelle de l'Occident.

En voulant séparer radicalement les sciences de tout principe supérieur sous prétexte d'assurer leur indépendance, la conception moderne leur enlève toute signification profonde et même tout intérêt véritable au point de vue de la connaissance et elle ne peut aboutir qu'à une impasse, puisqu'elle les enferme dans un domaine irrémédiablement borné [1]. Le développement qui s'effectue à l'intérieur de ce domaine n'est d'ailleurs pas un approfondissement comme certains se l'imaginent ; il demeure au contraire tout superficiel, et ne consiste qu'en cette dispersion dans le détail que nous avons déjà signalée, en une analyse aussi stérile que pénible, et qui peut se poursuivre indéfiniment sans qu'on avance d'un seul pas dans la voie de la véritable connaissance. Aussi n'est-ce point pour elle-même, il faut bien le dire, que les Occidentaux, en général, cultivent la science ainsi entendue : ce qu'ils ont surtout en vue, ce n'est point une connaissance, même inférieure ; ce sont des applications pratiques, et, pour se convaincre qu'il en est bien ainsi, il n'y a qu'à voir avec quelle facilité la plupart de nos contemporains confondent science et industrie, et combien nombreux sont ceux pour qui l'ingénieur représente le type même du savant ; mais ceci se rapporte à une autre question, que nous aurons à traiter plus complètement dans la suite.

La science, en se constituant à la façon moderne, n'a pas perdu seulement en profondeur, mais aussi, pourrait-on dire, en solidité, car le rattachement aux principes la faisait participer de l'immutabilité de ceux-ci dans toute la mesure où son objet même le permettait, tandis que, enfermée exclusivement dans le monde du changement, elle n'y trouve plus rien de stable, aucun point fixe où elle puisse s'appuyer ; ne partant plus d'aucune certitude absolue, elle en est réduite à des probabilités et à des approximations, ou à des constructions purement hypothétiques qui ne sont que l'œuvre de la fantaisie individuelle. Aussi, même s'il arrive accidentellement que la science moderne aboutisse, par une voie très détournée, à certains résultats qui semblent s'accorder avec quelques données des anciennes « sciences traditionnelles », on aurait le plus grand tort d'y voir une confirmation dont ces données n'ont nul besoin ; et ce serait perdre son temps que de vouloir concilier les points de vue totalement différents, ou établir une concordance avec des théories hypothèques qui, peut-être, se trouveront entièrement discréditées dans peu d'années [2]. Les choses dont il s'agit ne peuvent en effet, pour la science actuelle, appartenir qu'au domaine des hypothèses, alors que, pour les « sciences traditionnelles », elles étaient bien autre chose et se présentaient comme des conséquences indubitables de vérités connues intuitivement, donc infailliblement, dans l'ordre métaphysique [3]. C'est d'ailleurs une singulière illusion, propre à l'« expérimentalisme » moderne, que de croire qu'une théorie peut être prouvée par les faits, alors que, en réalité, les mêmes faits peuvent toujours s'expliquer également par plusieurs théories différentes, et que certains des promoteurs de la méthode expérimentale, comme Claude Bernard, ont reconnu eux-mêmes qu'ils ne pouvaient les interpréter qu'à l'aide d'« idées préconçues », sans lesquelles ces faits demeuraient des « faits bruts », dépourvus de toute signification et de toute valeur scientifique.

Puisque nous en sommes venus à parler d'« expérimentalisme », nous devons en profiter pour répondre à une question qui peut se poser à ce sujet, et qui est celle-ci : pourquoi les sciences proprement expérimentales ont-elles reçu, dans la civilisation moderne, un développement qu'elles n'ont jamais eu dans d'autres civilisations ? C'est que ces sciences sont celles du monde sensible, celles de la matière, et c'est aussi qu'elles sont celles qui donnent lieu aux applications pratiques les plus immédiates ; leur développement, s'accompagnant de ce que nous appellerions volontiers la « superstition du fait », correspond donc bien aux tendances spécifiquement modernes, alors que, par contre, les époques précédentes n'avaient pu y trouver des motifs d'intérêt suffisants pour s'y attacher ainsi au point de négliger les connaissances d'ordre supérieur. Il faut bien comprendre qu'il ne s'agit point, dans notre pensée, de déclarer illégitime en elle-même une connaissance quelconque, même inférieure ; ce qui est illégitime, c'est seulement l'abus qui se produit lorsque des choses de ce genre absorbent toute l'activité humaine, ainsi que nous le voyons actuellement. On pourrait même concevoir que, dans une civilisation normale, des sciences constituées par une méthode expérimentale soient, aussi bien que d'autres, rattachées aux principes et pourvues ainsi d'une réelle valeur spéculative ; en fait, si ce cas ne semble pas s'être présenté, c'est que l'attention s'est portée de préférence d'un autre côté, et aussi que, alors même qu'il s'agissait d'étudier le monde sensible dans la mesure où il pouvait paraître intéressant de le faire, les données traditionnelles permettaient d'entreprendre plus favorablement cette étude par d'autres méthodes et à un autre point de vue.

Nous disions plus haut qu'un des caractères de l'époque actuelle, c'est l'exploitation de tout ce qui avait été négligé jusque-là comme n'ayant qu'une importance trop secondaire pour que les hommes y consacrent leur activité, et qui devait cependant être développé aussi avant la fin de ce cycle, puisque ces choses avaient leur place parmi les possibilités qui y étaient appelées à la manifestation ; ce cas est précisément, en particulier, celui des sciences expérimentales qui ont vu le jour en ces derniers siècles. Il est même certaines sciences modernes qui représentent véritablement, au sens le plus littéral, des « résidus » de sciences anciennes, aujourd'hui incomprises : c'est la partie la plus inférieure de ces dernières qui, s'isolant et se détachant de tout le reste dans une période de décadence, s'est grossièrement matérialisée, puis a servi de point de départ à un développement tout différent, dans un sens conforme aux tendances modernes, de façon à aboutir à la constitution de sciences qui n'ont réellement plus rien de commun avec celles qui les ont précédées. C'est ainsi que, par exemple, il est faux de dire, comme on le fait habituellement, que l'astrologie et l'alchimie sont devenues respectivement l'astronomie et la chimie modernes, bien qu'il y ait dans cette opinion une certaine part de vérité au point de vue simplement historique, part de vérité qui est exactement celle que nous venons d'indiquer : si les dernières de ces sciences procèdent en effet des premières en un certain sens, ce n'est point par « évolution » ou « progrès » comme on le prétend, mais au contraire par dégénérescence ; et ceci appelle encore quelques explications.

Il faut remarquer, tout d'abord, que l'attribution de significations distinctes aux termes d'« astrologie » et d'« astronomie » est relativement récente ; chez les Grecs, ces deux mots étaient employés indifféremment pour désigner tout l'ensemble de ce à quoi l'un et l'autre s'appliquent maintenant. Il semble donc, à première vue, qu'on ait encore affaire dans ce cas à une de ces divisions par « spécialisation » qui se sont établies entre ce qui n'était primitivement que des parties d'une science unique ; mais ce qu'il y a ici de particulier, c'est que, tandis qu'une de ces parties, celle qui représentait le côté le plus matériel de la science en question, prenait un développement indépendant, l'autre partie, par contre, disparaissait entièrement. Cela est tellement vrai qu'on ne sait plus aujourd'hui ce que pouvait être l'astrologie ancienne, et que ceux mêmes qui ont essayé de la reconstituer ne sont arrivés qu'à de véritables contrefaçons, soit en voulant en faire l'équivalent d'une science expérimentale moderne, avec intervention des statistiques et du calcul des probabilités, ce qui procède d'un point de vue qui ne pouvait en aucune façon être celui de l'antiquité ou du moyen âge, soit en s'appliquant exclusivement à restaurer un « art divinatoire » qui ne fut guère qu'une déviation de l'astrologie en voie de disparition, et où l'on pourrait voir tout au plus une application très inférieure et assez peu digne de considération, ainsi qu'il est encore possible de le constater dans les civilisations orientales.

Le cas de la chimie est peut-être encore plus net et plus caractéristique ; et, pour ce qui est de l'ignorance des modernes à l'égard de l'alchimie, elle est au moins aussi grande qu'en ce qui concerne l'astrologie. La véritable alchimie était essentiellement une science d'ordre cosmologique, et, en même temps, elle était applicable aussi à l'ordre humain, en vertu de l'analogie du « macrocosme » et du « microcosme » ; en outre, elle était constituée expressément en vue de permettre une transposition dans le domaine purement spirituel, qui conférait à ses enseignements une valeur symbolique et une signification supérieure, et qui en faisait un des types les plus complets des « sciences traditionnelles ». Ce qui a donné naissance à la chimie moderne, ce n'est point cette alchimie avec laquelle elle n'a en somme aucun rapport ; c'en est une déformation, une déviation au sens le plus rigoureux du mot, déviation à laquelle donna lieu, peut-être dès le moyen âge, l'incompréhension de certains, qui, incapables de pénétrer le vrai sens des symboles, prirent tout à la lettre et, croyant qu'il ne s'agissait en tout cela que d'opérations matérielles, se lancèrent dans une expérimentation plus ou moins désordonnée. Ce sont ceux-là, que les alchimistes qualifiaient ironiquement de « souffleurs » et de « brûleurs de charbon », qui furent les véritables précurseurs des chimistes actuels ; et c'est ainsi que la science moderne s'édifie à l'aide des débris des sciences anciennes, avec les matériaux rejetés par celles-ci et abandonnés aux ignorants et aux « profanes ». Ajoutons encore que les soi-disant rénovateurs de l'alchimie, comme il s'en trouve quelques-uns parmi nos contemporains, ne font de leur côté que prolonger cette même déviation, et que leurs recherches sont tout aussi éloignées de l'alchimie traditionnelle que celles des astrologues auxquels nous faisions allusion tout à l'heure le sont de l'ancienne astrologie ; et c'est pourquoi nous avons le droit d'affirmer que les « sciences traditionnelles » de l'Occident sont vraiment perdues pour les modernes.

Nous nous bornerons à ces quelques exemples ; il serait cependant facile d'en donner encore d'autres, pris dans des ordres quelque peu différents, et montrant partout la même dégénérescence. On pourrait ainsi faire voir que la psychologie telle qu'on l'entend aujourd'hui, c'est-à-dire l'étude des phénomènes mentaux comme tels, est un produit naturel de l'empirisme anglo-saxon et de l'esprit du XVIIIe siècle, et que le point de vue auquel elle correspond était si négligeable pour les anciens que, s'il leur arrivait parfois de l'envisager incidemment, ils n'auraient en tout cas jamais songé à en faire une science spéciale ; tout ce qu'il peut y avoir de valable là-dedans se trouvait, pour eux, transformé et assimilé dans des points de vue supérieurs. Dans un tout autre domaine, on pourrait montrer aussi que les mathématiques modernes ne représentent pour ainsi

dire que l'écorce de la mathématique pythagoricienne, son côté purement
« exotérique » ; l'idée ancienne des nombres est même devenue absolument inintelligible aux modernes, parce que, là aussi, la partie supérieure de la science, celle qui lui donnait, avec le caractère traditionnel, une valeur proprement intellectuelle, a totalement disparu ; et ce cas est assez comparable à celui de l'astrologie. Mais nous ne pouvons passer en revue toutes les sciences les unes après les autres, ce qui serait plutôt fastidieux ; nous pensons en avoir assez dit pour faire comprendre la nature du changement auquel les sciences modernes doivent leur origine, et qui est tout le contraire d'un « progrès », qui est une véritable régression de l'intelligence ; et nous allons maintenant revenir à des considérations d'ordre général sur le rôle respectif des « sciences traditionnelles » et des sciences modernes, sur la différence profonde qui existe entre la véritable destination des unes et des autres.

Une science quelconque, suivant la conception traditionnelle, a moins son intérêt en elle-même qu'en ce qu'elle est comme un prolongement ou une branche secondaire de la doctrine, dont la partie essentielle est constituée, comme nous l'avons dit, par la métaphysique pure [4]. En effet, si toute science est assurément légitime, pourvu qu'elle n'occupe que la place qui lui convient réellement en raison de sa nature propre, il est cependant facile de comprendre que, pour quiconque possède une connaissance d'ordre supérieur, les connaissances inférieures perdent forcément beaucoup de leur intérêt, et que même elles n'en gardent qu'en fonction, si l'on peut dire, de la connaissance principielle, c'est-à-dire dans la mesure où, d'une part, elles reflètent celle-ci dans tel ou tel domaine contingent, et où, d'autre part, elles sont susceptibles de conduire vers cette même connaissance principielle, qui, dans le cas que nous envisageons, ne peut jamais être perdue de vue ni sacrifiée à des considérations plus ou moins accidentelles. Ce sont là les deux rôles complémentaires qui appartiennent en propre aux « sciences traditionnelles » : d'un côté, comme applications de la doctrine, elles permettent de relier entre eux tous les ordres de réalité, de les intégrer dans l'unité de la synthèse totale ; de l'autre, elles sont, pour certains tout au moins, et en conformité avec les aptitudes de ceux-ci, une préparation à une connaissance plus haute, une sorte d'acheminement vers cette dernière, et, dans leur répartition hiérarchique selon les degrés d'existence auxquels elles se rapportent, elles constituent alors comme autant d'échelons à l'aide desquels il est possible de s'élever jusqu'à l'intellectualité pure [5]. Il n'est que trop évident que les sciences modernes ne peuvent, à aucun degré, remplir ni l'un ni l'autre de ces deux rôles ; c'est pourquoi elles ne sont et ne peuvent être que de la « science profane », tandis que les « sciences traditionnelles », par leur rattachement aux principes métaphysiques, sont incorporées d'une façon effective à la « science sacrée ».

La coexistence des deux rôles que nous venons d'indiquer n'implique d'ailleurs ni contradiction ni cercle vicieux, contrairement à ce que pourraient penser ceux qui n'envisagent les choses que superficiellement ; et c'est là encore un point sur lequel il nous faut insister quelque peu. On pourrait dire qu'il y a là deux points de vue, l'un descendant et l'autre ascendant, dont le premier correspond à un développement de la connaissance partant des principes pour aller à des applications de plus en plus éloignées de ceux-ci, et le second à une acquisition graduelle de cette même connaissance en procédant de l'inférieur au supérieur, ou encore, si l'on préfère, de l'extérieur à l'intérieur. La question n'est donc pas de savoir si les sciences doivent être constituées de bas en haut ou de haut en bas, s'il faut, pour qu'elles soient possibles, prendre comme point de départ la connaissance des principes ou, au contraire, celle du monde sensible ; cette question, qui peut se poser au point de vue de la philosophie « profane », et qui semble avoir été posée en fait dans ce domaine, plus ou moins explicitement, par l'antiquité grecque, cette question, disons-nous, n'existe pas pour « la science sacrée », qui ne peut partir que des principes universels ; et ce qui lui enlève ici toute raison d'être, c'est le rôle premier de l'intuition intellectuelle, qui est la plus immédiate de toutes les connaissances, aussi bien que la plus élevée, et qui est absolument indépendante de l'exercice de toute faculté d'ordre sensible ou même rationnel. Les sciences ne peuvent être constituées valablement, en tant que « sciences sacrées », que par ceux qui, avant tout, possèdent pleinement la connaissance principielle, et qui, par là, sont seuls qualifiés pour réaliser, conformément à l'orthodoxie traditionnelle la plus rigoureuse, toutes les adaptations requises par les circonstances de temps et de lieu. Seulement, lorsque les sciences sont ainsi constituées, leur enseignement peut suivre un ordre inverse : elles sont en quelque sorte comme des « illustrations » de la doctrine pure, qui peuvent la rendre plus aisément accessible à certains esprits ; et, par là même qu'elles concernent le monde de la multiplicité, la diversité presque indéfinie de leurs points de vue peut convenir à la non moins grande diversité des aptitudes individuelles de ces esprits, dont l'horizon est encore borné à ce même monde de la multiplicité ; les voies possibles pour atteindre la connaissance peuvent être extrêmement différentes au plus bas degré, et elles vont ensuite en s'unifiant de plus en plus à mesure qu'on parvient à des stades plus élevés. Ce n'est pas qu'aucun de ces degrés préparatoires soit d'une nécessité absolue, puisque ce ne sont là que des moyens contingents et sans commune mesure avec le but à atteindre ; il se peut même que certains, parmi ceux en qui domine la tendance contemplative, s'élèvent à la véritable intuition intellectuelle d'un seul coup et sans le secours de tels moyens [6], mais ce n'est là qu'un cas plutôt exceptionnel, et, le plus habituellement, il y a ce qu'on peut appeler une nécessité de convenance à procéder dans le sens ascendant. On peut également, pour faire comprendre ceci, se servir de l'image traditionnelle de la « roue cosmique » : la circonférence n'existe en réalité que par le centre ; mais les êtres qui sont sur la circonférence doivent forcément partir de celle-ci, ou plus précisément du point de celle-ci où ils sont placés, et suivre le rayon pour aboutir au centre. D'ailleurs, en vertu de la correspondance qui existe entre tous les ordres de réalité, les vérités d'un ordre inférieur peuvent être considérées comme un symbole de celles des ordres supérieurs, et, par suite, servir de « support » pour arriver analogiquement à la connaissance de ces dernières [7] ; c'est là ce qui confère à toute science un sens supérieur ou « anagogique », plus profond que celui qu'elle possède par elle-même, et ce qui peut lui donner le caractère d'une véritable « science sacrée ».

Toute science, disons-nous, peut revêtir ce caractère, quel que soit son objet, à la seule condition d'être constituée et envisagée selon l'esprit traditionnel ; il y a lieu seulement de tenir compte en cela des degrés d'importance de ces sciences, suivant le rang hiérarchique des réalités diverses auxquelles elles se rapportent ; mais, à un degré ou à un autre, leur caractère et leur fonction sont essentiellement les mêmes dans la conception traditionnelle. Ce qui est vrai ici de toute science l'est même également de tout art, en tant que celui-ci peut avoir une valeur proprement symbolique qui le rend apte à fournir des « supports » pour la méditation, et aussi en tant que ses règles sont, comme les lois dont la connaissance est l'objet des sciences, des reflets et des applications des principes fondamentaux ; et il y a ainsi, en toute civilisation normale, des « arts traditionnels », qui ne sont pas moins inconnus des Occidentaux modernes que les « sciences traditionnelles » [8]. La vérité est qu'il n'existe pas en réalité un « domaine profane », qui s'opposerait d'une certaine façon au « domaine sacré » ; il existe seulement un « point de vue profane », qui n'est proprement rien d'autre que le point de vue de l'ignorance [9]. C'est pourquoi la « science profane », celle des modernes, peut à juste titre, ainsi que nous l'avons déjà dit ailleurs, être regardée comme un « savoir ignorant » : savoir d'ordre inférieur, qui se tient tout entier au niveau de la plus basse réalité, et savoir ignorant de tout ce qui le dépasse, ignorant de toute fin supérieure à lui-même, comme de tout principe qui pourrait lui assurer une place légitime, si humble soit-elle, parmi les divers ordres de la connaissance intégrale ; enfermée irrémédiablement dans le domaine relatif et borné où elle a voulu se proclamer indépendante, ayant ainsi coupé elle-même toute communication avec la vérité transcendante et avec la connaissance suprême, ce n'est plus qu'une science vaine et illusoire, qui, à vrai dire, ne vient de rien et ne conduit à rien.

Cet exposé permettra de comprendre tout ce qui manque au monde moderne sous le rapport de la science, et comment cette même science dont il est si fier ne représente qu'une simple déviation et comme un déchet de la science véritable, qui, pour nous, s'identifie entièrement à ce que nous avons appelé la « science sacrée » ou la « science traditionnelle ». La science moderne, procédant d'une limitation arbitraire de la connaissance à un certain ordre particulier, et qui est le plus inférieur de tous, celui de la réalité matérielle ou sensible, a perdu, du fait de cette limitation et des conséquences qu'elle entraîne immédiatement, toute valeur intellectuelle, du moins si l'on donne à l'intellectualité la plénitude de son vrai sens, si l'on se refuse à partager l'erreur « rationaliste », c'est-à-dire à assimiler l'intelligence pure à la raison, ou, ce qui revient au même, à nier l'intuition intellectuelle. Ce qui est au fond de cette erreur, comme d'une grande partie des autres erreurs modernes, ce qui est à la racine même de toute la déviation de la science telle que nous venons de l'expliquer, c'est ce qu'on peut appeler l'« individualisme », qui ne fait qu'un avec l'esprit antitraditionnel lui-même, et dont les manifestations multiples, dans tous les domaines, constituent un des facteurs les plus importants du désordre de notre époque ; c'est cet « individualisme » que nous devons maintenant examiner de plus près.

---

1. On pourra remarquer qu'il s'est produit quelque chose d'analogue dans l'ordre social, où les modernes ont prétendu séparer le temporel du spirituel ; il ne s'agit pas de contester qu'il y ait là deux choses distinctes, puisqu'elles se rapportent effectivement à des domaines différents, aussi bien que dans le cas de la métaphysique et des sciences ; mais, par une erreur inhérente à l'esprit analytique, on oublie que distinction ne veut point dire séparation ; par là, le pouvoir temporel perd sa légitimité, et la même chose, dans l'ordre intellectuel, pourrait être dite en ce qui concerne les sciences.
2. La même observation vaut, au point de vue religieux, à l'égard d'une certaine « apologétique » qui prétend se mettre d'accord avec les résultats de la science moderne, travail parfaitement illusoire et toujours à refaire, qui présente d'ailleurs le grave danger de paraître solidariser la religion avec des conceptions changeantes et éphémères, dont elle doit demeurer totalement indépendante.
3. Il serait facile de donner ici des exemples ; nous citerons seulement comme un des plus frappants, la différence de caractère des conceptions concernant l'éther dans la cosmologie hindoue et dans la physique moderne.
4. C'est ce qu'exprime par exemple une dénomination comme celle d'*upavêda*, appliquée dans l'Inde à certaines « sciences traditionnelles » et indiquant leur subordination par rapport au *Vêda*, c'est-à-dire à la connaissance sacrée par excellence.
5. Dans notre étude sur l'*Ésotérisme de Dante*, nous avons indiqué le symbolisme de l'échelle dont, suivant diverses traditions, les échelons correspondent à certaines sciences en même temps qu'à des états de l'être, ce qui implique nécessairement que ces sciences, au lieu d'être envisagées d'une manière toute « profane » comme chez les modernes, donnaient lieu à une transposition leur conférant une portée véritablement « initiatique ».
6. C'est pourquoi, suivant la doctrine hindoue, les *Brahmanes* doivent tenir leur esprit constamment dirigé vers la connaissance suprême, tandis que les *Kshatriyas* doivent plutôt s'appliquer à l'étude successive des diverses étapes par lesquelles on y parvient graduellement.
7. C'est le rôle que joue, par exemple, le symbolisme astronomique si fréquemment employé dans les différentes doctrines traditionnelles ; et ce que nous disons ici peut faire entrevoir la véritable nature d'une science telle que l'astrologie ancienne.
8. L'art des constructeurs du moyen âge peut être mentionné comme un exemple particulièrement remarquable de ces « arts traditionnels », dont la pratique impliquait d'ailleurs la connaissance réelle des sciences correspondantes.

9. Pour s'en convaincre, il suffit d'observer des faits comme celui-ci : une des sciences les plus « sacrées », la cosmogonie, qui a sa place comme telle dans tous les Livres inspirés, y compris la Bible hébraïque, est devenue, pour les modernes, l'objet des hypothèses les plus purement « profanes » ; le domaine de la science est bien le même dans les deux cas, mais le point de vue est totalement différent.

5

L'INDIVIDUALISME

Ce que nous entendons par « individualisme », c'est la négation de tout principe supérieur à l'individualité, et, par suite, la réduction de la civilisation, dans tous les domaines, aux seuls éléments purement humains ; c'est donc, au fond, la même chose que ce qui a été désigné à l'époque de la Renaissance sous le nom d'« humanisme », comme nous l'avons dit plus haut, et c'est aussi ce qui caractérise proprement ce que nous appelions tout à l'heure le « point de vue profane ». Tout cela, en somme, n'est qu'une seule et même chose sous des désignations diverses ; et nous avons dit encore que cet esprit « profane » se confond avec l'esprit antitraditionnel, en lequel se résument toutes les tendances spécifiquement modernes. Ce n'est pas, sans doute, que cet esprit soit entièrement nouveau ; il a eu déjà, à d'autres époques, des manifestations plus ou moins accentuées, mais toujours limitées et aberrantes, et qui ne s'étaient jamais étendues à tout l'ensemble d'une civilisation comme elles l'ont fait en Occident au cours de ces derniers siècles. Ce qui ne s'était jamais vu jusqu'ici, c'est une civilisation édifiée tout entière sur quelque chose de purement négatif, sur ce qu'on pourrait appeler une absence de principe ; c'est là, précisément, ce qui donne au monde moderne son caractère anormal, ce qui en fait une sorte de monstruosité, explicable seulement si on le considère comme correspondant à la fin d'une période cyclique, suivant ce que nous avons expliqué tout d'abord. C'est donc bien l'individualisme, tel que nous venons de le définir, qui est la cause déterminante de la déchéance actuelle de l'Occident, par là même qu'il est en quelque sorte le moteur du développement exclusif des possibilités les plus inférieures de l'humanité, de celles dont l'expansion n'exige l'intervention d'aucun élément supra-humain, et qui même ne peuvent se déployer complètement qu'en l'absence d'un tel élément, parce qu'elles sont à l'extrême opposé de toute spiritualité et de toute intellectualité vraie.

L'individualisme implique tout d'abord la négation de l'intuition intellectuelle, en tant que celle-ci est essentiellement une faculté supra-individuelle, et de l'ordre de connaissance qui est le domaine propre de cette intuition, c'est-à-dire de la métaphysique entendue dans son véritable sens. C'est pourquoi tout ce que les philosophes modernes désignent sous ce même nom de métaphysique, quand ils admettent quelque chose qu'ils appellent ainsi, n'a absolument rien de commun avec la métaphysique vraie : ce ne sont que constructions rationnelles ou hypothèses imaginatives, donc conceptions tout individuelles, et dont la plus grande partie, d'ailleurs, se rapporte simplement au domaine « physique », c'est-à-dire à la nature. Même s'il se rencontre là-dedans quelque question qui pourrait être rattachée effectivement à l'ordre métaphysique, la façon dont elle est envisagée et traitée la réduit encore à n'être que de la « pseudo-métaphysique », et rend du reste impossible toute solution réelle et valable ; il semble même que, pour les philosophes, il s'agisse de poser des « problèmes », fussent-ils artificiels et illusoires, bien plus que de les résoudre, ce qui est un des aspects du besoin désordonné de la recherche pour elle-même, c'est-à-dire de l'agitation la plus vaine dans l'ordre mental, aussi bien que dans l'ordre corporel. Il s'agit aussi, pour ces mêmes philosophes, d'attacher leur nom à un « système », c'est-à-dire à un ensemble de théories strictement borné et délimité, et qui soit bien à eux, qui ne soit rien d'autre que leur œuvre propre ; de là le désir d'être original à tout prix, même si la vérité doit être sacrifiée à cette originalité : mieux vaut, pour la renommée d'un philosophe, inventer une erreur nouvelle que de redire une vérité qui a déjà été exprimée par d'autres. Cette forme de l'individualisme, à laquelle on doit tant de « systèmes » contradictoires entre eux, quand ils ne le sont pas en eux-mêmes, se rencontre d'ailleurs tout aussi bien chez les savants et les artistes modernes ; mais c'est peut-être chez les philosophes qu'on peut voir le plus nettement l'anarchie intellectuelle qui en est l'inévitable conséquence.

Dans une civilisation traditionnelle, il est presque inconcevable qu'un homme prétende revendiquer la propriété d'une idée, et, en tout cas, s'il le fait, il s'enlève par là même tout crédit et toute autorité, car il la réduit ainsi à n'être qu'une sorte de fantaisie sans aucune portée réelle : si une idée est vraie, elle appartient également à tous ceux qui sont capables de la comprendre ; si elle est fausse, il n'y a pas à se faire gloire de l'avoir inventée. Une idée vraie ne peut être « nouvelle », car la vérité n'est pas un produit de l'esprit humain, elle existe indépendamment de nous, et nous avons seulement à la connaître ; en dehors de cette connaissance, il ne peut y avoir que l'erreur ; mais, au fond, les modernes se soucient-ils de la vérité, et savent-ils même encore ce qu'elle est ? Là aussi, les mots ont perdu leur sens, puisque certains, comme les « pragmatistes » contemporains, vont jusqu'à donner abusivement ce nom de « vérité » à ce qui est tout simplement l'utilité pratique, c'est-à-dire à quelque chose qui est entièrement étranger à l'ordre intellectuel ; c'est, comme aboutissement logique de la déviation moderne, la négation même de la vérité, aussi bien que de l'intelligence dont elle est l'objet propre. Mais n'anticipons pas davantage, et, sur ce point, faisons seulement remarquer encore que le genre d'individualisme dont il vient d'être question est la source des illusions concernant le rôle des « grands hommes, » ou soi-disant tels ; le « génie », entendu au sens « profane », est fort peu de chose en réalité, et il ne saurait en aucune manière suppléer au défaut de véritable connaissance.

Puisque nous avons parlé de la philosophie, nous signalerons encore, sans entrer dans tous les détails, quelques-unes des conséquences de l'individualisme dans ce domaine : la première de toutes fut, par la négation de l'intuition intellectuelle, de mettre la raison au-dessus de tout, de faire de cette faculté purement humaine et relative la partie supérieure de l'intelligence, ou même d'y réduire celle-ci tout entière ; c'est là ce qui constitue le « rationalisme », dont le véritable fondateur fut Descartes. Cette limitation de l'intelligence n'était d'ailleurs qu'une première étape ; la raison elle-même ne devait pas tarder à être rabaissée de plus en plus à un rôle surtout pratique, à mesure que les applications prendraient le pas sur les sciences qui pouvaient avoir encore un certain caractère spéculatif ; et, déjà, Descartes lui-même était, au fond, beaucoup plus préoccupé de ces applications pratiques que de la science pure. Mais ce n'est pas tout : l'individualisme entraîne inévitablement le « naturalisme », puisque tout ce qui est au delà de la nature est, par là même, hors de l'atteinte de l'individu comme tel ; « naturalisme » ou négation de la métaphysique, ce n'est d'ailleurs qu'une seule et même chose, et, dès lors que l'intuition intellectuelle est méconnue, il n'y a plus de métaphysique possible ; mais, tandis que certains s'obstinent cependant à bâtir une « pseudo-métaphysique » quelconque, d'autres reconnaissent plus franchement cette impossibilité ; de là le « relativisme » sous toutes ses formes, que ce soit le « criticisme » de Kant ou le « positivisme » d'Auguste Comte ; et, la raison étant elle-même toute relative et ne pouvant s'appliquer valablement qu'à un domaine également relatif, il est bien vrai que le « relativisme » est le seul aboutissement logique du « rationalisme ». Celui-ci, du reste, devait arriver par là à se détruire lui-même : « nature » et « devenir », comme nous l'avons noté plus haut, sont en réalité synonymes ; un « naturalisme » conséquent avec lui-même ne peut donc être qu'une de ces « philosophies du devenir » dont nous avons déjà parlé, et dont le type spécifiquement moderne est l'« évolutionnisme » ; mais c'est précisément celui-ci qui devait finalement se retourner contre le « rationalisme », en reprochant à la raison de ne pouvoir s'appliquer adéquatement à ce qui n'est que changement et pure multiplicité, ni enfermer dans ses concepts l'indéfinie complexité des choses sensibles. Telle est en effet la position prise par cette forme de l'« évolutionnisme » qu'est l'« intuitionnisme » bergsonien, qui, bien entendu, n'est pas moins individualiste et antimétaphysique que le « rationalisme », et qui, s'il critique justement celui-ci, tombe encore plus bas en faisant appel à une faculté proprement infra-rationnelle, à une intuition sensible assez mal définie d'ailleurs, et plus ou moins mêlée d'imagination, d'instinct et de sentiment. Ce qui est bien significatif, c'est qu'ici il n'est même plus question de « vérité », mais seulement de « réalité », réduite exclusivement au seul ordre sensible, et conçue comme quelque chose d'essentiellement mouvant et instable ; l'intelligence, avec de telles théories, est véritablement réduite à sa partie la plus basse, et la raison elle-même n'est plus admise qu'en tant qu'elle s'applique à façonner la matière pour des usages industriels. Après cela, il ne restait plus qu'un pas à faire : c'était la négation totale de l'intelligence et de la connaissance, la substitution de l'« utilité » à la « vérité » ; ce fut le « pragmatisme », auquel nous avons déjà fait allusion tout à l'heure ; et, ici, nous ne sommes même plus dans l'humain pur et simple comme avec le « rationalisme », nous sommes véritablement dans l'infra-humain, avec l'appel au « subconscient » qui marque le renversement complet de toute hiérarchie normale. Voilà, dans ses grandes lignes, la marche que devait fatalement suivre et qu'a effectivement suivie la philosophie « profane » livrée à elle-même, prétendant limiter toute connaissance à son propre horizon ; tant qu'il existait une connaissance supérieure, rien de semblable ne pouvait se produire, car la philosophie était du moins tenue de respecter ce qu'elle ignorait et ne pouvait le nier ; mais, lorsque cette connaissance supérieure eut disparu, sa négation, qui correspondait à l'état de fait, fut bientôt érigée en théorie, et c'est de là que procède toute la philosophie moderne.

Mais c'en est assez sur la philosophie, à laquelle il ne convient pas d'attribuer une importance excessive, quelle que soit la place qu'elle semble tenir dans le monde moderne ; au point de vue où nous nous plaçons, elle est surtout intéressante en ce qu'elle exprime, sous une forme aussi nettement arrêtée que possible, les tendances de tel ou tel moment, bien plutôt qu'elle ne les crée véritablement ; et, si l'on peut dire qu'elle les dirige jusqu'à un certain point, ce n'est que secondairement et après coup. Ainsi, il est certain que toute la philosophie moderne a son origine chez Descartes ; mais l'influence que celui-ci a exercée sur son époque d'abord, puis sur celles qui suivirent, et qui ne s'est pas limitée aux seuls philosophes, n'aurait pas été possible si ses conceptions n'avaient pas correspondu à des tendances préexistantes, qui étaient en somme celles de la généralité de ses contemporains ; l'esprit moderne s'est retrouvé dans le cartésianisme et, à travers celui-ci, a pris de lui-même une conscience plus claire que celle qu'il avait eue jusque-là. D'ailleurs, dans n'importe quel domaine, un mouvement aussi apparent que l'a été le cartésianisme sous le rapport philosophique est toujours une résultante plutôt qu'un véritable point de départ ; il n'est pas quelque chose de spontané, il est le produit de tout un travail latent et diffus ; si un homme comme Descartes est particulièrement représentatif de la déviation moderne, si l'on peut dire qu'il l'incarne en quelque sorte à un certain point de vue, il n'en est pourtant pas le seul ni le premier responsable, et il faudrait remonter beaucoup plus loin pour trouver les racines de cette déviation. De même, la Renaissance et la Réforme, qu'on regarde le plus souvent comme les premières grandes manifestations de l'esprit moderne, achevèrent la rupture avec la tradition beaucoup plus qu'elles ne la provoquèrent ; pour nous, le début de cette rupture date du XIVe siècle, et c'est là, et non pas un ou deux siècles plus tard, qu'il faut, en réalité, faire commencer les temps modernes.

C'est sur cette rupture avec la tradition que nous devons encore insister, puisque c'est d'elle qu'est né le monde moderne, dont tous les caractères propres pourraient être résumés en un seul, l'opposition à l'esprit traditionnel ; et la négation de la tradition, c'est encore l'individualisme. Ceci, du reste, est en parfait accord avec ce qui précède, puisque, comme nous l'avons expliqué, c'est l'intuition intellectuelle et la doctrine métaphysique pure qui sont au principe de toute civilisation traditionnelle ; dès lors qu'on nie le principe, on en nie aussi toutes les conséquences, au moins implicitement, et ainsi tout l'ensemble de ce qui mérite vraiment le nom de tradition se trouve détruit par là même. Nous avons vu déjà ce qui s'est produit à cet égard en ce qui concerne les sciences ; nous n'y reviendrons donc pas, et nous envisagerons un autre côté de la question, où les manifestations de l'esprit antitraditionnel sont peut-être encore plus immédiatement visibles, parce qu'il s'agit ici de changements qui ont affecté directement la masse occidentale elle-même. En effet, les « sciences traditionnelles » du moyen âge étaient réservées à une élite plus ou moins restreinte, et certaines d'entre elles étaient même l'apanage exclusif d'écoles très fermées, constituant un « ésotérisme » au sens le plus strict du mot ; mais, d'autre part, il y avait aussi, dans la tradition, quelque chose qui était commun à tous indistinctement, et c'est de cette partie extérieure que nous voulons parler maintenant. La tradition occidentale était alors, extérieurement, une tradition de forme spécifiquement religieuse, représentée par le Catholicisme ; c'est donc dans le domaine religieux que nous allons avoir à envisager la révolte contre l'esprit traditionnel, révolte qui, lorsqu'elle a pris une forme définie, s'est appelée le Protestantisme ; et il est facile de se rendre compte que c'est bien là une manifestation de l'individualisme, à tel point qu'on pourrait dire que ce n'est rien d'autre que l'individualisme lui-même considéré dans son application à la religion. Ce qui fait le Protestantisme, comme ce qui fait le monde moderne, ce n'est qu'une négation, cette négation des principes qui est l'essence même de l'individualisme ; et l'on peut voir là encore un des exemples les plus frappants de l'état d'anarchie et de dissolution qui en est la conséquence.

Qui dit individualisme dit nécessairement refus d'admettre une autorité supérieure à l'individu, aussi bien qu'une faculté de connaissance supérieure à la raison individuelle ; les deux choses sont inséparables l'une de l'autre. Par conséquent, l'esprit moderne devait rejeter toute autorité spirituelle au vrai sens du mot, prenant sa source dans l'ordre suprahumain, et toute organisation traditionnelle, qui se base essentiellement sur une telle autorité, quelle que soit d'ailleurs la forme qu'elle revêt, forme qui diffère naturellement suivant les civilisations. C'est ce qui arriva en effet : à l'autorité de l'organisation qualifiée pour interpréter légitimement la tradition religieuse de l'Occident, le Protestantisme prétendit substituer ce qu'il appela le « libre examen », c'est-à-dire l'interprétation laissée à l'arbitraire de chacun, même des ignorants et des incompétents, et fondée uniquement sur l'exercice de la raison humaine. C'était donc, dans le domaine religieux, l'analogue de ce qu'allait être le « rationalisme » en philosophie ; c'était la porte ouverte à toutes les discussions, à toutes les divergences, à toutes les déviations ; et le résultat fut ce qu'il devait être : la dispersion en une multitude toujours croissante de sectes, dont chacune ne représente que l'opinion particulière de quelques individus. Comme il était, dans ces conditions, impossible de s'entendre sur la doctrine, celle-ci passa vite au second plan, et c'est le côté secondaire de la religion, nous voulons dire la morale, qui prit la première place : de là cette dégénérescence en « moralisme » qui est si sensible dans le Protestantisme actuel. Il s'est produit là un phénomène parallèle à celui que nous avons signalé à l'égard de la philosophie ; la dissolution doctrinale, la disparition des éléments intellectuels de la religion, entraînait cette conséquence inévitable : partant du « rationalisme », on devait tomber au « sentimentalisme », et c'est dans les pays anglo-saxons qu'on en pourrait trouver les exemples les plus frappants. Ce dont il s'agit alors, ce n'est plus de religion, même amoindrie et déformée, c'est tout simplement de « religiosité », c'est-à-dire de vagues aspirations sentimentales qui ne se justifient par aucune connaissance réelle ; et à ce dernier stade correspondent des théories comme celle de l'« expérience religieuse » de William James, qui va jusqu'à voir dans le « subconscient » le moyen pour l'homme d'entrer en communication avec le divin. Ici, les derniers produits de la déchéance religieuse fusionnent avec ceux de la déchéance philosophique : l'« expérience religieuse » s'incorpore au « pragmatisme », au nom duquel on préconise l'idée d'un Dieu limité comme plus « avantageuse » que celle du Dieu infini parce qu'on peut éprouver pour lui des sentiments comparables à ceux qu'on éprouve à l'égard d'un homme supérieur ; et, en même temps, par l'appel au « subconscient », on en arrive à rejoindre le spiritisme et toutes les « pseudo-religions » caractéristiques de notre époque, que nous avons étudiées dans d'autres ouvrages. D'un autre côté, la morale protestante, éliminant de plus en plus toute base doctrinale, finit par dégénérer en ce qu'on appelle la « morale laïque », qui compte parmi ses partisans les représentants de toutes les variétés du « Protestantisme libéral », aussi bien que les adversaires déclarés de toute idée religieuse ; au fond, chez les uns et les autres, ce sont les mêmes tendances qui prédominent, et la seule différence est que tous ne vont pas aussi loin dans le développement logique de tout ce qui s'y trouve impliqué.

En effet, la religion étant proprement une forme de la tradition, l'esprit antitraditionnel ne peut être qu'antireligieux ; il commence par dénaturer la religion, et, quand il le peut, il finit par la supprimer entièrement. Le Protestantisme est illogique en ce que, tout en s'efforçant d'« humaniser » la religion, il laisse encore subsister malgré tout, au moins en théorie, un élément supra-humain, qui est la révélation ; il n'ose pas pousser la négation jusqu'au bout, mais, en livrant cette révélation à toutes les discussions qui sont la conséquence d'interprétations purement humaines, il la réduit en fait à n'être bientôt plus rien ; et, quand on voit des gens qui, tout en persistant à se dire : « chrétiens », n'admettent même plus la divinité du Christ, il est permis de penser que ceux-là, sans s'en douter peut-être, sont beaucoup plus près de la négation complète que du véritable Christianisme. De semblables contradictions, d'ailleurs, ne doivent pas étonner outre mesure, car elles sont, dans tous les domaines, un des symptômes de notre époque de désordre et de confusion, de même que la division incessante du Protestantisme n'est qu'une des nombreuses manifestations de cette dispersion dans la multiplicité qui, comme nous l'avons dit, se retrouve partout dans la vie et la science modernes. D'autre part, il est naturel que le Protestantisme, avec l'esprit de négation qui l'anime, ait donné naissance à cette « critique » dissolvante qui, dans les mains des prétendus « historiens des religions », est devenue une arme de combat contre toute religion, et qu'ainsi, tout en prétendant ne reconnaître d'autre autorité que celle des Livres sacrés, il ait contribué pour une large part à la destruction de cette même autorité, c'est-à-dire du minimum de tradition qu'il conservait encore ; la révolte contre l'esprit traditionnel, une fois commencée, ne pouvait s'arrêter à mi-chemin.

On pourrait faire ici une objection : n'aurait-il pas été possible que, tout en se séparant de l'organisation catholique, le Protestantisme, par là même qu'il admettait cependant les Livres sacrés, gardât la doctrine traditionnelle qui y est contenue ? C'est l'introduction du « libre examen » qui s'oppose absolument à une telle hypothèse, puisqu'elle permet toutes les fantaisies individuelles ; la conservation de la doctrine suppose d'ailleurs un enseignement traditionnel organisé, par lequel se maintient l'interprétation orthodoxe, et en fait, cet enseignement, dans le monde occidental, s'identifiait au Catholicisme. Sans doute, il peut y avoir, dans d'autres civilisations, des organisations de formes très différentes de celle-là pour remplir la fonction correspondante ; mais c'est de la civilisation occidentale, avec ses conditions particulières qu'il s'agit ici. On ne peut donc pas faire valoir que, par exemple, il n'existe dans l'Inde aucune institution comparable à la Papauté ; le cas est tout différent, d'abord parce qu'on n'a pas affaire à une tradition de forme religieuse au sens occidental de ce mot, de sorte que les moyens par lesquels elle se conserve et se transmet ne peuvent pas être les mêmes, et ensuite parce que, l'esprit hindou étant tout autre que l'esprit européen, la tradition peut avoir par elle-même, dans le premier cas, une puissance qu'elle ne saurait avoir dans le second sans l'appui d'une organisation beaucoup plus strictement définie dans sa constitution extérieure. Nous avons déjà dit que la tradition occidentale, depuis le Christianisme, devait nécessairement être revêtue d'une forme religieuse ; il serait trop long d'en expliquer ici toutes les raisons, qui ne peuvent être pleinement comprises sans faire appel à des considérations assez complexes ; mais c'est là un état de fait dont on ne peut se refuser à tenir compte [1] et, dès lors, il faut aussi admettre toutes les conséquences qui en résultent en ce qui concerne l'organisation appropriée à une semblable forme traditionnelle.

D'autre part, il est bien certain, comme nous l'indiquions aussi plus haut, que c'est dans le Catholicisme seul que s'est maintenu ce qui subsiste encore, malgré tout, d'esprit traditionnel en Occident ; est-ce à dire que, là du moins, on puisse parler d'une conservation intégrale de la tradition, à l'abri de toute atteinte de l'esprit moderne ? Malheureusement, il ne semble pas qu'il en soit ainsi ; ou, pour parler plus exactement, si le dépôt de la tradition est demeuré intact, ce qui est déjà beaucoup, il est assez douteux que le sens profond en soit encore compris effectivement, même par une élite peu nombreuse, dont l'existence se manifesterait sans doute par une action ou plutôt par une influence que, en fait, nous ne constatons nulle part. Il s'agit donc plus vraisemblablement de ce que nous appellerions volontiers une conservation à l'état latent, permettant toujours, à ceux qui en seront capables, de retrouver le sens de la tradition, quand bien même ce sens ne serait actuellement conscient pour personne ; et il y a d'ailleurs aussi, épars ça et là dans le monde occidental, en dehors du domaine religieux, beaucoup de signes ou de symboles qui proviennent d'anciennes doctrines traditionnelles, et que l'on conserve sans les comprendre. Dans de pareils cas, un contact avec l'esprit traditionnel pleinement vivant est nécessaire pour réveiller ce qui est ainsi plongé dans une sorte de sommeil, pour restaurer la compréhension perdue ; et, redisons-le encore une fois, c'est en cela surtout que l'Occident aura besoin du secours de l'Orient s'il veut revenir à la conscience de sa propre tradition.

Ce que nous venons de dire se rapporte proprement aux possibilités que le Catholicisme, par son principe, porte en lui-même d'une façon constante et inaltérable ; ici, par conséquent, l'influence de l'esprit moderne se borne forcément à empêcher, pendant une période plus ou moins longue, que certaines choses soient effectivement comprises. Par contre, si l'on voulait, en parlant de l'état présent du Catholicisme, entendre par-là la façon dont il est envisagé par la grande majorité de ses adhérents eux-mêmes, on serait bien obligé de constater une action plus positive de l'esprit moderne, si cette expression peut être employée pour quelque chose qui, en réalité, est essentiellement négatif. Ce que nous avons en vue à cet égard, ce ne sont pas seulement des mouvements assez nettement définis, comme celui auquel on a donné précisément le nom de « modernisme », et qui ne fut rien d'autre qu'une tentative, heureusement déjouée, d'infiltration de l'esprit protestant à l'intérieur de l'Église catholique elle-même ; c'est surtout un état d'esprit beaucoup plus général, plus diffus et plus difficilement saisissable, donc plus dangereux encore, d'autant plus dangereux même qu'il est souvent tout à fait inconscient chez ceux qui en sont affectés : on peut se croire sincèrement religieux et ne l'être nullement au fond, on peut même se dire « traditionaliste » sans avoir la moindre notion du véritable esprit traditionnel, et c'est là encore un des symptômes du désordre mental de notre époque. L'état d'esprit auquel nous faisons allusion est, tout d'abord, celui qui consiste, si l'on peut dire, à « minimiser » la religion, à en faire quelque chose que l'on met à part, à quoi on se contente d'assigner une place bien délimitée et aussi étroite que possible, quelque chose qui n'a aucune influence réelle sur le reste de l'existence, qui en est isolé par une sorte de cloison étanche ; est-il aujourd'hui beaucoup de catholiques qui aient, dans la vie courante, des façons de penser et d'agir sensiblement différentes de celles de leurs contemporains les plus « areligieux » ? C'est aussi l'ignorance à peu près complète au point de vue doctrinal, l'indifférence même à l'égard de tout ce qui s'y rapporte ; la religion, pour beaucoup, est simplement une affaire de « pratique », d'habitude, pour ne pas dire de routine, et l'on s'abstient soigneusement de chercher à y comprendre quoi que ce soit, on en arrive même à penser qu'il est inutile de comprendre, ou peut-être qu'il n'y a rien à comprendre ; du reste, si l'on comprenait vraiment la religion, pourrait-on lui faire une place aussi médiocre parmi ses préoccupations ? La doctrine se trouve donc, en fait, oubliée ou réduite à presque rien, ce qui se rapproche singulièrement de la conception protestante, parce que c'est un effet des mêmes tendances modernes, opposées à toute intellectualité ; et ce qui est le plus déplorable, c'est que l'enseignement qui est donné généralement, au lieu de réagir contre cet état d'esprit, le favorise au contraire en ne s'y adaptant que trop bien : on parle toujours de morale, on ne parle presque jamais de doctrine, sous prétexte qu'on ne serait pas compris ; la religion, maintenant, n'est plus que du « moralisme », ou du moins il semble que personne ne veuille plus voir ce qu'elle est réellement, et qui est tout autre chose. Si l'on en arrive cependant à parler encore quelquefois de la doctrine, ce n'est trop souvent que pour la rabaisser en discutant avec des adversaires sur leur propre terrain « profane », ce qui conduit inévitablement à leur faire les concessions les plus injustifiées ; c'est ainsi, notamment, qu'on se croit obligé de tenir compte, dans une plus ou moins large mesure, des prétendus résultats de la « critique » moderne, alors que rien ne serait plus facile, en se plaçant à un autre point de vue, que d'en montrer toute l'inanité ; dans ces conditions, que peut-il rester effectivement du véritable esprit traditionnel ?

Cette digression, où nous avons été amené par l'examen des manifestations de l'individualisme dans le domaine religieux, ne nous semble pas inutile, car elle montre que le mal, à cet égard, est encore plus grave et plus étendu qu'on ne pourrait le croire à première vue ; et, d'autre part, elle ne nous éloigne guère de la question que nous envisagions, et à laquelle notre dernière remarque se rattache même directement, car c'est encore l'individualisme qui introduit partout l'esprit de discussion. Il est très difficile de faire comprendre à nos contemporains qu'il y a des choses qui, par leur nature même, ne peuvent se discuter ; l'homme moderne, au lieu de chercher à s'élever à la vérité, prétend la faire descendre à son niveau ; et c'est sans doute pourquoi il en est tant qui, lorsqu'on leur parle de « sciences traditionnelles » ou même de métaphysique pure, s'imaginent qu'il ne s'agit que de « science profane » et de « philosophie ». Dans le domaine des opinions individuelles, on peut toujours discuter, parce qu'on ne dépasse pas l'ordre rationnel, et parce que, ne faisant appel à aucun principe supérieur, on arrive facilement à trouver des arguments plus ou moins valables pour soutenir le « pour » et le « contre » ; on peut même, dans bien des cas, pousser la discussion indéfiniment sans parvenir à aucune solution, et c'est ainsi que presque toute la philosophie moderne n'est faite que d'équivoques et de questions mal posées. Bien loin d'éclaircir les questions comme on le suppose d'ordinaire, la discussion, le plus souvent, ne fait guère que les déplacer, sinon les obscurcir davantage ; et le résultat le plus habituel est que chacun, en s'efforçant de convaincre son adversaire, s'attache plus que jamais à sa propre opinion et s'y enferme d'une façon encore plus exclusive qu'auparavant. En tout cela, au fond, il ne s'agit pas d'arriver à la connaissance de la vérité, mais d'avoir raison malgré tout, ou au moins de s'en persuader soi-même, si l'on ne peut en persuader les autres, ce qu'on regrettera d'ailleurs d'autant plus qu'il s'y mêle toujours ce besoin de « prosélytisme » qui est encore un des éléments les plus caractéristiques de l'esprit occidental. Parfois, l'individualisme, au sens le plus ordinaire et le plus bas du mot, se manifeste d'une façon plus apparente encore : ainsi, ne voit-on pas à chaque instant des gens qui veulent juger l'œuvre d'un homme d'après ce qu'ils savent de sa vie privée, comme s'il pouvait y avoir entre ces deux choses un rapport quelconque ? De la même tendance, jointe à la manie du détail, dérivent aussi, notons-le en passant, l'intérêt qu'on attache aux moindres particularités de l'existence des « grands hommes », et l'illusion qu'on se donne d'expliquer tout ce qu'ils ont fait par une sorte d'analyse « psycho-physiologique » ; tout cela est bien significatif pour qui veut se rendre compte de ce qu'est vraiment la mentalité contemporaine.

Mais revenons encore un instant sur l'introduction des habitudes de discussion dans les domaines où elles n'ont que faire, et disons nettement ceci : l'attitude « apologétique » est, en elle-même, une attitude extrêmement faible, parce qu'elle est purement « défensive », au sens juridique de ce mot ; ce n'est pas pour rien qu'elle est désignée par un terme dérivé d'« apologie », qui a pour signification propre le plaidoyer d'un avocat, et qui, dans une langue telle que l'anglais, a été jusqu'à prendre couramment l'acception d'« excuse » ; l'importance prépondérante accordée à l'« apologétique » est donc la marque incontestable d'un recul de l'esprit religieux. Cette faiblesse s'accentue encore quand l'« apologétique » dégénère, comme nous le disions tout à l'heure, en discussions toutes « profanes » par la méthode et le point de vue, où la religion est mise sur le même plan que les théories philosophiques et scientifiques, ou pseudo-scientifiques, les plus contingentes et les plus hypothétiques, et où, pour paraître « conciliant », on va jusqu'à admettre dans une certaine mesure des conceptions qui n'ont été inventées que pour ruiner toute religion ; ceux qui agissent ainsi fournissent eux-mêmes la preuve qu'ils sont parfaitement inconscients du véritable caractère de la doctrine dont ils se croient les représentants plus ou moins autorisés. Ceux qui sont qualifiés pour parler au nom d'une doctrine traditionnelle n'ont pas à discuter avec les « profanes » ni à faire de la « polémique » ; ils n'ont qu'à exposer la doctrine telle qu'elle est, pour ceux qui peuvent la comprendre, et, en même temps, à dénoncer l'erreur partout où elle se trouve, à la faire apparaître comme telle en projetant sur elle la lumière de la vraie connaissance ; leur rôle n'est pas d'engager une lutte et d'y compromettre la doctrine, mais de porter le jugement qu'ils ont le droit de porter s'ils possèdent effectivement les principes qui doivent les inspirer infailliblement. Le domaine de la lutte, c'est celui de l'action, c'est-à-dire le domaine individuel et temporel ; le « moteur immobile » produit et dirige le mouvement sans y être entraîné ; la connaissance éclaire l'action sans participer à ses vicissitudes ; le spirituel guide le temporel sans s'y mêler ; et ainsi chaque chose demeure dans son ordre, au rang qui lui appartient dans la hiérarchie universelle ; mais, dans le monde moderne, où peut-on trouver encore la notion d'une véritable hiérarchie ? Rien ni personne n'est plus à la place où il devrait être normalement ; les hommes ne reconnaissent plus aucune autorité effective dans l'ordre spirituel, aucun pouvoir légitime dans

Tordre temporel ; les « profanes » se permettent de discuter des choses sacrées, d'en contester le caractère et jusqu'à l'existence même ; c'est l'inférieur qui juge le supérieur, l'ignorance qui impose des bornes à la sagesse, l'erreur qui prend le pas sur la vérité, l'humain qui se substitue au divin, la terre qui l'emporte sur le ciel, l'individu qui se fait la mesure de toutes choses et prétend dicter à l'univers des lois tirées tout entières de sa propre raison relative et faillible. « Malheur à vous, guides aveugles », est-il dit dans l'Évangile ; aujourd'hui, on ne voit en effet partout que des aveugles qui conduisent d'autres aveugles, et qui, s'ils ne sont arrêtés à temps, les mèneront fatalement à l'abîme où ils périront avec eux.

---

1. Cet état doit d'ailleurs se maintenir, suivant la parole évangélique, jusqu'à la « consommation du siècle », c'est-à-dire jusqu'à la fin du cycle actuel.

6
LE CHAOS SOCIAL

Nous n'entendons pas, dans cette étude, nous attacher spécialement au point de vue social, qui ne nous intéresse que très indirectement, parce qu'il ne représente qu'une application assez lointaine des principes fondamentaux, et que, par conséquent, ce n'est point dans ce domaine que pourrait, en tout état de cause, commencer un redressement du monde moderne. Ce redressement, en effet, s'il était ainsi entrepris à rebours, c'est-à-dire en partant des conséquences au lieu de partir des principes, manquerait forcément de base sérieuse et serait tout à fait illusoire ; rien de stable ne pourrait jamais en résulter, et tout serait à recommencer incessamment, parce qu'on aurait négligé de s'entendre avant tout sur les vérités essentielles. C'est pourquoi il ne nous est pas possible d'accorder aux contingences politiques, même en donnant à ce mot son sens le plus large, une valeur autre que celle de simples signes extérieurs de la mentalité d'une époque ; mais, sous ce rapport même, nous ne pouvons pas non plus passer entièrement sous silence les manifestations du désordre moderne dans le domaine social proprement dit.

Comme nous l'indiquions tout à l'heure, personne, dans l'état présent du monde occidental, ne se trouve plus à la place qui lui convient normalement en raison de sa nature propre ; c'est ce qu'on exprime en disant que les castes n'existent plus, car la caste, entendue dans son vrai sens traditionnel, n'est pas autre chose que la nature individuelle elle-même, avec tout l'ensemble des aptitudes spéciales qu'elle comporte et qui prédisposent chaque homme à l'accomplissement de telle ou telle fonction déterminée. Dès lors que l'accession à des fonctions quelconques n'est plus soumise à aucune règle légitime, il en résulte inévitablement que chacun se trouvera amené à faire n'importe quoi, et souvent ce pour quoi il est le moins qualifié ; le rôle qu'il jouera dans la société sera déterminé, non pas par le hasard, qui n'existe pas en réalité [1], mais par ce qui peut donner l'illusion du hasard, c'est-à-dire par l'enchevêtrement de toutes sortes de circonstances accidentelles ; ce qui y interviendra le moins, ce sera précisément le seul facteur qui devrait compter en pareil cas, nous voulons dire les différences de nature qui existent entre les hommes. La cause de tout ce désordre, c'est la négation de ces différences elles-mêmes, entraînant celle de toute hiérarchie sociale ; et cette négation, d'abord peut-être à peine consciente et plus pratique que théorique, car la confusion des castes a précédé leur suppression complète, ou, en d'autres termes, on s'est mépris sur la nature des individus avant d'arriver à n'en plus tenir aucun compte, cette négation, disons-nous, a été ensuite érigée par les modernes en pseudo-principe sous le nom d'« égalité ». Il serait trop facile de montrer que l'égalité ne peut exister nulle part, pour la simple raison qu'il ne saurait y avoir deux êtres qui soient à la fois réellement distincts et entièrement semblables entre eux sous tous les rapports ; et il ne serait pas moins facile de faire ressortir toutes les conséquences absurdes qui découlent de cette idée chimérique, au nom de laquelle on prétend imposer partout une uniformité complète, par exemple en distribuant à tous un enseignement identique, comme si tous étaient pareillement aptes à comprendre les mêmes choses, et comme si, pour les leur faire comprendre, les mêmes méthodes convenaient à tous indistinctement. On peut d'ailleurs se demander s'il ne s'agit pas plutôt d'« apprendre » que de « comprendre » vraiment, c'est-à-dire si la mémoire n'est pas substituée à l'intelligence dans la conception toute verbale et « livresque » de l'enseignement actuel, où l'on ne vise qu'à l'accumulation de notions rudimentaires et hétéroclites, et où la qualité est entièrement sacrifiée à la quantité, ainsi que cela se produit partout dans le monde moderne pour des raisons que nous expliquerons plus complètement par la suite : c'est toujours la dispersion dans la multiplicité. Il y aurait, à ce propos, bien des choses à dire sur les méfaits de l'« instruction obligatoire » ; mais ce n'est pas le lieu d'insister là-dessus, et, pour ne pas sortir du cadre que nous nous sommes tracé, nous devons nous contenter de signaler en passant cette conséquence spéciale des théories « égalitaires », comme un de ces éléments de désordre qui sont aujourd'hui trop nombreux pour qu'on puisse même avoir la prétention de les énumérer sans en omettre aucun.

Naturellement, quand nous nous trouvons en présence d'une idée comme celle d'« égalité », ou comme celle de « progrès », ou comme les autres « dogmes laïques » que presque tous nos contemporains acceptent aveuglément, et dont la plupart ont commencé à se formuler nettement au cours du XVIIIe siècle, il ne nous est pas possible d'admettre que de telles idées aient pris naissance spontanément. Ce sont en somme de véritables

« suggestions », au sens le plus strict de ce mot, qui ne pouvaient d'ailleurs produire leur effet que dans un milieu déjà préparé à les recevoir ; elles n'ont pas créé de toutes pièces l'état d'esprit qui caractérise l'époque moderne, mais elles ont largement contribué à l'entretenir et à le développer jusqu'à un point qu'il n'aurait sans doute pas atteint sans elles. Si ces suggestions venaient à s'évanouir, la mentalité générale serait bien près de changer d'orientation ; c'est pourquoi elles sont si soigneusement entretenues par tous ceux qui ont quelque intérêt à maintenir le désordre, sinon à l'aggraver encore, et aussi pourquoi, dans un temps où l'on prétend tout soumettre à la discussion, elles sont les seules choses qu'on ne se permet jamais de discuter. Il est d'ailleurs difficile de déterminer exactement le degré de sincérité de ceux qui se font les propagateurs de semblables idées, de savoir dans quelle mesure certains hommes en arrivent à se prendre à leurs propres mensonges et à se suggestionner eux-mêmes en suggestionnant les autres ; et même, dans une propagande de ce genre, ceux qui jouent un rôle de dupes sont souvent les meilleurs instruments, parce qu'ils y apportent une conviction que les autres auraient quelque peine à simuler, et qui est facilement contagieuse ; mais, derrière tout cela, et tout au moins à l'origine, il faut une action beaucoup plus consciente, une direction qui ne peut venir que d'hommes sachant parfaitement à quoi s'en tenir sur les idées qu'ils lancent ainsi dans la circulation. Nous avons parlé d'« idées », mais ce n'est que très improprement que ce mot peut s'appliquer ici, car il est bien évident qu'il ne s'agit aucunement d'idées pures, ni même de quelque chose qui appartienne de près ou de loin à l'ordre intellectuel ; ce sont, si l'on veut, des idées fausses, mais mieux vaudrait encore les appeler des « pseudo-idées », destinées principalement à provoquer des réactions sentimentales, ce qui est en effet le moyen le plus efficace et le plus aisé pour agir sur les masses. À cet égard, le mot a d'ailleurs une importance plus grande que la notion qu'il est censé représenter, et la plupart des « idoles » modernes ne sont véritablement que des mots, car il se produit ici ce singulier phénomène connu sous le nom de « verbalisme », où la sonorité des mots suffit à donner l'illusion de la pensée ; l'influence que les orateurs exercent sur les foules est particulièrement caractéristique sous ce rapport, et il n'y a pas besoin de l'étudier de très près pour se rendre compte qu'il s'agit bien là d'un procédé de suggestion tout à fait comparable à ceux des hypnotiseurs.

Mais, sans nous étendre davantage sur ces considérations, revenons aux conséquences qu'entraîne la négation de toute vraie hiérarchie, et notons que, dans le présent état de choses, non seulement un homme ne remplit sa fonction propre qu'exceptionnellement et comme par accident, alors que c'est le cas contraire qui devrait normalement être l'exception, mais encore il arrive que le même homme soit appelé à exercer successivement des fonctions toutes différentes, comme s'il pouvait changer d'aptitudes à volonté. Cela peut sembler paradoxal à une époque de « spécialisation » à outrance, et pourtant il en est bien ainsi, surtout dans l'ordre politique ; si la compétence des « spécialistes » est souvent fort illusoire, et en tout cas limitée à un domaine très étroit, la croyance à cette compétence est cependant un fait, et l'on peut se demander comment il se fait que cette croyance ne joue plus aucun rôle quand il s'agit de la carrière des hommes politiques, où l'incompétence la plus complète est rarement un obstacle. Pourtant, si l'on y réfléchit, on s'aperçoit aisément qu'il n'y a là rien dont on doive s'étonner, et que ce n'est en somme qu'un résultat très naturel de la conception « démocratique », en vertu de laquelle le pouvoir vient d'en bas et s'appuie essentiellement sur la majorité, ce qui a nécessairement pour corollaire l'exclusion de toute véritable compétence, parce que la compétence est toujours une supériorité au moins relative et ne peut être que l'apanage d'une minorité.

Ici, quelques explications ne seront pas inutiles pour faire ressortir, d'une part, les sophismes qui se cachent sous l'idée « démocratique », et, d'autre part, les liens qui rattachent cette même idée à tout l'ensemble de la mentalité moderne ; il est d'ailleurs presque superflu, étant donné le point de vue où nous nous plaçons, de faire remarquer que ces observations seront formulées en dehors de toutes les questions de partis et de toutes les querelles politiques, auxquelles nous n'entendons nous mêler ni de près ni de loin. Nous envisageons ces choses d'une façon absolument désintéressée, comme nous pourrions le faire pour n'importe quel autre objet d'étude, et en cherchant seulement à nous rendre compte aussi nettement que possible de ce qu'il y a au fond de tout cela, ce qui est du reste la condition nécessaire et suffisante pour que se dissipent toutes les illusions que nos contemporains se font à ce sujet. Là aussi, il s'agit véritablement de « suggestion », comme nous le disions tout à l'heure pour des idées quelque peu différentes, mais néanmoins connexes ; et, dès qu'on sait que ce n'est qu'une suggestion, dès qu'on a compris comment elle agit, elle ne peut plus s'exercer ; contre des choses de ce genre, un examen quelque peu approfondi et purement « objectif », comme on dit aujourd'hui dans le jargon spécial qu'on a emprunté aux philosophes allemands, se trouve être bien autrement efficace que toutes les déclamations sentimentales et toutes les polémiques de parti, qui ne prouvent rien et ne sont que l'expression de simples préférences individuelles.

L'argument le plus décisif contre la « démocratie » se résume en quelques mots : le supérieur ne peut émaner de l'inférieur, parce que le « plus » ne peut pas sortir du « moins » ; cela est d'une rigueur mathématique absolue, contre laquelle rien ne saurait prévaloir. Il importe de remarquer que c'est précisément le même argument qui, appliqué dans un autre ordre, vaut aussi contre le « matérialisme » ; il n'y a rien de fortuit dans cette concordance, et les deux choses sont beaucoup plus étroitement solidaires qu'il ne pourrait le sembler au premier abord. Il est trop évident que le peuple ne peut conférer un pouvoir qu'il ne possède pas lui-même ; le pouvoir véritable ne peut venir que d'en haut, et c'est pourquoi, disons-le en passant, il ne peut être légitimé que par la sanction de quelque chose de supérieur à l'ordre social, c'est-à-dire d'une autorité spirituelle ; s'il en est autrement ce n'est plus qu'une contrefaçon de pouvoir, un état de fait qui est injustifiable par défaut de principe, et où il ne peut y avoir que désordre et confusion. Ce renversement de toute hiérarchie commence dès que le pouvoir temporel veut se rendre indépendant de l'autorité spirituelle, puis se la subordonner en prétendant la faire servir à des fins politiques ; il y a là une première usurpation qui ouvre la voie à toutes les autres, et l'on pourrait ainsi montrer que, par exemple, la royauté française, depuis le XIVe siècle, a travaillé elle-même inconsciemment à préparer la Révolution qui devait la renverser ; peut-être aurons-nous quelque jour l'occasion de développer comme il le mériterait ce point de vue que, pour le moment, nous ne pouvons qu'indiquer d'une façon très sommaire.

Si l'on définit la « démocratie » comme le gouvernement du peuple par lui-même, c'est là une véritable impossibilité, une chose qui ne peut pas même avoir une simple existence de fait, pas plus à notre époque qu'à n'importe quelle autre ; il ne faut pas se laisser duper par les mots, et il est contradictoire d'admettre que les mêmes hommes puissent être à la fois gouvernants et gouvernés, parce que, pour employer le langage aristotélicien, un même être ne peut être « en acte » et « en puissance » en même temps et sous le même rapport. Il y a là une relation qui suppose nécessairement deux termes en présence : il ne pourrait y avoir de gouvernés s'il n'y avait aussi des gouvernants, fussent-ils illégitimes et sans autre droit au pouvoir que celui qu'ils se sont attribué eux-mêmes ; mais la grande habileté des dirigeants, dans le monde moderne, est de faire croire au peuple qu'il se gouverne lui-même ; et le peuple se laisse persuader d'autant plus volontiers qu'il en est flatté et que d'ailleurs il est incapable de réfléchir assez pour voir ce qu'il y a là d'impossible. C'est pour créer cette illusion qu'on a inventé le « suffrage universel » : c'est l'opinion de la majorité qui est supposée faire la loi ; mais ce dont on ne s'aperçoit pas, c'est que l'opinion est quelque chose que l'on peut très facilement diriger et modifier ; on peut toujours, à l'aide de suggestions appropriées, y provoquer des courants allant dans tel ou tel sens déterminé ; nous ne savons plus qui a parlé de « fabriquer l'opinion », et cette expression est tout à fait juste, bien qu'il faille dire, d'ailleurs, que ce ne sont pas toujours les dirigeants apparents qui ont en réalité à leur disposition les moyens nécessaires pour obtenir ce résultat. Cette dernière remarque donne sans doute la raison pour laquelle l'incompétence des politiciens les plus « en vue » semble n'avoir qu'une importance très relative ; mais, comme il ne s'agit pas ici de démonter les rouages de ce qu'on pourrait appeler la « machine à gouverner », nous nous bornerons à signaler que cette incompétence même offre l'avantage d'entretenir l'illusion dont nous venons de parler : c'est seulement dans ces conditions, en effet, que les politiciens en question peuvent apparaître comme l'émanation de la majorité, étant ainsi à son image, car la majorité, sur n'importe quel sujet qu'elle soit appelée à donner son avis, est toujours constituée par les incompétents, dont le nombre est incomparablement plus grand que celui des hommes qui sont capables de se prononcer en parfaite connaissance de cause.

Ceci nous amène immédiatement à dire en quoi l'idée que la majorité doit faire la loi est essentiellement erronée, car, même si cette idée, par la force des choses, est surtout théorique et ne peut correspondre à une réalité effective, il reste pourtant à expliquer comment elle a pu s'implanter dans l'esprit moderne, quelles sont les tendances de celui-ci auxquelles elle correspond et qu'elle satisfait au moins en apparence. Le défaut le plus visible, c'est celui-là même que nous indiquions à l'instant : l'avis de la majorité ne peut être que l'expression de l'incompétence, que celle-ci résulte d'ailleurs du manque d'intelligence ou de l'ignorance pure et simple ; on pourrait faire intervenir à ce propos certaines observations de « psychologie collective », et rappeler notamment ce fait assez connu que, dans une foule, l'ensemble des réactions mentales qui se produisent entre les individus composants aboutit à la formation d'une sorte de résultante qui est, non pas même au niveau de la moyenne, mais à celui des éléments les plus inférieurs. Il y aurait lieu aussi de faire remarquer, d'autre part, comment certains philosophes modernes ont voulu transporter dans l'ordre intellectuel la théorie « démocratique » qui fait prévaloir l'avis de la majorité, en faisant de ce qu'ils appellent le « consentement universel » un prétendu « critérium de la vérité » : en supposant même qu'il y ait effectivement une question sur laquelle tous les hommes soient d'accord, cet accord ne prouverait rien par lui-même ; mais, en outre, si cette unanimité existait vraiment, ce qui est d'autant plus douteux qu'il y a toujours beaucoup d'hommes qui n'ont aucune opinion sur une question quelconque et qui ne se la sont même jamais posée, il serait en tout cas impossible de la constater en fait, de sorte que ce qu'on invoque en faveur d'une opinion et comme signe de sa vérité se réduit à n'être que le consentement du plus grand nombre, et encore en se bornant à un milieu forcément très limité dans l'espace et dans le temps. Dans ce domaine, il apparaît encore plus clairement que la théorie manque de base, parce qu'il est plus facile de s'y soustraire à l'influence du sentiment, qui au contraire entre en jeu presque inévitablement lorsqu'il s'agit du domaine politique ; et c'est cette influence qui est un des principaux obstacles à la compréhension de certaines choses, même chez ceux qui auraient par ailleurs une capacité intellectuelle très largement suffisante pour parvenir sans peine à cette compréhension ; les impulsions émotives empêchent la réflexion, et c'est une des plus vulgaires habiletés de la politique que celle qui consiste à tirer parti de cette incompatibilité.

Mais allons plus au fond de la question : qu'est-ce exactement que cette loi du plus grand nombre qu'invoquent les gouvernements modernes et dont ils prétendent tirer leur seule justification ? C'est tout simplement la loi de la matière et de la force brutale, la loi même en vertu de laquelle une masse entraînée par son poids écrase tout ce qui se rencontre sur son passage ; c'est là que se trouve précisément le point de jonction entre la conception « démocratique » et le « matérialisme », et c'est aussi ce qui fait que cette même conception est si étroitement liée à la mentalité actuelle. C'est le renversement complet de l'ordre normal, puisque c'est la proclamation de la suprématie de la multiplicité comme telle, suprématie qui, en fait, n'existe que dans le monde matériel [2] ; au contraire dans le monde spirituel, et plus simplement encore dans l'ordre universel, c'est l'unité qui est au sommet de la hiérarchie, car c'est elle qui est le principe dont sort toute multiplicité [3] ; mais, lorsque le principe est nié ou perdu de vue, il ne reste plus que la multiplicité pure, qui s'identifie à la matière elle-même. D'autre part, l'allusion que nous venons de faire à la pesanteur implique plus qu'une simple comparaison, car la pesanteur représente effectivement, dans le domaine des forces physiques au sens le plus ordinaire de ce mot, la tendance descendante et compressive, qui entraîne pour l'être une limitation de plus en plus étroite, et qui va en même temps dans le sens de la multiplicité, figurée ici par une densité de plus en plus grande [4] ; et cette tendance est celle-là même qui marque la direction suivant laquelle l'activité humaine s'est développée depuis le début de l'époque moderne. En outre, il y a lieu de remarquer que la matière par son pouvoir de division et de limitation tout à la fois, est ce que la doctrine scolastique appelle le « principe d'individuation », et ceci rattache les considérations que nous exposons maintenant à ce que nous avons dit précédemment au sujet de l'individualisme : cette même tendance dont il vient d'être question est aussi, pourrait-on dire, la tendance « individualisante », celle selon laquelle s'effectue ce que la tradition judéo-chrétienne désigne comme la « chute » des êtres qui se sont séparés de l'unité originelle [5]. La multiplicité envisagée en dehors de son principe, et qui ainsi ne peut plus être ramenée à l'unité, c'est, dans l'ordre social, la collectivité conçue comme étant simplement la somme arithmétique des individus qui la composent, et qui n'est en effet que cela dès lors qu'elle n'est rattachée à aucun principe supérieur aux individus ; et la loi de la collectivité, sous ce rapport, c'est bien cette loi du plus grand nombre sur laquelle se fonde l'idée « démocratique ».

Ici, il faut nous arrêter un instant pour dissiper une confusion possible : en parlant de l'individualisme moderne, nous avons considéré à peu près exclusivement ses manifestations dans l'ordre intellectuel ; on pourrait croire que, pour ce qui est de l'ordre social, le cas est tout différent. En effet, si l'on prenait ce mot d'« individualisme » dans son acception la plus étroite, on pourrait être tenté d'opposer la collectivité à l'individu, et de penser que des faits tels que le rôle de plus en plus envahissant de l'État et la complexité croissante des institutions sociales sont la marque d'une tendance contraire à l'individualisme. En réalité, il n'en est rien, car la collectivité, n'étant pas autre chose que la somme des individus, ne peut être opposée à ceux-ci, pas plus d'ailleurs que l'État lui-même conçu à la façon moderne, c'est-à-dire comme simple représentation de la masse, où ne se reflète aucun principe supérieur ; or c'est précisément dans la négation de tout principe supra-individuel que consiste véritablement l'individualisme tel que nous l'avons défini. Donc, s'il y a dans le domaine social des conflits entre diverses tendances qui toutes appartiennent également à l'esprit moderne, ces conflits ne sont pas entre l'individualisme et quelque chose d'autre, mais simplement entre les variétés multiples dont l'individualisme lui-même est susceptible ; et il est facile de se rendre compte que, en l'absence de tout principe capable d'unifier réellement la multiplicité, de tels conflits doivent être plus nombreux et plus graves à notre époque qu'ils ne l'ont jamais été, car qui dit individualisme dit nécessairement division ; et cette division, avec l'état chaotique qu'elle engendre, est la conséquence fatale d'une civilisation toute matérielle, puisque c'est la matière elle-même qui est proprement la racine de la division et de la multiplicité.

Cela dit, il nous faut encore insister sur une conséquence immédiate de l'idée « démocratique », qui est la négation de l'élite entendue dans sa seule acception légitime ; ce n'est pas pour rien que « démocratie » s'oppose à « aristocratie », ce dernier mot désignant précisément, du moins lorsqu'il est pris dans son sens étymologique, le pouvoir de l'élite. Celle-ci, par définition en quelque sorte, ne peut être que le petit nombre, et son pouvoir, son autorité plutôt, qui ne vient que de sa supériorité intellectuelle, n'a rien de commun avec la force numérique sur laquelle repose la « démocratie », dont le caractère essentiel est de sacrifier la minorité à la majorité, et aussi, par là même, comme nous le disions plus haut, la qualité à la quantité, donc l'élite à la masse. Ainsi, le rôle directeur d'une véritable élite et son existence même, car elle joue forcément ce rôle dès lors qu'elle existe, sont radicalement incompatibles avec la « démocratie », qui est intimement liée à la conception « égalitaire », c'est-à-dire à la négation de toute hiérarchie : le fond même de l'idée « démocratique », c'est qu'un individu quelconque en vaut un autre, parce qu'ils sont égaux numériquement, et bien qu'ils ne puissent jamais l'être que numériquement. Une élite véritable, nous l'avons déjà dit, ne peut être qu'intellectuelle ; c'est pourquoi la « démocratie » ne peut s'instaurer que là où la pure intellectualité n'existe plus, ce qui est effectivement le cas du monde moderne. Seulement, comme l'égalité est impossible en fait, et comme on ne peut supprimer pratiquement toute différence entre les hommes, en dépit de tous les efforts de nivellement, on en arrive, par un curieux illogisme, à inventer de fausses élites, d'ailleurs multiples, qui prétendent se substituer à la seule élite réelle ; et ces fausses élites sont basées sur la considération de supériorités quelconques, éminemment relatives et contingentes, et toujours d'ordre purement matériel. On peut s'en apercevoir aisément en remarquant que la distinction sociale qui compte le plus, dans le présent état de choses, est celle qui se fonde sur la fortune, c'est-à-dire sur une supériorité tout extérieure et d'ordre exclusivement quantitatif, la seule en somme qui soit conciliable avec la « démocratie », parce qu'elle procède du même point de vue. Nous ajouterons du reste que ceux mêmes qui se posent actuellement en adversaires de cet état de choses, ne faisant intervenir non plus aucun principe d'ordre supérieur, sont incapables de remédier efficacement à un tel désordre, si même ils ne risquent de l'aggraver encore en allant toujours plus loin dans le même sens ; la lutte est seulement entre des variétés de la « démocratie », accentuant plus ou moins la tendance « égalitaire », comme elle est, ainsi que nous l'avons dit, entre des variétés de l'individualisme, ce qui, d'ailleurs, revient exactement au même.

Ces quelques réflexions nous paraissent suffisantes pour caractériser l'état social du monde contemporain, et pour montrer en même temps que, dans ce domaine aussi bien que dans tous les autres, il ne peut y avoir qu'un seul moyen de sortir du chaos : la restauration de l'intellectualité et, par suite, la reconstitution d'une élite, qui, actuellement, doit être regardée comme inexistante en Occident, car on ne peut donner ce nom à quelques éléments isolés et sans cohésion, qui ne représentent en quelque sorte que des possibilités non développées. En effet, ces éléments n'ont en général que des tendances ou des aspirations, qui les portent sans doute à réagir contre l'esprit moderne, mais sans que leur influence puisse s'exercer d'une façon effective ; ce qui leur manque, c'est la véritable connaissance, ce sont les données traditionnelles qui ne s'improvisent pas, et auxquelles une intelligence livrée à elle-même, surtout dans des circonstances aussi défavorables à tous égards, ne peut suppléer que très imparfaitement et dans une bien faible mesure. Il n'y a donc que des efforts dispersés et qui souvent s'égarent, faute de principes et de direction doctrinale : on pourrait dire que le monde moderne se défend par sa propre dispersion, à laquelle ses adversaires eux-mêmes ne parviennent pas à se soustraire. Il en sera ainsi tant que ceux-ci se tiendront sur le terrain « profane », où l'esprit moderne a un avantage évident, puisque c'est là son domaine propre et exclusif ; et, d'ailleurs, s'ils s'y tiennent, c'est que cet esprit a encore sur eux, malgré tout, une très forte emprise. C'est pourquoi tant de gens, animés cependant d'une incontestable bonne volonté, sont incapables de comprendre qu'il faut nécessairement commencer par les principes, et s'obstinent à gaspiller leurs forces dans tel ou tel domaine relatif, social ou autre, où rien de réel ni de durable ne peut être accompli dans ces conditions. L'élite véritable, au contraire, n'aurait pas à intervenir directement dans ces domaines ni à se mêler à l'action extérieure ; elle dirigerait tout par une influence insaisissable au vulgaire, et d'autant plus profonde qu'elle serait moins apparente. Si l'on songe à la puissance des suggestions dont nous parlions plus haut, et qui pourtant ne supposent aucune intellectualité véritable, on peut soupçonner ce que serait, à plus forte raison, la puissance d'une influence comme celle-là, s'exerçant d'une façon encore plus cachée en raison de sa nature même, et prenant sa source dans l'intellectualité pure, puissance qui d'ailleurs, au lieu d'être amoindrie par la division inhérente à la multiplicité et par la faiblesse que comporte tout ce qui est mensonge ou illusion, serait au contraire intensifiée par la concentration dans l'unité principielle et s'identifierait à la force même de la vérité.

---

1. Ce que les hommes appellent le hasard est simplement leur ignorance des causes ; si l'on prétendait, en disant que quelque chose arrive par hasard, vouloir dire qu'il n'y a pas de cause, ce serait là une supposition contradictoire en elle-même.
2. D'un ordre de réalité à l'autre, l'analogie, ici comme dans tous les cas similaires, s'applique strictement en sens inverse.
3. Il suffit de lire saint Thomas d'Aquin pour voir que « *numerus stat ex parte materiae* ».
4. Cette tendance est celle que la doctrine hindoue appelle *tamas*, et qu'elle assimile à l'ignorance et à l'obscurité : on remarquera que, suivant ce que nous disions tout à l'heure sur l'application de l'analogie, la compression ou condensation dont il s'agit est à l'opposé de la concentration envisagée dans l'ordre spirituel ou intellectuel, de sorte que, si singulier que cela puisse paraître tout d'abord, elle est en réalité corrélative de la division et de la dispersion dans la multiplicité. Il en est d'ailleurs de même de l'uniformité réalisée par en bas, au niveau le plus inférieur, suivant la conception « égalitaire », et qui est à l'extrême opposé de l'unité supérieure et principielle.
5. C'est pourquoi Dante place le séjour symbolique de Lucifer au centre de la terre, c'est-à-dire au point où convergent de toutes parts les forces de la pesanteur ; c'est, à ce point de vue, l'inverse du centre de l'attraction spirituelle ou « céleste », qui est symbolisé par le soleil dans la plupart des doctrines traditionnelles.

7

UNE CIVILISATION MATÉRIELLE

De tout ce qui précède, il nous semble résulter clairement déjà que les Orientaux ont pleinement raison lorsqu'ils reprochent à la civilisation occidentale moderne de n'être qu'une civilisation toute matérielle : c'est bien dans ce sens qu'elle s'est développée exclusivement, et, à quelque point de vue qu'on la considère, on se trouve toujours en présence des conséquences plus ou moins directes de cette matérialisation. Cependant, il nous faut encore compléter ce que nous avons dit sous ce rapport, et tout d'abord nous expliquer sur les différents sens dans lesquels peut être pris un mot comme celui de « matérialisme », car, si nous l'employons pour caractériser le monde contemporain, certains, qui ne se croient nullement « matérialistes » tout en ayant la prétention d'être très « modernes », ne manqueront pas de protester et de se persuader que c'est là une véritable calomnie ; une mise au point s'impose donc pour écarter par avance toutes les équivoques qui pourraient se produire à ce sujet.

Il est assez significatif que le mot même de « matérialisme » ne date que du XVIIIe siècle ; il fut inventé par le philosophe Berkeley, qui s'en servit pour désigner toute théorie qui admet l'existence réelle de la matière ; il est à peine besoin de dire que ce n'est pas de cela qu'il s'agit ici, où cette existence n'est nullement en cause. Un peu plus tard, le même mot prit un sens plus restreint, celui qu'il a gardé depuis lors : il caractérisa une conception suivant laquelle il n'existe rien d'autre que la matière et ce qui en procède ; et il y a lieu de noter la nouveauté d'une telle conception, le fait qu'elle est essentiellement un produit de l'esprit moderne, donc qu'elle correspond au moins à une partie des tendances qui sont propres à celui-ci [1]. Mais c'est surtout dans une autre acception, beaucoup plus large et cependant très nette, que nous entendons ici parler de « matérialisme » : ce que ce mot représente alors, c'est tout un état d'esprit, dont la conception que nous venons de définir n'est qu'une manifestation parmi beaucoup d'autres, et qui est, en lui-même, indépendant de toute théorie philosophique. Cet état d'esprit, c'est celui qui consiste à donner plus ou moins consciemment la prépondérance aux choses de l'ordre matériel et aux préoccupations qui s'y rapportent, que ces préoccupations gardent encore une certaine apparence spéculative ou qu'elles soient purement pratiques ; et l'on ne peut contester sérieusement que ce soit bien là la mentalité de l'immense majorité de nos contemporains.

Toute la science « profane » qui s'est développée au cours des derniers siècles n'est que l'étude du monde sensible, elle y est enfermée exclusivement, et ses méthodes ne sont applicables qu'à ce seul domaine ; or ces méthodes sont proclamées « scientifiques » à l'exclusion de toute autre, ce qui revient à nier toute science qui ne se rapporte pas aux choses matérielles. Parmi ceux qui pensent ainsi, et même parmi ceux qui se sont consacrés spécialement aux sciences dont il s'agit, il en est cependant beaucoup qui refuseraient de se déclarer « matérialistes » et d'adhérer à la théorie philosophique qui porte ce nom ; il en est même qui font volontiers une profession de foi religieuse dont la sincérité n'est pas douteuse ; mais leur attitude « scientifique » ne diffère pas sensiblement de celle des matérialistes avérés. On a souvent discuté, au point de vue religieux, la question de savoir si la science moderne devait être dénoncée comme athée ou comme matérialiste, et, le plus souvent, on l'a fort mal posée ; il est bien certain que cette science ne fait pas expressément profession d'athéisme ou de matérialisme, qu'elle se borne à ignorer de parti pris certaines choses sans se prononcer à leur égard par une négation formelle comme le font tels ou tels philosophes ; on ne peut donc, en ce qui la concerne, parler que d'un matérialisme de fait, de ce que nous appellerions volontiers un matérialisme pratique ; mais le mal n'en est peut-être que plus grave, parce qu'il est plus profond et plus étendu. Une attitude philosophique peut être quelque chose de très superficiel, même chez les philosophes « professionnels » ; de plus, il y a des esprits qui reculeraient devant la négation, mais qui s'accommodent d'une complète indifférence ; et celle-ci est ce qu'il y a de plus redoutable, car, pour nier une chose, il faut encore y penser, si peu que ce soit, tandis qu'ici on en arrive à ne plus y penser en aucune façon. Quand on voit une science exclusivement matérielle se présenter comme la seule science possible, quand les hommes sont habitués à admettre comme une vérité indiscutable qu'il ne peut y avoir de connaissance valable en dehors de celle-là, quand toute l'éducation qui leur est donnée tend à leur inculquer la superstition de cette science, ce qui est proprement le « scientisme », comment ces hommes pourraient-ils ne pas être pratiquement matérialistes, c'est-à-dire ne pas avoir toutes leurs préoccupations tournées du côté de la matière ?

Pour les modernes, rien ne semble exister en dehors de ce qui peut se voir et se toucher, ou du moins, même s'ils admettent théoriquement qu'il peut exister quelque chose d'autre, ils s'empressent de le déclarer, non seulement inconnu, mais « inconnaissable », ce qui les dispense de s'en occuper. S'il en est pourtant qui cherchent à se faire quelque idée d'un « autre monde », comme ils ne font pour cela appel qu'à l'imagination, ils se le représentent sur le modèle du monde terrestre et y transportent toutes les conditions d'existence qui sont propres à celui-ci, y compris l'espace et le temps, voire même une sorte de « corporéité » ; nous avons montré ailleurs, dans les conceptions spirites, des exemples particulièrement frappants de ce genre de représentations grossièrement matérialisées ; mais, si c'est là un cas extrême, où ce caractère est exagéré jusqu'à la caricature, ce serait une erreur de croire que le spiritisme et les sectes qui lui sont plus ou moins apparentées ont le monopole de ces sortes de choses. Du reste, d'une façon plus générale, l'intervention de l'imagination dans les domaines où elle ne peut rien donner, et qui devraient normalement lui être interdits, est un fait qui montre fort nettement l'incapacité des Occidentaux modernes à s'élever au-dessus du sensible ; beaucoup ne savent faire aucune différence entre « concevoir » et « imaginer », et certains philosophes, tels que Kant, vont jusqu'à déclarer « inconcevable » ou « impensable » tout ce qui n'est pas susceptible de représentation. Aussi tout ce qu'on appelle « spiritualisme » ou « idéalisme » n'est-il, le plus souvent, qu'une sorte de matérialisme transposé ; cela n'est pas vrai seulement de ce que nous avons désigné sous le nom de « néospiritualisme », mais aussi du spiritualisme philosophique lui-même, qui se considère pourtant comme l'opposé du matérialisme. À vrai dire, spiritualisme et matérialisme, entendus au sens philosophique, ne peuvent se comprendre l'un sans l'autre : ce sont simplement les deux moitiés du dualisme cartésien, dont la séparation radicale a été transformée en une sorte d'antagonisme ; et, depuis lors, toute la philosophie oscille entre ces deux termes sans pouvoir les dépasser. Le spiritualisme, en dépit de son nom, n'a rien de commun avec la spiritualité ; son débat avec le matérialisme ne peut que laisser parfaitement indifférents ceux qui se placent à un point de vue supérieur, et qui voient que ces contraires sont, au fond, bien près d'être de simples équivalents, dont la prétendue opposition, sur beaucoup de points, se réduit à une vulgaire dispute de mots.

Les modernes, en général, ne conçoivent pas d'autre science que celle des choses qui se mesurent, se comptent et se pèsent, c'est-à-dire encore, en somme, des choses matérielles, car c'est à celles-ci seulement que peut s'appliquer le point de vue quantitatif ; et la prétention de réduire la qualité à la quantité est très caractéristique de la science moderne. On en est arrivé, dans ce sens, à croire qu'il n'y a pas de science proprement dite là où il n'est pas possible d'introduire la mesure, et qu'il n'y a de lois scientifiques que celles qui expriment des relations quantitatives ; le « mécanisme » de Descartes a marqué le début de cette tendance, qui n'a fait que s'accentuer depuis lors, en dépit, de l'échec de la physique cartésienne, car elle n'est pas liée à une théorie déterminée, mais à une conception générale de la connaissance scientifique. On veut aujourd'hui appliquer la mesure jusque dans le domaine psychologique, qui lui échappe cependant par sa nature même ; on finit par ne plus comprendre que la possibilité de la mesure ne repose que sur une propriété inhérente à la matière, et qui est sa divisibilité indéfinie, à moins qu'on ne pense que cette propriété s'étend à tout ce qui existe, ce qui revient à matérialiser toutes choses. C'est la matière, nous l'avons déjà dit, qui est principe de division et multiplicité pure ; la prédominance attribuée au point de vue de la quantité, et qui, comme nous l'avons montré précédemment, se retrouve jusque dans le domaine social, est donc bien du matérialisme au sens que nous indiquions plus haut, quoiqu'elle ne soit pas nécessairement liée au matérialisme philosophique, qu'elle a d'ailleurs précédé dans le développement des tendances de l'esprit moderne. Nous n'insisterons pas sur ce qu'il y a d'illégitime à vouloir ramener la qualité à la quantité, ni sur ce qu'ont d'insuffisant toutes les tentatives d'explication qui se rattachent plus ou moins au type « mécaniste » ; ce n'est pas là ce que nous nous proposons, et nous noterons seulement, à cet égard, que, même dans l'ordre sensible, une science de ce genre n'a que fort peu de rapport avec la réalité dont la partie la plus considérable lui échappe nécessairement.

À propos de « réalité », nous sommes amené à mentionner un autre fait, qui risque de passer inaperçu pour beaucoup, mais qui est très digne de remarque comme signe de l'état d'esprit dont nous parlons : c'est que ce nom, dans l'usage courant, est exclusivement réservé à la seule réalité sensible. Comme le langage est l'expression de la mentalité d'un peuple et d'une époque, il faut conclure de là que, pour ceux qui parlent ainsi, tout ce qui ne tombe pas sous les sens est « irréel », c'est-à-dire illusoire ou même tout à fait inexistant ; il se peut qu'ils n'en aient pas clairement conscience, mais cette conviction négative n'en est pas moins au fond d'eux-mêmes et, s'ils affirment le contraire, on peut être sûr, bien qu'ils ne s'en rendent pas compte, que cette affirmation ne répond chez eux qu'à quelque chose de beaucoup plus extérieur, si même elle n'est purement verbale. Si l'on est tenté de croire que nous exagérons, on n'aura qu'à chercher à voir par exemple à quoi se réduisent les prétendues convictions religieuses de bien des gens : quelques notions apprises par cœur, d'une façon toute scolaire et machinale, qu'ils ne se sont nullement assimilées, auxquelles ils n'ont même jamais réfléchi le moins du monde, mais qu'ils gardent dans leur mémoire et qu'ils répètent à l'occasion parce qu'elles font partie d'un certain formalisme, d'une attitude conventionnelle qui est tout ce qu'ils peuvent comprendre sous le nom de religion. Nous avons déjà parlé plus haut de cette « minimisation » de la religion, dont le « verbalisme » en question représente un des derniers degrés ; c'est elle qui explique que de soi-disant « croyants », en fait de matérialisme pratique ne le cèdent en rien aux « incroyants » ; nous reviendrons encore là-dessus, mais, auparavant, il nous faut en finir avec les considérations qui concernent le caractère matérialiste de la science moderne, car c'est là une question qui demande à être envisagée sous différents aspects.

Il nous faut rappeler encore, quoique nous l'ayons déjà indiqué, que les sciences modernes n'ont pas un caractère de connaissance désintéressée, et que, même pour ceux qui croient à leur valeur spéculative, celle-ci n'est guère qu'un masque sous lequel se cachent des préoccupations toutes pratiques, mais qui permet de garder l'illusion d'une fausse intellectualité. Descartes lui-même, en constituant sa physique, songeait surtout à en tirer une mécanique, une médecine et une morale ; et, avec la diffusion de l'empirisme anglo-saxon, ce fut bien autre chose encore ; du reste, ce qui fait le prestige de la science aux yeux du grand public, ce sont à peu près uniquement les résultats pratiques qu'elle permet de réaliser, parce que, là encore, il s'agit de choses qui peuvent se voir et se toucher. Nous disions que le « pragmatisme » représente l'aboutissement de toute la philosophie moderne et son dernier degré d'abaissement ; mais il y a aussi, et depuis plus longtemps, en dehors de la philosophie, un « pragmatisme » diffus et non systématisé, qui est à l'autre ce que le matérialisme pratique est au matérialisme théorique, et qui se confond avec ce que le vulgaire appelle le « bon sens ». Cet utilitarisme presque instinctif est d'ailleurs inséparable de la tendance matérialiste : le « bon sens » consiste à ne pas dépasser l'horizon terrestre, aussi bien qu'à ne pas s'occuper de tout ce qui n'a pas d'intérêt pratique immédiat ; c'est pour lui surtout que le monde sensible seul est « réel », et qu'il n'y a pas de connaissance qui ne vienne des sens ; pour lui aussi, cette connaissance restreinte ne vaut que dans la mesure où elle permet de donner satisfaction à des besoins matériels, et parfois à un certain sentimentalisme, car, il faut le dire nettement au risque de choquer le « moralisme » contemporain, le sentiment est en réalité tout près de la matière. Dans tout cela, il ne reste aucune place à l'intelligence, sinon en tant qu'elle consent à s'asservir à la réalisation de fins pratiques, à n'être plus qu'un simple instrument soumis aux exigences de la partie inférieure et corporelle de l'individu humain, ou, suivant une singulière expression de Bergson, « un outil à faire des outils » ; ce qui fait le « pragmatisme » sous toutes ses formes, c'est l'indifférence totale à l'égard de la vérité.

Dans ces conditions, l'industrie n'est plus seulement une application de la science, application dont celle-ci devrait, en elle-même, être totalement indépendante ; elle en devient comme la raison d'être et la justification, de sorte que, ici encore, les rapports normaux se trouvent renversés. Ce à quoi le monde moderne a appliqué toutes ses forces, même quand il a prétendu faire de la science à sa façon, ce n'est en réalité rien d'autre que le développement de l'industrie et du « machinisme » ; et, en voulant ainsi dominer la matière et la ployer à leur usage, les hommes n'ont réussi qu'à s'en faire les esclaves, comme nous le disions au début : non seulement ils ont borné leurs ambitions intellectuelles, s'il est encore permis de se servir de ce mot en pareil cas, à inventer et à construire des machines, mais ils ont fini par devenir véritablement machines eux-mêmes. En effet, la « spécialisation », si vantée par certains sociologues sous le nom de « division du travail », ne s'est pas imposée seulement aux savants, mais aussi aux techniciens et même aux ouvriers, et, pour ces derniers, tout travail intelligent est par là rendu impossible ; bien différents des artisans d'autrefois, ils ne sont plus que les serviteurs des machines, ils font pour ainsi dire corps avec elles ; ils doivent répéter sans cesse, d'une façon toute mécanique, certains mouvements déterminés, toujours les mêmes, et toujours accomplis de la même façon, afin d'éviter la moindre perte de temps ; ainsi le veulent du moins les méthodes américaines qui sont regardées comme représentant le plus haut degré du « progrès ». En effet, il s'agit uniquement de produire le plus possible ; on se soucie peu de la qualité, c'est la quantité seule qui importe ; nous revenons une fois de plus à la même constatation que nous avons déjà faite en d'autres domaines : la civilisation moderne est vraiment ce qu'on peut appeler une civilisation quantitative, ce qui n'est qu'une autre façon dédire qu'elle est une civilisation matérielle. Si l'on veut se convaincre encore davantage de cette vérité, on n'a qu'à voir le rôle immense que jouent aujourd'hui, dans l'existence des peuples comme dans celle des individus, les éléments d'ordre économique : industrie, commerce, finances, il semble qu'il n'y ait que cela qui compte, ce qui s'accorde avec le fait déjà signalé que la seule distinction sociale qui ait subsisté est celle qui se fonde sur la richesse matérielle. Il semble que le pouvoir financier domine toute politique, que la concurrence commerciale exerce une influence prépondérante sur les relations entre les peuples ; peut-être n'est-ce là qu'une apparence, et ces choses sont-elles ici moins de véritables causes que de simples moyens d'action ; mais le choix de tels moyens indique bien le caractère de l'époque à laquelle ils conviennent. D'ailleurs, nos contemporains sont persuadés que les circonstances économiques sont à peu près les uniques facteurs des événements historiques, et ils s'imaginent même qu'il en a toujours été ainsi ; on est allé en ce sens jusqu'à inventer une théorie qui veut tout expliquer par là exclusivement, et qui a reçu l'appellation significative de « matérialisme historique ». On peut voir là encore l'effet d'une de ces suggestions auxquelles nous faisions allusion plus haut, suggestions qui agissent d'autant mieux qu'elles correspondent aux tendances de la mentalité générale ; et l'effet de cette suggestion est que les moyens économiques finissent par déterminer réellement presque tout ce qui se produit dans le domaine social. Sans doute, la masse a toujours été menée d'une façon ou d'une autre, et l'on pourrait dire que son rôle historique consiste surtout à se laisser mener, parce qu'elle ne représente qu'un élément passif, une « matière » au sens aristotélicien ; mais aujourd'hui il suffit, pour la mener, de disposer de moyens purement matériels, cette fois au sens ordinaire du mot, ce qui montre bien le degré d'abaissement de notre époque ; et, en même temps, on fait croire à cette masse qu'elle n'est pas menée, qu'elle agit spontanément et qu'elle se gouverne elle-même, et le fait qu'elle le croit permet d'entrevoir jusqu'où peut aller son inintelligence.

Pendant que nous en sommes à parler des facteurs économiques, nous en profiterons pour signaler une illusion trop répandue à ce sujet, et qui consiste à s'imaginer que les relations établies sur le terrain des échanges commerciaux peuvent servir à un rapprochement et à une entente entre les peuples, alors que, en réalité, elles ont exactement l'effet contraire. La matière, nous l'avons déjà dit bien des fois, est essentiellement multiplicité et division, donc source de luttes et de conflits ; aussi, qu'il s'agisse des peuples ou des individus, le domaine économique n'est-il et ne peut-il être que celui des rivalités d'intérêts. En particulier, l'Occident n'a pas à compter sur l'industrie, non plus que sur la science moderne dont elle est inséparable, pour trouver un terrain d'entente avec l'Orient ; si les Orientaux en arrivent à accepter cette industrie comme une nécessité fâcheuse et d'ailleurs transitoire, car, pour eux, elle ne saurait être rien de plus, ce ne sera jamais que comme une arme leur permettant de résister à l'envahissement occidental et de sauvegarder leur propre existence. Il importe que l'on sache bien qu'il ne peut en être autrement : les Orientaux qui se résignent à envisager une concurrence économique vis-à-vis de l'Occident, malgré la répugnance qu'ils éprouvent pour ce genre d'activité, ne peuvent le faire qu'avec une seule intention, celle de se débarrasser d'une domination étrangère qui ne s'appuie que sur la force brutale, sur la puissance matérielle que l'industrie met précisément à sa disposition ; la violence appelle la violence, mais on devra reconnaître que ce ne sont certes pas les Orientaux qui auront recherché la lutte sur ce terrain.

Du reste, en dehors de la question des rapports de l'Orient et de l'Occident, il est facile de constater qu'une des plus notables conséquences du développement industriel est le perfectionnement incessant des engins de guerre et l'augmentation de leur pouvoir destructif dans de formidables proportions. Cela seul devrait suffire à anéantir les rêveries « pacifistes » de certains admirateurs du « progrès » moderne ; mais les rêveurs et les « idéalistes » sont incorrigibles, et leur naïveté semble n'avoir pas de bornes. L'« humanitarisme » qui est si fort à la mode ne mérite assurément pas d'être pris au sérieux ; mais il est étrange qu'on parle tant de la fin des guerres à une époque où elles font plus de ravages qu'elles n'en ont jamais fait, non seulement à cause de la multiplication des moyens de destruction, mais aussi parce que, au lieu de se dérouler entre des armées peu nombreuses et composées uniquement de soldats de métier, elles jettent les uns contre les autres tous les individus indistinctement, y compris les moins qualifiés pour remplir une semblable fonction. C'est là encore un exemple frappant de la confusion moderne, et il est véritablement prodigieux, pour qui veut y réfléchir, qu'on en soit arrivé à considérer comme toute naturelle une « levée en masse » ou une « mobilisation générale », que l'idée d'une « nation armée » ait pu s'imposer à tous les esprits, à de biens rares exceptions près. On peut aussi voir là un effet de la croyance à la seule force du nombre : il est conforme au caractère quantitatif de la civilisation moderne de mettre en mouvement des masses énormes de combattants ; et, en même temps, l'« égalitarisme » y trouve son compte, aussi bien que dans des institutions comme celles de l' « instruction obligatoire » et du « suffrage universel ». Ajoutons encore que ces guerres généralisées n'ont été rendues possibles que par un autre phénomène spécifiquement moderne, qui est la constitution des « nationalités », conséquence de la destruction du régime féodal, d'une part, et, d'autre part, de la rupture simultanée de l'unité supérieure de la « Chrétienté » du moyen âge ; et, sans nous attarder à des considérations qui nous entraîneraient trop loin, notons aussi, comme circonstance aggravante, la méconnaissance d'une autorité spirituelle pouvant seule exercer normalement un arbitrage efficace, parce qu'elle est, par sa nature même, au-dessus de tous les conflits d'ordre politique. La négation de l'autorité spirituelle, c'est encore du matérialisme pratique ; et ceux mêmes qui prétendent reconnaître une telle autorité en principe lui dénient en fait toute influence réelle et tout pouvoir d'intervenir dans le domaine social, exactement de la même façon qu'ils établissent une cloison étanche entre la religion et les préoccupations ordinaires de leur existence ; qu'il s'agisse de la vie publique ou de la vie privée, c'est bien le même état d'esprit qui s'affirme dans les deux cas.

En admettant que le développement matériel ait quelques avantages, d'ailleurs à un point de vue très relatif, on peut, lorsqu'on envisage des conséquences comme celles que nous venons de signaler, se demander si ces avantages ne sont pas dépassés de beaucoup par les inconvénients. Nous ne parlons même pas de tout ce qui a été sacrifié à ce développement exclusif, et qui valait incomparablement plus ; nous ne parlons pas des connaissances supérieures oubliées, de l'intellectualité détruite, de la spiritualité disparue ; nous prenons simplement la civilisation moderne en elle-même, et nous disons que, si l'on mettait en parallèle les avantages et les inconvénients de ce qu'elle a produit, le résultat risquerait fort d'être négatif. Les inventions qui vont en se multipliant actuellement avec une rapidité toujours croissante sont d'autant plus dangereuses qu'elles mettent en jeu des forces dont la véritable nature est entièrement inconnue de ceux mêmes qui les utilisent ; et cette ignorance est la meilleure preuve de la nullité de la science moderne sous le rapport de la valeur explicative, donc en tant que connaissance, même bornée au seul domaine physique ; en même temps, le fait que les applications pratiques ne sont nullement empêchées par là montre que cette science est bien orientée uniquement dans un sens intéressé, que c'est l'industrie qui est le seul but réel de toutes ses recherches. Comme le danger des inventions, même de celles qui ne sont pas expressément destinées à jouer un rôle funeste à l'humanité, et qui n'en causent pas moins tant de catastrophes, sans parler des troubles insoupçonnés qu'elles provoquent dans l'ambiance terrestre, comme ce danger, disons-nous, ne fera sans doute qu'augmenter encore dans des proportions difficiles à déterminer, il est permis de penser, sans trop d'invraisemblance, ainsi que nous l'indiquions déjà précédemment, que c'est peut-être par là que le monde moderne en arrivera à se détruire lui-même, s'il est incapable de s'arrêter dans cette voie pendant qu'il en est encore temps.

Mais il ne suffit pas de faire, en ce qui concerne les inventions modernes, les réserves qui s'imposent en raison de leur côté dangereux, et il faut aller plus loin : les prétendus « bienfaits » de ce qu'on est convenu d'appeler le « progrès », et qu'on pourrait en effet consentir à désigner ainsi si l'on prenait soin de bien spécifier qu'il ne s'agit que d'un progrès tout matériel, ces « bienfaits » tant vantés ne sont-ils pas en grande partie illusoires ? Les hommes de notre époque prétendent par là accroître leur « bien-être » ; nous pensons, pour notre part, que le but qu'ils se proposent ainsi, même s'il était atteint réellement, ne vaut pas qu'on y consacre tant d'efforts ; mais, de plus, il nous semble très contestable qu'il soit atteint. Tout d'abord, il faudrait tenir compte du fait que tous les hommes n'ont pas les mêmes goûts ni les même besoins, qu'il en est encore malgré tout qui voudraient échapper à l'agitation moderne, à, la folie de la vitesse, et qui ne le peuvent plus ; osera-t-on soutenir que, pour ceux-là, ce soit un « bienfait » que de leur imposer ce qui est le plus contraire à leur nature ? On dira que ces hommes sont peu nombreux aujourd'hui, et on se croira autorisé par là à les tenir pour quantité négligeable ; là comme dans le domaine politique, la majorité s'arroge le droit d'écraser les minorités, qui, à ses yeux, ont évidemment tort d'exister, puisque cette existence même va à l'encontre de la manie « égalitaire » de l'uniformité. Mais, si l'on considère l'ensemble de l'humanité au lieu de se borner au monde occidental, la question change d'aspect : la majorité de tout à l'heure ne va-t-elle pas devenir une minorité ? Aussi n'est-ce plus le même argument qu'on fait valoir dans ce cas, et, par une étrange contradiction, c'est au nom de leur « supériorité » que ces « égalitaires » veulent imposer leur civilisation au reste du monde, et qu'ils vont porter le trouble chez des gens qui ne leur demandaient rien ; et, comme cette « supériorité » n'existe qu'au point de vue matériel, il est tout naturel qu'elle s'impose par les moyens les plus brutaux. Qu'on ne s'y méprenne pas d'ailleurs : si le grand public admet de bonne foi ces prétextes de « civilisation », il en est certains pour qui ce n'est qu'une simple hypocrisie « moraliste », un masque de l'esprit de conquête et des intérêts économiques ; mais quelle singulière époque que celle où tant d'hommes se laissent persuader qu'on fait le bonheur d'un peuple en l'asservissant, en lui enlevant ce qu'il a de plus précieux, c'est-à-dire sa propre civilisation, en l'obligeant à adopter des mœurs et des institutions qui sont faites pour une autre race, et en l'astreignant aux travaux les plus pénibles pour lui faire acquérir des choses qui lui sont de la plus parfaite inutilité ! Car c'est ainsi : l'Occident moderne ne peut tolérer que des hommes préfèrent travailler moins et se contenter de peu pour vivre ; comme la quantité seule compte, et comme ce qui ne tombe pas sous les sens est d'ailleurs tenu pour inexistant, il est admis que celui qui ne s'agite pas et qui ne produit pas matériellement ne peut être qu'un « paresseux » ; sans même parler à cet égard des appréciations portées couramment sur les peuples orientaux, il n'y a qu'à voir comment sont jugés les ordres contemplatifs, et cela jusque dans des milieux soi-disant religieux. Dans un tel monde, il n'y a plus aucune place pour l'intelligence ni pour tout ce qui est purement intérieur, car ce sont là des choses qui ne se voient ni ne se touchent, qui ne se comptent ni ne se pèsent ; il n'y a de place que pour l'action extérieure sous toutes ses formes, y compris les plus dépourvues de toute signification. Aussi ne faut-il pas s'étonner que la manie anglo-saxonne du « sport » gagne chaque jour du terrain : l'idéal de ce monde, c'est l'« animal humain » qui a développé au maximum sa force musculaire ; ses héros, ce sont les athlètes, fussent-ils des brutes ; ce sont ceux-là qui suscitent l'enthousiasme populaire, c'est pour leurs exploits que les foules se passionnent ; un monde où l'on voit de telles choses est vraiment tombé bien bas et semble bien près de sa fin.

Cependant, plaçons-nous pour un instant au point de vue de ceux qui mettent leur idéal dans le « bien-être » matériel, et qui, à ce titre, se réjouissent de toutes les améliorations apportées à l'existence par le « progrès » moderne ; sont-ils bien sûrs de n'être pas dupes ? Est-il vrai que les hommes soient plus heureux aujourd'hui qu'autrefois, parce qu'ils disposent de moyens de communication plus rapides ou d'autres choses de ce genre, parce qu'ils ont une vie agitée et plus compliquée ? Il nous semble que c'est tout le contraire : le déséquilibre ne peut être la condition d'un véritable bonheur ; d'ailleurs, plus un homme a de besoins, plus il risque de manquer de quelque chose, et par conséquent d'être malheureux ; la civilisation moderne vise à multiplier les besoins artificiels, et comme nous le disions déjà plus haut, elle créera toujours plus de besoins qu'elle n'en pourra satisfaire, car, une fois qu'on s'est engagé dans cette voie, il est bien difficile de s'y arrêter, et il n'y a même aucune raison de s'arrêter à un point déterminé. Les hommes ne pouvaient éprouver aucune souffrance d'être privés de choses qui n'existaient pas et auxquelles ils n'avaient jamais songé ; maintenant, au contraire, ils souffrent forcément si ces choses leur font défaut, puisqu'ils se sont habitués à les regarder comme nécessaires, et que, en fait, elles leur sont vraiment devenues nécessaires. Aussi s'efforcent-ils, par tous les moyens, d'acquérir ce qui peut leur procurer toutes les satisfactions matérielles, les seules qu'ils soient capables d'apprécier : il ne s'agit que de « gagner de l'argent », parce que c'est là ce qui permet d'obtenir des choses, et plus on en a, plus on veut en avoir encore, parce qu'on se découvre sans cesse des besoins nouveaux ; et cette passion devient l'unique but de toute la vie. De là la concurrence féroce que certains « évolutionnistes » ont élevée à la dignité de loi scientifique sous le nom de « lutte pour la vie », et dont la conséquence logique est que les plus forts, au sens le plus étroitement matériel de ce mot, ont seuls droit à l'existence. De là aussi l'envie et même la haine dont ceux qui possèdent la richesse sont l'objet de la part de ceux qui en sont dépourvus ; comment des hommes à qui on a prêché les théories « égalitaires » pourraient-ils ne pas se révolter en constatant autour d'eux l'inégalité sous la forme qui doit leur être la plus sensible, parce qu'elle est de l'ordre le plus grossier ? Si la civilisation moderne devait s'écrouler quelque jour sous la poussée des appétits désordonnés qu'elle a fait naître dans la masse, il faudrait être bien aveugle pour n'y pas voir le juste châtiment de son vice fondamental, ou, pour parler sans aucune phraséologie morale, le « choc en retour » de sa propre action dans le domaine même où elle s'est exercée. Il est dit dans l'Évangile : « Celui qui frappe avec l'épée périra par l'épée » ; celui qui déchaîne les forces brutales de la matière périra écrasé par ces mêmes forces, dont il n'est plus maître lorsqu'il les a imprudemment mises en mouvement, et qu'il ne peut se vanter de retenir indéfiniment dans leur marche fatale ; forces de la nature ou forces des masses humaines, ou les unes et les autres tout ensemble, peu importe, ce sont toujours les lois de la matière qui entrent en jeu et qui brisent inexorablement celui qui a cru pouvoir les dominer sans s'élever lui-même au-dessus de la matière. Et l'Évangile dit encore : « Toute maison divisée contre elle-même s'écroulera » ; cette parole aussi s'applique exactement au monde moderne, avec sa civilisation matérielle, qui ne peut, par sa nature même, que susciter partout la lutte et la division. La conclusion est trop facile à tirer, et il n'est pas besoin de faire appel à d'autres considérations pour pouvoir, sans crainte de se tromper, prédire à ce monde une fin tragique, à moins qu'un changement radical, allant jusqu'à un véritable retournement, ne survienne à brève échéance.

Nous savons bien que certains nous reprocheront d'avoir, en parlant du matérialisme de la civilisation moderne comme nous venons de le faire, négligé certains éléments qui semblent constituer tout au moins une atténuation à ce matérialisme ; et en effet, s'il n'y en avait pas, il est fort probable que cette civilisation aurait déjà péri lamentablement. Nous ne contestons donc nullement l'existence de tels éléments, mais encore ne faut-il pas s'illusionner à ce sujet : d'une part, nous n'avons pas à y faire entrer tout ce qui, dans le domaine philosophique, se présente sous des étiquettes comme celles de « spiritualisme » et d'« idéalisme », non plus que tout ce qui, dans les tendances contemporaines, n'est que « moralisme » et « sentimentalisme » ; nous nous sommes déjà suffisamment expliqué là-dessus et nous rappellerons simplement que ce sont là, pour nous, des points de vue tout aussi « profanes » que celui du matérialisme théorique ou pratique, et qui s'en éloignent beaucoup moins en réalité qu'en apparence ; d'autre part, s'il y a encore des restes de spiritualité véritable, c'est malgré l'esprit moderne et contre lui qu'ils ont subsisté jusqu'ici. Ces restes de spiritualité, c'est seulement, pour tout ce qui est proprement occidental, dans l'ordre religieux qu'il est possible de les trouver ; mais nous avons déjà dit combien la religion est aujourd'hui amoindrie, combien ses fidèles eux-mêmes s'en font une conception étroite et médiocre, et à quel point on en a éliminé l'intellectualité, qui ne fait qu'un avec la vraie spiritualité ; dans ces conditions, si certaines possibilités demeurent encore, ce n'est guère qu'à l'état latent, et, dans le présent, leur rôle effectif se réduit à bien peu de chose. Il n'en faut pas moins admirer la vitalité d'une tradition religieuse qui, même ainsi résorbée dans une sorte de virtualité, persiste en dépit de tous les efforts qui ont été tentés depuis plusieurs siècles pour l'étouffer et l'anéantir ; et, si l'on savait réfléchir, on verrait qu'il y a dans cette résistance quelque chose qui implique une puissance « non humaine » ; mais, encore une fois, cette tradition n'appartient pas au monde moderne, elle n'est pas un de ses éléments constitutifs, elle est le contraire même de ses tendances et de ses aspirations. Cela, il faut le dire franchement, et ne pas chercher de vaines conciliations : entre l'esprit religieux, au vrai sens de ce mot, et l'esprit moderne, il ne peut y avoir qu'antagonisme ; toute compromission ne peut qu'affaiblir le premier et profiter au second, dont l'hostilité ne sera pas pour cela désarmée, car il ne peut vouloir que la destruction complète de tout ce qui, dans l'humanité, reflète une réalité supérieure à l'humanité. On dit que l'Occident moderne est chrétien, mais c'est là une erreur : l'esprit moderne est antichrétien, parce qu'il est essentiellement antireligieux ; et il est antireligieux parce que, plus généralement encore, il est antitraditionnel ; c'est là ce qui constitue son caractère propre, ce qui le fait être ce qu'il est. Certes, quelque chose du Christianisme est passé jusque dans la civilisation antichrétienne de notre époque, dont les représentants les plus « avancés », comme ils disent dans leur langage spécial, ne peuvent faire qu'ils n'aient subi et qu'ils ne subissent encore, involontairement et peut-être inconsciemment, une certaine influence chrétienne, au moins indirecte ; il en est ainsi parce qu'une rupture avec le passé, si radicale qu'elle soit, ne peut jamais être absolument complète et telle qu'elle supprime toute continuité. Nous irons même plus loin, et nous dirons que tout ce qu'il peut y avoir de valable dans le monde moderne lui est venu du Christianisme, ou tout au moins à travers le Christianisme, qui a apporté avec lui tout l'héritage des traditions antérieures, qui l'a conservé vivant autant que l'a permis l'état de l'Occident, et qui en porte toujours en lui-même les possibilités latentes ; mais qui donc, aujourd'hui, même parmi ceux qui s'affirment chrétiens, a encore la conscience effective de ces possibilités ? Où sont, même dans le Catholicisme, les hommes qui connaissent le sens profond de la doctrine qu'ils professent extérieurement, qui ne se contentent pas de « croire » d'une façon plus ou moins superficielle, et plus par le sentiment que par l'intelligence, mais qui « savent » réellement la vérité de la tradition religieuse qu'ils considèrent comme leur ? Nous voudrions avoir la preuve qu'il en existe au moins quelques-uns, car ce serait là, pour l'Occident, le plus grand et peut-être le seul espoir de salut ; mais nous devons avouer que, jusqu'ici, nous n'en avons point encore rencontré ; faut-il supposer que, comme certains sages de l'Orient, ils se tiennent cachés en quelque retraite presque inaccessible, ou faut-il renoncer définitivement à ce dernier espoir ? L'Occident a été chrétien au moyen âge, mais il ne l'est plus ; si l'on dit qu'il peut encore le redevenir, nul ne souhaite plus que nous qu'il en soit ainsi, et que cela arrive à un jour plus proche que ne le ferait penser tout ce que nous voyons autour de nous ; mais qu'on ne s'y trompe pas : ce jour-là, le monde moderne aura vécu.

---

1. Il y eut, antérieurement au XVIIIe siècle, des théories « mécanistes » de l'atomisme grec à la physique cartésienne ; mais il ne faut pas confondre « mécanisme » et « matérialisme », en dépit de certaines affinités qui ont pu créer une sorte de solidarité de fait entre l'un et l'autre depuis l'apparition du « matérialisme » proprement dit.

8
L'ENVAHISSEMENT OCCIDENTAL

Le désordre moderne, nous l'avons dit, a pris naissance en Occident, et, jusqu'à ces dernières années, il y était toujours demeuré strictement localisé ; mais maintenant il se produit un fait dont la gravité ne doit pas être dissimulée : c'est que ce désordre s'étend partout et semble gagner jusqu'à l'Orient. Certes, l'envahissement occidental n'est pas une chose toute récente, mais il se bornait jusqu'ici à une domination plus ou moins brutale exercée sur les autres peuples, et dont les effets étaient limités au domaine politique et économique ; en dépit de tous les efforts d'une propagande revêtant des formes multiples, l'esprit oriental était impénétrable à toutes les déviations, et les anciennes civilisations traditionnelles subsistaient intactes. Aujourd'hui, au contraire, il est des Orientaux qui se sont plus ou moins complètement « occidentalisés », qui ont abandonné leur tradition pour adopter toutes les aberrations de l'esprit moderne, et ces éléments dévoyés, grâce à l'enseignement des Universités européennes et américaines, deviennent dans leur propre pays une cause de trouble et d'agitation. Il ne convient pas, d'ailleurs, de s'en exagérer l'importance, pour le moment tout au moins : en Occident, on s'imagine volontiers que ces individualités bruyantes, mais peu nombreuses, représentent l'Orient actuel, alors que, en réalité, leur action n'est ni très étendue ni très profonde ; cette illusion s'explique aisément, car on ne connaît pas les vrais Orientaux, qui du reste ne cherchent nullement à se faire connaître, et les « modernistes », si l'on peut les appeler ainsi, sont les seuls qui se montrent au dehors, parlent, écrivent et s'agitent de toutes façons. Il n'en est pas moins vrai que ce mouvement antitraditionnel peut gagner du terrain, et il faut envisager toutes les éventualités, même les plus défavorables ; déjà, l'esprit traditionnel se replie en quelque sorte sur lui-même, les centres où il se conserve intégralement deviennent de plus en plus fermés et difficilement accessibles ; et cette généralisation du désordre correspond bien à ce qui doit se produire dans la phase finale du *Kali-Yuga*.

Déclarons-le très nettement : l'esprit moderne étant chose purement occidentale, ceux qui en sont affectés, même s'ils sont des Orientaux de naissance, doivent être considérés, sous le rapport de la mentalité, comme des Occidentaux, car toute idée orientale leur est entièrement étrangère, et leur ignorance à l'égard des doctrines traditionnelles est la seule excuse de leur hostilité. Ce qui peut sembler assez singulier et même contradictoire, c'est que ces mêmes hommes, qui se font les auxiliaires de l'« occidentalisme » au point de vue intellectuel, ou plus exactement contre toute véritable intellectualité, apparaissent parfois comme ses adversaires dans le domaine politique ; et pourtant, au fond, il n'y a là rien dont on doive s'étonner. Ce sont eux qui s'efforcent d'instituer en Orient des « nationalismes » divers, et tout « nationalisme » est nécessairement opposé à l'esprit traditionnel ; s'ils veulent combattre la domination étrangère, c'est par les méthodes mêmes de l'Occident, de la même façon que les divers peuples occidentaux luttent entre eux ; et peut-être est-ce là ce qui fait leur raison d'être. En effet, si les choses en sont arrivées à un tel point que l'emploi de semblables méthodes soit devenu inévitable, leur mise en œuvre ne peut être que le fait d'éléments ayant rompu toute attache avec la tradition ; il se peut donc que ces éléments soient utilisés ainsi transitoirement, et ensuite éliminés comme les Occidentaux eux-mêmes. Il serait d'ailleurs assez logique que les idées que ceux-ci ont répandues se retournent contre eux, car elles ne peuvent être que des facteurs de division et de ruine ; c'est par là que la civilisation moderne périra d'une façon ou d'une autre ; peu importe que ce soit par l'effet des dissensions entre les Occidentaux, dissensions entre nations ou entre classes sociales, ou, comme certains le prétendent, par les attaques des Orientaux « occidentalisés », ou encore à la suite d'un cataclysme provoqué par les « progrès de la science » ; dans tous les cas, le monde occidental ne court de dangers que par sa propre faute et par ce qui sort de lui-même.

La seule question qui se pose est celle-ci : l'Orient n'aura-t-il à subir, du fait de l'esprit moderne, qu'une crise passagère et superficielle, ou bien l'Occident entraînera-t-il dans sa chute l'humanité tout entière ? Il serait difficile d'y apporter actuellement une réponse basée sur des constatations indubitables ; les deux esprits opposés existent maintenant l'un et l'autre en Orient, et la force spirituelle, inhérente à la tradition et méconnue par ses adversaires, peut triompher de la force matérielle lorsque celle-ci aura joué son rôle, et la faire évanouir comme la lumière dissipe les ténèbres ; nous dirons même qu'elle en triomphera nécessairement tôt ou tard, mais il se peut que, avant d'en arriver là, il y ait une période d'obscuration complète. L'esprit traditionnel ne peut mourir, parce qu'il est, dans son essence, supérieur à la mort et au changement ; mais il peut se retirer entièrement du monde extérieur, et alors ce sera véritablement la « fin d'un monde ». D'après tout ce que nous avons dit, la réalisation de cette éventualité dans un avenir relativement peu éloigné n'aurait rien d'invraisemblable ; et, dans la confusion qui, partie de l'Occident, gagne présentement l'Orient, nous pourrions voir le « commencement de la fin », le signe précurseur du moment où, suivant la tradition hindoue, la doctrine sacrée doit être enfermée tout entière dans une conque, pour en sortir intacte à l'aube du monde nouveau.

Mais laissons là encore une fois les anticipations, et ne regardons que les événements actuels : ce qui est incontestable, c'est que l'Occident envahit tout ; son action s'est d'abord exercée dans le domaine matériel, celui qui était immédiatement à sa portée, soit par la conquête violente, soit par le commerce et l'accaparement des ressources de tous les peuples ; mais maintenant les choses vont encore plus loin. Les Occidentaux, toujours animés par ce besoin de prosélytisme qui leur est si particulier, sont arrivés à faire pénétrer chez les autres, dans une certaine mesure, leur esprit antitraditionnel et matérialiste ; et, tandis que la première forme d'invasion n'atteignait en somme que les corps, celle-ci empoisonne les intelligences et tue la spiritualité ; l'une a d'ailleurs préparé l'autre et l'a rendue possible, de sorte que ce n'est en définitive que par la force brutale que l'Occident est parvenu à s'imposer partout, et il ne pouvait en être autrement, car c'est en cela que réside l'unique supériorité réelle de sa civilisation, si inférieure à tout autre point de vue. L'envahissement occidental, c'est l'envahissement du matérialisme sous toutes ses formes, et ce ne peut être que cela ; tous les déguisements plus ou moins hypocrites, tous les prétextes « moralistes », toutes les déclamations « humanitaires », toutes les habiletés d'une propagande qui sait à l'occasion se faire insinuante pour mieux atteindre son but de destruction, ne peuvent rien contre cette vérité, qui ne saurait être contestée que par des naïfs ou par ceux qui ont un intérêt quelconque à cette œuvre vraiment « satanique », au sens le plus rigoureux du mot [1].

Chose extraordinaire, ce moment où l'Occident envahit tout est celui que certains choisissent pour dénoncer, comme un péril qui les remplit d'épouvante, une prétendue pénétration d'idées orientales dans ce même Occident ; qu'est-ce encore que cette nouvelle aberration ? Malgré notre désir de nous en tenir à des considérations d'ordre général, nous ne pouvons nous dispenser de dire ici au moins quelques mots d'une *Défense de l'Occident* publiée récemment par M. Henri Massis, et qui est une des manifestations les plus caractéristiques de cet état d'esprit. Ce livre est plein de confusions et même de contradictions, et il montre une fois de plus combien la plupart de ceux qui voudraient réagir contre le désordre moderne sont peu capables de le faire d'une façon vraiment efficace, car ils ne savent même pas très bien ce qu'ils ont à combattre. L'auteur se défend parfois d'avoir voulu s'attaquer au véritable Orient ; et, s'il s'en était tenu effectivement à une critique des fantaisies « pseudo-orientales », c'est-à-dire de ces théories purement occidentales que l'on répand sous des étiquettes trompeuses, et qui ne sont qu'un des nombreux produits du déséquilibre actuel, nous ne pourrions que l'approuver pleinement, d'autant plus que nous avons nous-même signalé, bien avant lui, le danger réel de ces sortes de choses, ainsi que leur inanité au point de vue intellectuel. Mais, malheureusement, il éprouve ensuite le besoin d'attribuer à l'Orient des conceptions qui ne valent guère mieux que celles-là ; pour le faire, il s'appuie sur des citations empruntées à quelques orientalistes plus ou moins « officiels », et où les doctrines orientales sont, ainsi qu'il arrive d'ordinaire, déformées jusqu'à la caricature ; que dirait-il si quelqu'un usait du même procédé à l'égard du Christianisme et prétendait le juger d'après les travaux des « hypercritiques » universitaires ? C'est exactement ce qu'il fait pour les doctrines de l'Inde et de la Chine, avec cette circonstance aggravante que les Occidentaux dont il invoque le témoignage n'ont pas la moindre connaissance directe de ces doctrines, tandis que ceux de leurs collègues qui s'occupent du Christianisme doivent tout au moins le connaître dans une certaine mesure, même si leur hostilité contre tout ce qui est religieux les empêche de le comprendre véritablement. D'ailleurs, nous devons dire à cette occasion que nous avons eu parfois quelque peine à faire admettre par des Orientaux que les exposés de tel ou tel orientaliste procédaient d'une incompréhension pure et simple, et non d'un parti pris conscient et volontaire, tellement on y sent cette même hostilité qui est inhérente à l'esprit antitraditionnel ; et nous demanderions volontiers à M. Massis s'il croit bien habile d'attaquer la tradition chez les autres quand on voudrait la restaurer dans son propre pays. Nous parlons d'habileté, parce que, au fond, toute la discussion est portée par lui sur un terrain politique ; pour nous qui nous plaçons à un tout autre point de vue, celui de l'intellectualité pure, la seule question qui se pose est une question de vérité ; mais ce point de vue est sans doute trop élevé et trop serein pour que les polémistes y puissent trouver leur satisfaction, et nous doutons même que, en tant que polémistes, le souci de la vérité puisse tenir une grande place dans leurs préoccupations [2].

M. Massis s'en prend à ce qu'il appelle des « propagandistes orientaux », expression qui renferme en elle-même une contradiction, car l'esprit de propagande, nous l'avons déjà dit bien souvent, est chose tout occidentale ; et cela seul indique déjà clairement qu'il y a là quelque méprise. En fait, parmi les propagandistes visés, nous pouvons distinguer deux groupes, dont le premier est constitué par de purs Occidentaux ; il serait vraiment comique, si ce n'était le signe de la plus déplorable ignorance des choses de l'Orient, de voir qu'on fait figurer des Allemands et des Russes parmi les représentants de l'esprit oriental ; l'auteur fait à leur égard des observations dont certaines sont très justes, mais que ne les montre-t-il nettement pour ce qu'ils sont en réalité ? À ce premier groupe nous joindrons encore les « théosophistes » anglo-saxons et tous les inventeurs d'autres sectes du même genre, dont la terminologie orientale n'est qu'un masque destiné à en imposer aux naïfs et aux gens mal informés, et qui ne recouvre que des idées aussi étrangères à l'Orient que chères à l'Occident moderne ; ceux-là sont d'ailleurs plus dangereux que de simples philosophes, en raison de leurs prétentions à un « ésotérisme » qu'ils ne possèdent pas davantage, mais qu'ils simulent frauduleusement pour attirer à eux les esprits qui cherchent autre chose que des spéculations « profanes » et qui, au milieu du chaos présent, ne savent où s'adresser ; nous nous étonnons un peu que M. Massis n'en dise à peu près rien. Quant au second groupe, nous y trouvons quelques-uns de ces Orientaux occidentalisés dont nous parlions tout à l'heure, et qui, tout aussi ignorants que les précédents des véritables idées orientales, seraient fort incapables de les répandre en Occident, à supposer qu'ils en eussent l'intention ; du reste, le but qu'ils se proposent réellement est tout contraire à celui-là, puisqu'il est de détruire ces mêmes idées en Orient, et de présenter en même temps aux Occidentaux leur Orient modernisé, accommodé aux théories qui leur ont été enseignées en Europe ou en Amérique ; véritables agents de la plus néfaste de toutes les propagandes occidentales, de celle qui s'attaque directement à l'intelligence, c'est pour l'Orient qu'ils sont un danger, et non pour l'Occident dont ils ne sont que le reflet. Pour ce qui est des vrais Orientaux, M. Massis n'en mentionne pas un seul, et il aurait été bien en peine de le faire, car il n'en connaît certainement aucun ; l'impossibilité où il se trouvait de citer le nom d'un Oriental qui ne fût pas occidentalisé eût dû lui donner à réfléchir et lui faire comprendre que les « propagandistes orientaux » sont parfaitement inexistants.

D'ailleurs, bien que cela nous oblige à parler de nous, ce qui est peu dans nos habitudes, nous devons déclarer formellement ceci : il n'y a, à notre connaissance, personne qui ait exposé en Occident des idées orientales authentiques, sauf nous-même ; et nous l'avons toujours fait exactement comme l'aurait fait tout Oriental qui s'y serait trouvé amené par les circonstances, c'est-à-dire sans la moindre intention de « propagande » ou de « vulgarisation », et uniquement pour ceux qui sont capables de comprendre les doctrines telles qu'elles sont, sans qu'il y ait lieu de les dénaturer sous prétexte de les mettre à leur portée ; et nous ajouterons que, malgré la déchéance de l'intellectualité occidentale, ceux qui comprennent sont encore moins rares que nous ne l'aurions supposé, tout en n'étant évidemment qu'une petite minorité. Une telle entreprise n'est certes pas du genre de celles que M. Massis imagine, nous n'osons dire pour les besoins de sa cause, quoique le caractère politique de son livre puisse autoriser une telle expression ; disons, pour être aussi bienveillant que possible, qu'il les imagine parce que son esprit est troublé par la peur que fait naître en lui le pressentiment d'une ruine plus ou moins prochaine de la civilisation occidentale, et regrettons qu'il n'ait pas su voir clairement où se trouvent les véritables causes susceptibles d'amener cette ruine, quoiqu'il lui arrive parfois de faire preuve d'une juste sévérité à l'égard de certains aspects du monde moderne. C'est même là ce qui fait le continuel flottement de sa thèse : d'une part, il ne sait pas exactement quels sont les adversaires qu'il devrait combattre, et, d'autre part, son « traditionalisme » le laisse fort ignorant de tout ce qui est l'essence même de la tradition, qu'il confond visiblement avec une sorte de « conservatisme » politico-religieux de l'ordre le plus extérieur.

Nous disons que l'esprit de M. Massis est troublé par la peur ; la meilleure preuve en est peut-être l'attitude extraordinaire, et même tout à fait inconcevable, qu'il prête à ses soi-disant « propagandistes orientaux » : ceux-ci seraient animés d'une haine farouche à l'égard de l'Occident, et c'est pour nuire à celui-ci qu'ils s'efforceraient de lui communiquer leurs propres doctrines, c'est-à-dire de lui faire don de ce qu'ils ont eux-mêmes de plus précieux, de ce qui constitue en quelque sorte la substance même de leur esprit ! Devant tout ce qu'il y a de contradictoire dans une telle hypothèse, on ne peut s'empêcher d'éprouver une véritable stupéfaction : toute la thèse péniblement échafaudée s'écroule instantanément, et il semble que l'auteur ne s'en soit pas même aperçu, car nous ne voulons pas supposer qu'il ait été conscient d'une pareille invraisemblance et qu'il ait tout simplement compté sur le peu de clairvoyance de ses lecteurs pour la leur faire accepter. Il n'y a pas besoin de réfléchir bien longuement ni bien profondément pour se rendre compte que, s'il y a des gens qui haïssent si fort l'Occident, la première chose qu'ils doivent faire est de garder jalousement leurs doctrines pour eux et que tous leurs efforts doivent tendre à en interdire l'accès aux Occidentaux ; c'est d'ailleurs là un reproche qu'on a quelquefois adressé aux Orientaux, avec plus d'apparence de raison. La vérité, pourtant, est assez différente : les représentants authentiques des doctrines traditionnelles n'éprouvent de haine pour personne, et leur réserve n'a qu'une seule cause : c'est qu'ils jugent parfaitement inutile d'exposer certaines vérités à ceux qui sont incapables de les comprendre ; mais ils n'ont jamais refusé d'en faire part à ceux, quelle que soit leur origine, qui possèdent les « qualifications » requises ; est-ce leur faute si, parmi ces derniers, il y a fort peu d'Occidentaux ? Et, d'un autre côté, si la masse orientale finit par être vraiment hostile aux Occidentaux, après les avoir longtemps regardés avec indifférence, qui en est responsable ? Est-ce cette élite qui, toute à la contemplation intellectuelle, se tient résolument à l'écart de l'agitation extérieure, ou ne sont-ce pas plutôt les Occidentaux eux-mêmes, qui ont fait tout ce qu'il fallait pour rendre leur présence odieuse et intolérable ? Il suffit que la question soit ainsi posée comme elle doit l'être, pour que n'importe qui soit capable d'y répondre immédiatement ; et, en admettant que les Orientaux, qui ont fait preuve jusqu'ici d'une incroyable patience, veuillent enfin être les maîtres chez eux, qui donc pourrait songer sincèrement à les en blâmer ? Il est vrai que, quand certaines passions s'en mêlent les mêmes choses peuvent, suivant les circonstances, se trouver appréciées de façons fort diverses, voire même toutes contraires : ainsi, quand la résistance à une invasion étrangère est le fait d'un peuple occidental, elle s'appelle « patriotisme » et est digne de tous les éloges ; quand elle est le fait d'un peuple oriental, elle s'appelle « fanatisme » ou « xénophobie » et ne mérite plus que la haine ou le mépris. D'ailleurs, n'est-ce pas au nom du « Droit », de la « Liberté », de la « Justice » et de la « Civilisation » que les Européens prétendent imposer partout leur domination, et interdire à tout homme de vivre et de penser autrement qu'eux-mêmes ne vivent et ne pensent ? On conviendra que le « moralisme » est vraiment une chose admirable, à moins qu'on ne préfère conclure tout simplement, comme nous-même, que, sauf des exceptions d'autant plus honorables qu'elles sont plus rares, il n'y a plus guère en Occident que deux sortes de gens, assez peu intéressantes l'une et l'autre : les naïfs qui se laissent prendre à ces grands mots et qui croient à leur « mission civilisatrice », inconscients qu'ils sont de la barbarie matérialiste dans laquelle ils sont plongés, et les habiles qui exploitent cet état d'esprit pour la satisfaction de leurs instincts de violence et de cupidité. En tout cas, ce qu'il y a de certain, c'est que les Orientaux ne menacent personne et ne songent guère à envahir l'Occident d'une façon ou d'une autre ; ils ont, pour le moment, bien assez à faire de se défendre contre l'oppression européenne, qui risque de les atteindre jusque dans leur esprit ; et il est au moins curieux de voir les agresseurs se poser en victimes.

Cette mise au point était nécessaire, car il est certaines choses qui doivent être dites ; mais nous nous reprocherions d'y insister davantage, la thèse des « défenseurs de l'Occident » étant vraiment par trop fragile et inconsistante. Du reste, si nous nous sommes départis un instant de la réserve que nous observons habituellement en ce qui concerne les individualités pour citer M. Henri Massis, c'est surtout parce que celui-ci représente en la circonstance une certaine partie de la mentalité contemporaine, dont il nous faut aussi tenir compte dans cette étude sur l'état du monde moderne. Comment ce « traditionalisme » d'ordre inférieur, étroitement borné et incompréhensif, peut-être même assez artificiel, s'opposerait-il vraiment et efficacement à un esprit dont il partage tant de préjugés ? De part et d'autre, c'est, à peu de chose près, la même ignorance des véritables principes ; c'est le même parti pris de nier tout ce qui dépasse un certain horizon ; c'est la même inaptitude à comprendre l'existence de civilisations différentes, la même superstition du « classicisme » gréco-latin. Cette réaction insuffisante n'a d'intérêt pour nous qu'en ce qu'elle marque une certaine insatisfaction de l'état présent chez quelques-uns de nos contemporains ; de cette même insatisfaction, il y a d'ailleurs d'autres manifestations qui seraient susceptibles d'aller plus loin si elles étaient bien dirigées ; mais, pour le moment, tout cela est fort chaotique, et il est encore bien difficile de dire ce qui s'en dégagera. Cependant, quelques précisions à cet égard ne seront peut-être pas entièrement inutiles ; et, comme elles se lient étroitement au destin du monde actuel, elles pourront en même temps servir de conclusions à la présente étude, dans la mesure où il est permis d'en tirer des conclusions sans donner à l'ignorance « profane » l'occasion d'attaques trop faciles, en développant imprudemment des considérations qu'il serait impossible de justifier par les moyens ordinaires. Nous ne sommes pas de ceux qui pensent que tout peut être dit indifféremment, du moins lorsqu'on sort de la doctrine pure pour en venir aux applications ; il y a alors certaines réserves qui s'imposent, et des questions d'opportunité qui doivent se poser inévitablement ; mais ces réserves légitimes, et même indispensables, n'ont rien de commun avec certaines craintes puériles qui ne sont que l'effet d'une ignorance comparable à celle d'un homme qui, suivant l'expression proverbiale hindoue, « prend une corde pour un serpent ». Qu'on le veuille ou non, ce qui doit être dit le sera à mesure que les circonstances l'exigeront ; ni les efforts intéressés des uns, ni l'hostilité inconsciente des autres, ne pourront empêcher qu'il en soit ainsi, pas plus que, d'un autre côté, l'impatience de ceux qui, entraînés par la hâte fébrile du monde moderne, voudraient tout savoir d'un seul coup, ne pourra faire que certaines choses soient connues au dehors plus tôt qu'il ne convient ; mais ces derniers pourront du moins se consoler en pensant que la marche accélérée des événements leur donnera sans doute une assez prompte satisfaction ; puissent-ils n'avoir pas à regretter alors de s'être insuffisamment préparés à recevoir une connaissance qu'ils recherchent trop souvent avec plus d'enthousiasme que de véritable discernement !

---

1. *Satan* en hébreu, c'est l'« adversaire », c'est-à-dire celui qui renverse toutes choses et les prend en quelque sorte à rebours ; c'est l'esprit de négation et de subversion, qui s'identifie à la tendance descendante ou « infériorisante », « infernale » au sens étymologique, celle même que suivent les êtres dans ce processus de matérialisation suivant lequel s'effectue tout le développement de la civilisation moderne.
2. Nous savons que M. Massis n'ignore pas nos ouvrages, mais il s'abstient soigneusement d'y faire la moindre allusion, parce qu'ils iraient à l'encontre de sa thèse ; le procédé manque tout au moins de franchise. Nous pensons d'ailleurs n'avoir qu'à nous féliciter de ce silence, qui nous évite de voir mêler à des polémiques déplaisantes des choses qui, par leur nature, doivent demeurer au-dessus de toute discussion ; il y a toujours quelque chose de pénible dans le spectacle de l'incompréhension « profane », bien que la vérité de la « doctrine sacrée » soit assurément, en elle-même, trop haute pour en subir les atteintes.

9
QUELQUES CONCLUSIONS

Nous avons voulu surtout montrer ici comment l'application des données traditionnelles permet de résoudre les questions qui se posent actuellement de la façon la plus immédiate, d'expliquer l'état présent de l'humanité terrestre, et en même temps de juger selon la vérité, et non selon des règles conventionnelles ou des préférences sentimentales, tout ce qui constitue proprement la civilisation moderne. Nous n'avons d'ailleurs pas eu la prétention d'épuiser le sujet, de le traiter dans tous ses détails, ni d'en développer complètement tous les aspects sans en négliger aucun ; les principes dont nous nous inspirons constamment nous obligent du reste à présenter des vues essentiellement synthétiques, et non pas analytiques comme celles du savoir « profane » ; mais ces vues, précisément parce qu'elles sont synthétiques, vont beaucoup plus loin dans le sens d'une véritable explication qu'une analyse quelconque, qui n'a guère en réalité qu'une simple valeur descriptive. En tout cas, nous pensons en avoir dit assez pour permettre, à ceux qui sont capables de comprendre, de tirer eux-mêmes, de ce que nous avons exposé, au moins une partie des conséquences qui y sont contenues implicitement ; et ils doivent être bien persuadés que ce travail leur sera autrement profitable qu'une lecture qui ne laisserait aucune place à la réflexion et à la méditation, pour lesquelles, tout au contraire, nous avons voulu seulement fournir un point de départ approprié, un appui suffisant pour s'élever au-dessus de la vaine multitude des opinions individuelles.

Il nous reste à dire quelques mots de ce que nous pourrions appeler la portée pratique d'une telle étude ; cette portée, nous pourrions la négliger ou nous en désintéresser si nous nous étions tenus dans la doctrine métaphysique pure, par rapport à laquelle toute application n'est que contingente et accidentelle ; mais, ici, c'est précisément des applications qu'il s'agit. Celles-ci ont d'ailleurs, en dehors de tout point de vue pratique, une double raison d'être : elles sont les conséquences légitimes des principes, le développement normal d'une doctrine qui, étant une et universelle, doit embrasser tous les ordres de réalité sans exception ; et, en même temps, elles sont aussi, pour certains tout au moins, un moyen préparatoire pour s'élever à une connaissance supérieure, ainsi que nous l'avons expliqué à propos de la « science sacrée ». Mais, en outre, il n'est pas interdit, quand on est dans le domaine des applications, de les considérer aussi en elles-mêmes et dans leur valeur propre, pourvu qu'on ne soit jamais amené par là à perdre de vue leur rattachement aux principes ; ce danger est très réel, puisque c'est de là que résulte la dégénérescence qui a donné naissance à la « science profane », mais il n'existe pas pour ceux qui savent que tout dérive et dépend entièrement de la pure intellectualité, et que ce qui n'en procède pas consciemment ne peut être qu'illusoire. Comme nous l'avons déjà répété bien souvent, tout doit commencer par la connaissance ; et ce qui semble être le plus éloigné de l'ordre pratique se trouve être pourtant le plus efficace dans cet ordre même, car c'est ce sans quoi, là aussi bien que partout ailleurs, il est impossible de rien accomplir qui soit réellement valable, qui soit autre chose qu'une agitation vaine et superficielle. C'est pourquoi, pour revenir plus spécialement à la question qui nous occupe présentement, nous pouvons dire que, si tous les hommes comprenaient ce qu'est vraiment le monde moderne, celui-ci cesserait aussitôt d'exister, car son existence, comme celle de l'ignorance et de tout ce qui est limitation, est purement négative : il n'est que par la négation de la vérité traditionnelle et supra-humaine. Ce changement se produirait ainsi sans aucune catastrophe, ce qui semble à peu près impossible par toute autre voie ; avons-nous donc tort si nous affirmons qu'une telle connaissance est susceptible de conséquences pratiques véritablement incalculables ? Mais, d'un autre côté, il paraît malheureusement bien difficile d'admettre que tous arrivent à cette connaissance, dont la plupart des hommes sont certainement plus loin qu'ils ne l'ont jamais été ; il est vrai que cela n'est nullement nécessaire, car il suffit d'une élite peu nombreuse, mais assez fortement constituée pour donner une direction à la masse, qui obéirait à ses suggestions sans même avoir la moindre idée de son existence ni de ses moyens d'action ; la constitution effective de cette élite est-elle encore possible en Occident ?

Nous n'avons pas l'intention de revenir sur tout ce que nous avons eu déjà l'occasion d'exposer ailleurs en ce qui concerne le rôle de l'élite intellectuelle dans les différentes circonstances que l'on peut envisager comme possibles pour un avenir plus ou moins imminent. Nous nous bornerons donc à dire ceci : quelle que soit la façon dont s'accomplit le changement qui constitue ce qu'on peut appeler le passage d'un monde à un autre, qu'il s'agisse d'ailleurs de cycles plus ou moins étendus, ce changement, même s'il a les apparences d'une brusque rupture, n'implique jamais une discontinuité absolue, car il y a un enchaînement causal qui relie tous les cycles entre eux. L'élite dont nous parlons, si elle parvenait à se former pendant qu'il en est temps encore, pourrait préparer le changement de telle façon qu'il se produise dans les conditions les plus favorables, et que le trouble qui l'accompagnera inévitablement soit en quelque sorte réduit au minimum ; mais, même s'il n'en est pas ainsi, elle aura toujours une autre tâche, plus importante encore, celle de contribuer à la conservation de ce qui doit survivre au monde présent et servir à l'édification du monde futur. Il est évident qu'on ne doit pas attendre que la descente soit finie pour préparer la remontée, dès lors qu'on sait que cette remontée aura lieu nécessairement, même si l'on ne peut éviter que la descente aboutisse auparavant à quelque cataclysme ; et ainsi, dans tous les cas, le travail effectué ne sera pas perdu : il ne peut l'être quant aux bénéfices que l'élite en retirera pour elle-même, mais il ne le sera pas non plus quant à ses résultats ultérieurs pour l'ensemble de l'humanité.

Maintenant, voici comment il convient d'envisager les choses : l'élite existe encore dans les civilisations orientales, et, en admettant qu'elle s'y réduise de plus en plus devant l'envahissement moderne, elle subsistera quand même jusqu'au bout, parce qu'il est nécessaire qu'il en soit ainsi pour garder le dépôt de la tradition qui ne saurait périr, et pour assurer la transmission de tout ce qui doit être conservé. En Occident, par contre, l'élite n'existe plus actuellement ; on peut donc se demander si elle s'y reformera avant la fin de notre époque, c'est-à-dire si le monde occidental, malgré sa déviation, aura une part dans cette conservation et cette transmission ; s'il n'en est pas ainsi, la conséquence en sera que sa civilisation devra périr tout entière, parce qu'il n'y aura plus en elle aucun élément utilisable pour l'avenir, parce que toute trace de l'esprit traditionnel en aura disparu. La question, ainsi posée, peut n'avoir qu'une importance très secondaire quant au résultat final ; elle n'en présente pas moins un certain intérêt à un point de vue relatif, que nous devons prendre en considération dès lors que nous consentons à tenir compte des conditions particulières de la période dans laquelle nous vivons. En principe, on pourrait se contenter de faire remarquer que ce monde occidental est, malgré tout, une partie de l'ensemble dont il semble s'être détaché depuis le début des temps modernes, et que, dans l'ultime intégration du cycle, toutes les parties doivent se retrouver d'une certaine façon ; mais cela n'implique pas forcément une restauration préalable de la tradition occidentale, car celle-ci peut être conservée seulement à l'état de possibilité permanente dans sa source même, en dehors de la forme spéciale qu'elle a revêtue à tel moment déterminé. Nous ne donnons d'ailleurs ceci qu'à titre d'indication, car, pour le comprendre pleinement, il faudrait faire intervenir la considération des rapports de la tradition primordiale et des traditions subordonnées, ce que nous ne pouvons songer à faire ici. Ce serait là le cas le plus défavorable pour le monde occidental pris en lui-même, et son état actuel peut faire craindre que ce cas ne soit celui qui se réalise effectivement ; cependant, nous avons dit qu'il y a quelques signes qui permettent de penser que tout espoir d'une meilleure solution n'est pas encore perdu définitivement.

Il existe maintenant, en Occident, un nombre plus grand qu'on ne croit d'hommes qui commencent à prendre conscience de ce qui manque à leur civilisation ; s'ils en sont réduits à des aspirations imprécises et à des recherches trop souvent stériles, si même il leur arrive de s'égarer complètement, c'est parce qu'ils manquent de données réelles auxquelles rien ne peut suppléer, et parce qu'il n'y a aucune organisation qui puisse leur fournir la direction doctrinale nécessaire. Nous ne parlons pas en cela, bien entendu, de ceux qui ont pu trouver cette direction dans les traditions orientales, et qui sont ainsi, intellectuellement, en dehors du monde occidental ; ceux-là, qui ne peuvent d'ailleurs représenter qu'un cas d'exception, ne sauraient aucunement être partie intégrante d'une élite occidentale ; ils sont en réalité un prolongement des élites orientales, qui pourrait devenir un trait d'union entre celles-ci et l'élite occidentale le jour où cette dernière serait arrivée à se constituer ; mais elle ne peut, par définition en quelque sorte, être constituée que par une initiative proprement occidentale, et c'est là que réside toute la difficulté. Cette initiative n'est possible que de deux façons : ou l'Occident en trouvera les moyens en lui-même, par un retour direct à sa propre tradition, retour qui serait comme un réveil spontané de possibilités latentes ; ou certains éléments occidentaux accompliront ce travail de restauration à l'aide d'une certaine connaissance des doctrines orientales, connaissance qui cependant ne pourra être absolument immédiate pour eux, puisqu'ils doivent demeurer occidentaux, mais qui pourra être obtenue par une sorte d'influence au second degré, s'exerçant à travers des intermédiaires tels que ceux auxquels nous faisions allusion tout à l'heure. La première de ces deux hypothèses est fort peu vraisemblable, car elle implique l'existence, en Occident, d'un point au moins où l'esprit traditionnel se serait conservé intégralement, et nous avons dit que, en dépit de certaines affirmations, cette existence nous paraît extrêmement douteuse ; c'est donc la seconde hypothèse qu'il convient d'examiner de plus près.

Dans ce cas, il y aurait avantage, bien que cela ne soit pas d'une nécessité absolue, à ce que l'élite en formation pût prendre un point d'appui dans une organisation occidentale ayant déjà une existence effective ; or il semble bien qu'il n'y ait plus en Occident qu'une seule organisation qui possède un caractère traditionnel, et qui conserve une doctrine susceptible de fournir au travail dont il s'agit une base appropriée : c'est l'Église catholique. Il suffirait de restituer à la doctrine de celle-ci, sans rien changer à la forme religieuse sous laquelle elle se présente au dehors, le sens profond qu'elle a réellement en elle-même, mais dont ses représentants actuels paraissent n'avoir plus conscience, non plus que de son unité essentielle avec les autres formes traditionnelles ; les deux choses, d'ailleurs, sont inséparables l'une de l'autre. Ce serait la réalisation du Catholicisme au vrai sens du mot, qui, étymologiquement, exprime l'idée d'« universalité », ce qu'oublient un peu trop ceux qui voudraient n'en faire que la dénomination exclusive d'une forme spéciale et purement occidentale, sans aucun lien effectif avec les autres traditions ; et l'on peut dire que, dans l'état présent des choses, le Catholicisme n'a qu'une existence virtuelle, puisque nous n'y trouvons pas réellement la conscience de l'universalité ; mais il n'en est pas moins vrai que l'existence d'une organisation qui porte un tel nom est l'indication d'une base possible pour une restauration de l'esprit traditionnel dans son acception complète, et cela d'autant plus que, au moyen âge, elle a déjà servi de support à cet esprit dans le monde occidental. Il ne s'agirait donc, en somme, que d'une reconstitution de ce qui a existé avant la déviation moderne, avec les adaptations nécessaires aux conditions d'une autre époque ; et, si certains s'en étonnent ou protestent contre une semblable idée, c'est qu'ils sont eux-mêmes, à leur insu et peut-être contre leur gré, imbus de l'esprit moderne au point d'avoir complètement perdu le sens d'une tradition dont ils ne gardent que l'écorce. Il importerait de savoir si le formalisme de la « lettre », qui est encore une des variétés du « matérialisme » tel que nous l'avons entendu plus haut, a définitivement étouffé la spiritualité, ou si celle-ci n'est qu'obscurcie passagèrement et peut se réveiller encore dans le sein même de l'organisation existante ; mais c'est seulement la suite des événements qui permettra de s'en rendre compte.

Il se peut, d'ailleurs, que ces événements eux-mêmes imposent tôt ou tard, aux dirigeants de l'Eglise catholique, comme une nécessité inéluctable, ce dont ils ne comprendraient pas directement l'importance au point de vue de l'intellectualité pure ; il serait assurément regrettable qu'il faille, pour leur donner à réfléchir, des circonstances aussi contingentes que celles qui relèvent du domaine politique, considéré en dehors de tout principe supérieur ; mais il faut bien admettre que l'occasion d'un développement de possibilités latentes doit être fournie à chacun par les moyens qui sont le plus immédiatement à la portée de sa compréhension actuelle. C'est pourquoi nous dirons ceci : devant l'aggravation d'un désordre qui se généralise de plus en plus, il y a lieu de faire appel à l'union de toutes les forces spirituelles qui exercent encore une action dans le monde extérieur, en Occident aussi bien qu'en Orient ; et, du côté occidental, nous n'en voyons pas d'autres que l'Eglise catholique. Si celle-ci pouvait entrer par là en contact avec les représentants des traditions orientales, nous n'aurions qu'à nous féliciter de ce premier résultat, qui pourrait être précisément le point de départ de ce que nous avons en vue, car on ne tarderait sans doute pas à s'apercevoir qu'une entente simplement extérieure et « diplomatique » serait illusoire et ne pourrait avoir les conséquences voulues, de sorte qu'il faudrait bien en venir à ce par quoi on aurait dû normalement commencer, c'est-à-dire à envisager l'accord sur les principes, accord dont la condition nécessaire et suffisante serait que les représentants de l'Occident redeviennent vraiment conscients de ces principes, comme le sont toujours ceux de l'Orient. La véritable entente, redisons-le encore une fois, ne peut s'accomplir que par en haut et de l'intérieur, par conséquent dans le domaine que l'on peut appeler indifféremment intellectuel ou spirituel, car, pour nous, ces deux mots ont, au fond, exactement la même signification ; ensuite, et en partant de là, l'entente s'établirait aussi forcément dans tous les autres domaines, de même que, lorsqu'un principe est posé, il n'y a plus qu'à en déduire, ou plutôt à en « expliciter », toutes les conséquences qui s'y trouvent impliquées. Il ne peut y avoir à cela qu'un seul obstacle : c'est le prosélytisme occidental, qui ne peut se résoudre à admettre qu'on doit parfois avoir des « alliés » qui ne soient point des « sujets » ; ou, pour parler plus exactement, c'est le défaut de compréhension dont ce prosélytisme n'est qu'un des effets ; cet obstacle sera-t-il surmonté ? S'il ne l'était pas, l'élite, pour se constituer, n'aurait plus à compter que sur l'effort de ceux qui seraient qualifiés par leur capacité intellectuelle, en dehors de tout milieu défini, et aussi, bien entendu, sur l'appui de l'Orient ; son travail en serait rendu plus difficile et son action ne pourrait s'exercer qu'à plus longue échéance, puisqu'elle aurait à en créer elle-même tous les instruments, au lieu de les trouver tout préparés comme dans l'autre cas ; mais nous ne pensons nullement que ces difficultés, si grandes qu'elles puissent être, soient de nature à empêcher ce qui doit être accompli d'une façon ou d'une autre.

Nous estimons donc opportun de déclarer encore ceci : il y a dès maintenant, dans le monde occidental, des indices certains d'un mouvement qui demeure encore imprécis, mais qui peut et doit même normalement aboutir à la reconstitution d'une élite intellectuelle, à moins qu'un cataclysme ne survienne trop rapidement pour lui permettre de se développer jusqu'au bout. Il est à peine besoin de dire que l'Église aurait tout intérêt, quant à son rôle futur, à devancer en quelque sorte un tel mouvement, plutôt que de le laisser s'accomplir sans elle et d'être contrainte de le suivre tardivement pour maintenir une influence qui menacerait de lui échapper ; il n'est pas nécessaire de se placer à un point de vue très élevé et difficilement accessible pour comprendre que, en somme, c'est elle qui aurait les plus grands avantages à retirer d'une attitude qui, d'ailleurs, bien loin d'exiger de sa part la moindre compromission dans l'ordre doctrinal, aurait au contraire pour résultat de la débarrasser de toute infiltration de l'esprit moderne, et par laquelle, au surplus, rien ne serait modifié extérieurement. Il serait quelque peu paradoxal de voir le Catholicisme intégral se réaliser sans le concours de l'Eglise catholique, qui se trouverait peut-être alors dans la singulière obligation d'accepter d'être défendue, contre des assauts plus terribles que ceux qu'elle a jamais subis, par des hommes que ses dirigeants, ou du moins ceux qu'ils laissent parler en leur nom, auraient d'abord cherché à déconsidérer en jetant sur eux la suspicion la plus mal fondée ; et, pour notre part, nous regretterions qu'il en fût ainsi ; mais, si l'on ne veut pas que les choses en viennent à ce point, il est grand temps, pour ceux à qui leur situation confère les plus graves responsabilités, d'agir en pleine connaissance de cause et de ne plus permettre que des tentatives qui peuvent avoir des conséquences de la plus haute importance risquent de se trouver arrêtées par l'incompréhension ou la malveillance de quelques individualités plus ou moins subalternes, ce qui s'est vu déjà, et ce qui montre encore une fois de plus à quel point le désordre règne partout aujourd'hui. Nous prévoyons bien qu'on ne nous saura nul gré de ces avertissements, que nous donnons en toute indépendance et d'une façon entièrement désintéressée ; peu nous importe, et nous n'en continuerons pas moins, lorsqu'il le faudra, et sous la forme que nous jugerons convenir le mieux aux circonstances, à dire ce qui doit être dit. Ce que nous disons présentement n'est que le résumé des conclusions auxquelles nous avons été conduit par certaines « expériences » toutes récentes, entreprises, cela va sans dire, sur un terrain purement intellectuel ; nous n'avons pas, pour le moment tout au moins, à entrer à ce propos dans des détails qui, du reste, seraient peu intéressants en eux-mêmes ; mais nous pouvons affirmer qu'il n'est pas, dans ce qui précède, un seul mot que nous ayons écrit sans y avoir mûrement réfléchi. Qu'on sache bien qu'il serait parfaitement inutile de chercher à opposer à cela des arguties philosophiques que nous voulons ignorer ; nous parlons sérieusement de choses sérieuses, nous n'avons pas de temps à perdre dans des discussions verbales qui n'ont pour nous aucun intérêt, et nous entendons rester entièrement étranger à toute polémique, à toute querelle d'école ou de parti, de même que nous refusons absolument de nous laisser appliquer une étiquette occidentale quelconque, car il n'en est aucune qui nous convienne ; que cela plaise ou déplaise à certains, c'est ainsi, et rien ne saurait nous faire changer d'attitude à cet égard. Nous devons maintenant faire entendre aussi un avertissement à ceux qui, par leur aptitude à une compréhension supérieure, sinon par le degré de connaissance qu'ils ont effectivement atteint, semblent destinés à devenir des éléments de l'élite possible. Il n'est pas douteux que l'esprit moderne, qui est véritablement « diabolique » dans tous les sens de ce mot, s'efforce par tous les moyens d'empêcher que ces éléments, aujourd'hui isolés et dispersés, parviennent à acquérir la cohésion nécessaire pour exercer une action réelle sur la mentalité générale ; c'est donc à ceux qui ont déjà, plus ou moins complètement, pris conscience du but vers lequel doivent tendre leurs efforts, de ne pas s'en laisser détourner par les difficultés, quelles qu'elles soient, qui se dresseront devant eux. Pour ceux qui n'en sont pas encore arrivés au point à partir duquel une direction infaillible ne permet plus de s'écarter de la vraie voie, les déviations les plus graves sont toujours à redouter ; la plus grande prudence est donc nécessaire, et nous dirions même volontiers qu'elle doit être poussée jusqu'à la méfiance, car l'« adversaire », qui jusqu'à ce point n'est pas définitivement vaincu, sait prendre les formes les plus diverses et parfois les plus inattendues. Il arrive que ceux qui croient avoir échappé au « matérialisme » moderne sont repris par des choses qui, tout en paraissant s'y opposer, sont en réalité du même ordre ; et, étant donné la tournure d'esprit des Occidentaux, il convient, à cet égard, de les mettre plus particulièrement en garde contre l'attrait que peuvent exercer sur eux les « phénomènes » plus ou moins extraordinaires ; c'est de là que proviennent en grande partie toutes les erreurs « néo-spiritualistes », et il est à prévoir que ce danger s'aggravera encore, car les forces obscures qui entretiennent le désordre actuel trouvent là un de leurs plus puissants moyens d'action. Il est même probable que nous ne sommes plus très loin de l'époque à laquelle se rapporte cette prédiction évangélique que nous avons déjà rappelée ailleurs : « Il s'élèvera de faux Christs et de faux prophètes, qui feront de grands prodiges et des choses étonnantes, jusqu'à séduire, s'il était possible, les élus eux-mêmes. » Les « élus », ce sont, comme le mot l'indique, ceux qui font partie de l'« élite » entendue dans la plénitude de son véritable sens, et d'ailleurs, disons-le à cette occasion, c'est pourquoi nous tenons à ce terme d'« élite » en dépit de l'abus qui en est fait dans le monde « profane » ; ceux-là, par la vertu de la « réalisation » intérieure à laquelle ils sont parvenus, ne peuvent plus être séduits, mais il n'en est pas de même de ceux qui, n'ayant encore en eux que des possibilités de connaissance, ne sont proprement que des « appelés » ; et c'est pourquoi l'Évangile dit qu'il y a « beaucoup d'appelés, mais peu d'élus ». Nous entrons dans un temps où il deviendra particulièrement difficile de « distinguer l'ivraie du bon grain », d'effectuer réellement ce que les théologiens nomment le « discernement des esprits », en raison des manifestations désordonnées qui ne feront que s'intensifier et se multiplier, et aussi en raison du défaut de véritable connaissance chez ceux dont la fonction normale devrait être de guider les autres, et qui aujourd'hui ne sont trop souvent que des « guides aveugles ». On verra alors si, dans de pareilles circonstances, les subtilités dialectiques sont de quelque utilité, et si c'est une « philosophie », fût-elle la meilleure possible, qui suffira à arrêter le déchaînement des « puissances infernales » ; c'est là encore une illusion contre laquelle certains ont à se défendre, car il est trop de gens qui, ignorant ce qu'est l'intellectualité pure, s'imaginent qu'une connaissance simplement philosophique, qui, même dans le cas le plus favorable, est à peine une ombre de la vraie connaissance, est capable de remédier à tout et d'opérer le redressement de la mentalité contemporaine, comme il en est aussi qui croient trouver dans la science moderne elle-même un moyen de s'élever à des vérités supérieures, alors que cette science n'est fondée précisément que sur la négation de ces vérités. Toutes ces illusions sont autant de causes d'égarement ; bien des efforts sont par là dépensés en pure perte, et c'est ainsi que beaucoup de ceux qui voudraient sincèrement réagir contre l'esprit moderne sont réduits à l'impuissance, parce que, n'ayant pas su trouver les principes essentiels sans lesquels toute action est absolument vaine, ils se sont laissés entraîner dans des impasses dont il ne leur est plus possible de sortir.

Ceux qui arriveront à vaincre tous ces obstacles, et à triompher de l'hostilité d'un milieu opposé à toute spiritualité, seront sans doute peu nombreux ; mais, encore une fois, ce n'est pas le nombre qui importe, car nous sommes ici dans un domaine dont les lois sont tout autres que celles de la matière. Il n'y a donc pas lieu de désespérer ; et, n'y eût-il même aucun espoir d'aboutir à un résultat sensible avant que le monde moderne ne sombre dans quelque catastrophe, ce ne serait pas encore une raison valable pour ne pas entreprendre une œuvre dont la portée réelle s'étend bien au delà de l'époque actuelle. Ceux qui seraient tentés de céder au découragement doivent penser que rien de ce qui est accompli dans cet ordre ne peut jamais être perdu, que le désordre, l'erreur et l'obscurité ne peuvent l'emporter qu'en apparence et d'une façon toute momentanée, que tous les déséquilibres partiels et transitoires doivent nécessairement concourir au grand équilibre total, et que rien ne saurait prévaloir finalement contre la puissance de la vérité ; leur devise doit être celle qu'avaient adoptée autrefois certaines organisations initiatiques de l'Occident : *Vincit omnia Veritas.*

PAUL VALERY : REGARDS SUR LE MONDE ACTUEL

1931

AVANT-PROPOS

Ce petit recueil se dédie de préférence aux personnes qui n'ont point de système et sont absentes des partis ; qui par là sont libres encore de douter de ce qui est douteux et de ne point rejeter ce qui ne l'est pas.

D'ailleurs, ce ne sont ici que des études de circonstance. Il en est de 1895, il en est d'hier, il en est d'aujourd'hui. Elles ont ce caractère commun d'être des essais, au sens le plus véritable de ce terme. On n'y trouvera que le dessein de préciser quelques idées qu'il faudrait bien nommer *politiques*, si ce beau mot de politique, très séduisant et excitant pour l'esprit, n'éveillait de grands scrupules et de grandes répugnances dans l'esprit de l'auteur. Il n'a voulu que se rendre un peu plus nettes les notions qu'il avait reçues de tout le monde, ou qu'il s'était formées comme tout le monde, et qui servent à tout le monde à penser aux groupes humains, à leurs relations réciproques et à leurs gênes mutuelles.

Essayer de préciser en ces matières n'est assurément pas le fait des hommes qui s'y entendent ou qui s'en mêlent : il s'agit donc d'un amateur.

Je ne sais pourquoi les entreprises du Japon contre la Chine et des États-Unis contre l'Espagne, qui se suivirent d'assez près, me firent, dans leur temps, une impression particulière. Ce ne furent que des conflits très restreints où ne s'engagèrent que des forces de médiocre importance ; et je n'avais, quant à moi, nul motif de m'intéresser à ces choses lointaines, auxquelles rien dans mes occupations ni dans mes soucis ordinaires ne me disposait à être sensible. Je ressentis toutefois ces événements distincts non comme des accidents ou des phénomènes limités, mais comme des symptômes ou des prémisses, comme des faits significatifs dont la signification passait de beaucoup l'importance intrinsèque et la portée apparente. L'un était le premier acte de puissance d'une nation asiatique réformée et équipée à l'européenne ; l'autre, le premier acte de puissance d'une nation déduite et comme développée de l'Europe, contre une nation européenne.

~

Un choc qui nous atteint dans une direction imprévue nous donne brusquement une sensation nouvelle de l'existence de notre corps en tant qu'inconnu ; nous ne savions pas tout ce que nous étions, et il arrive que cette sensation brutale nous rende elle-même sensibles, par un effet secondaire, à une grandeur et à une figure inattendues de notre domaine vivant. Ce coup indirect en Extrême-Orient, et ce coup direct dans les Antilles me firent donc percevoir confusément l'existence de quelque chose qui pouvait être atteinte et inquiétée par de tels événements. Je me trouvai « sensibilisé » à des conjonctures qui affectaient une sorte d'idée virtuelle de l'Europe que j'ignorais jusqu'alors porter en moi.

Je n'avais jamais songé qu'il existât véritablement une Europe. Ce nom ne m'était qu'une expression géographique. Nous ne pensons que par hasard aux circonstances permanentes de notre vie ; nous ne les percevons qu'au moment qu'elles s'altèrent tout à coup. J'aurai l'occasion de montrer tout à l'heure à quel point notre inconscience à l'égard des conditions les plus simples et les plus constantes de notre existence et de nos jugements rend notre conception de l'histoire si grossière, notre politique si vaine, et parfois si naïve dans ses calculs. Elle conduit les plus grands hommes à concevoir des desseins qu'ils évaluent par imitation et par rapport à des conventions dont ils ne voient pas l'insuffisance.

J'avais en ce temps-là le loisir de m'engager dans les lacunes de mon esprit. Je me pris à essayer de développer mon sentiment ou mon idée infuse de l'Europe. Je rappelai à moi le peu que je savais. Je me fis des questions, je rouvris, j'entr'ouvris des livres. Je croyais qu'il fallait étudier l'histoire, et même l'approfondir, pour se faire une idée juste du jour même. Je savais que toutes les têtes occupées du lendemain des peuples en étaient nourries. Mais quant à moi je n'y trouvai qu'un *horrible mélange.* Sous le nom d'histoire de l'Europe, je ne voyais qu'une collection de chroniques parallèles qui s'entremêlaient par endroits. Aucune méthode ne semblait avoir précédé le choix des « faits », décidé de leur importance, déterminé nettement l'objet poursuivi. Je remarquai un nombre incroyable d'hypothèses implicites et d'entités mal définies.

L'histoire, ayant pour matière *la quantité des événements ou des états qui dans le passé ont pu tomber sous le sens de quelque témoin,* la sélection, la classification, l'expression des faits qui nous sont conservés ne nous sont pas imposées par la nature des choses ; elles devraient résulter d'une analyse et de décisions explicites ; elles sont pratiquement toujours abandonnées à des habitudes et à des manières traditionnelles de penser ou de parler dont nous ne soupçonnons pas le caractère accidentel ou arbitraire. Cependant nous savons que dans toutes les branches de la connaissance, un progrès décisif se déclare au moment que des notions spéciales, tirées de la considération précise des objets mêmes du savoir, et faites exactement pour relier directement l'observation à l'opération de la pensée et celle-ci à nos pouvoirs d'action, se substituent au langage ordinaire, moyen de première approximation que nous fournissent l'éducation et l'usage. Ce moment capital des définitions et des conventions nettes et spéciales qui viennent remplacer les significations d'origine confuse et statistique n'est pas arrivé pour l'histoire.

En somme, ces livres où je cherchais ce qu'il me fallait pour apprécier l'effet singulier que me produisaient quelques nouvelles, ne m'offraient qu'un désordre d'images, de symboles et de thèses dont je pouvais déduire ce que je voulais, mais non ce qu'il me fallait. Me résumant mes impressions, je me disais qu'une partie des œuvres historiques s'applique et se réduit à nous colorer quelques scènes, étant convenu que ces images *doivent* se placer dans le « passé » . Cette convention a de tout temps engendré de très beaux livres ; et parmi ces livres, il n'y a pas lieu de distinguer (puisqu'il ne s'agit que du plaisir ou de l'excitation qu'ils procurent) entre ceux de témoins véritables et ceux de témoins imaginaires. Ces ouvrages sont parfois d'une *vérité* irrésistible ; ils sont pareils à ces portraits dont les modèles sont poussière depuis les siècles, et qui nous font toutefois crier à la ressemblance. Rien, dans leurs effets instantanés sur le lecteur, ne permet de distinguer, sous le rapport de l'authenticité, entre les peintures de Tacite, de Michelet, de Shakespeare, de Saint-Simon ou de Balzac. On peut à volonté les considérer tous comme *inventeurs,* ou bien tous comme *reporteurs.* Les prestiges de l'art d'écrire nous transportent fictivement dans les époques qui leur plaisent. C'est pourquoi, entre le pur conte et le livre d'histoire pure, tous les *titrages,* tous les degrés existent : romans historiques, biographies romanesques, etc. On sait d'ailleurs que dans l'histoire même, parfois paraît le surnaturel. La personnalité du lecteur est alors directement mise en cause ; car c'est lui dont le sentiment admettra ou rejettera certains faits, décidera ce qui est histoire et ce qui ne l'est point.

Une autre catégorie d'historiens construisent des traités si bien raisonnés, si sagaces, si riches en jugements profonds sur l'homme et sur l'évolution des affaires que nous ne pouvons penser que les choses se soient engagées et développées différemment.

De tels travaux sont des merveilles de l'esprit. Il en est que rien ne passe dans la littérature et dans la philosophie ; mais il faut prendre garde que les affections et les couleurs dont les premiers nous séduisent et nous amusent, la causalité admirable dont les seconds nous persuadent, dépendent essentiellement des talents de l'écrivain et de la résistance critique du lecteur.

Il n'y aurait qu'à jouir de ces beaux fruits de l'art historique et nulle objection ne s'élèverait contre leur usage, si la politique n'en était tout influencée. Le passé, plus ou moins fantastique, ou plus ou moins organisé après coup, agit sur le futur avec une puissance comparable à celle du présent même. Les sentiments et les ambitions s'excitent de souvenirs de lectures, de souvenirs de souvenirs, bien plus qu'ils ne résultent de perceptions et de données actuelles. Le caractère réel de l'histoire est de prendre part à l'histoire même. L'idée du passé ne prend un sens et ne constitue une valeur que pour l'homme qui se trouve en soi-même une passion de l'avenir. L'avenir, par définition, n'a point d'image. L'histoire lui donne les moyens d'être pensé. Elle forme pour l'imagination une table de situations et de catastrophes, une galerie d'ancêtres, un formulaire d'actes, d'expressions, d'attitudes, de décisions offerts à notre instabilité et à notre incertitude, pour nous aider *à devenir*. Quand un homme ou une assemblée, saisis de circonstances pressantes ou embarrassantes, se trouvent contraints d'agir, leur délibération considère bien moins l'état même des choses *en tant qu'il ne s'est jamais présenté jusque-là*, qu'elle ne consulte ses souvenirs imaginaires. Obéissant à une sorte de loi de moindre action, répugnant à créer, à répondre par l'invention à l'originalité de la situation, la pensée hésitante tend à se rapprocher de l'automatisme ; elle sollicite les précédents et se livre à l'esprit historique qui l'induit à se *souvenir d'abord*, même quand il s'agit de disposer pour un cas tout à fait nouveau. L'histoire alimente l'histoire.

Il est probable que Louis XVI n'eût pas péri sur l'échafaud sans l'exemple de Charles Ier, et que Bonaparte, s'il n'eût médité le changement de la République romaine en un empire fondé sur le pouvoir militaire, ne se fût point fait empereur. Il était un amateur passionné de lectures historiques ; il a rêvé toute sa vie d'Annibal, de César, d'Alexandre et de Frédéric ; et cet homme fait pour créer, qui s'est trouvé en possession de reconstruire une Europe politique que l'état des esprits après trois siècles de découvertes, et au sortir du bouleversement révolutionnaire, pouvait permettre d'organiser, s'est perdu dans les perspectives du passé et dans des mirages de grandeurs mortes. Il a décliné dès qu'il a cessé de dérouter. Il s'est ruiné pour s'être rendu semblable à ses adversaires, pour avoir adoré leurs idoles, imité de toute sa force ce qui faisait leur faiblesse, et substitué à sa vision propre et directe des choses l'illusion du décor de la politique historique.

Bismarck, au Congrès de Berlin, dominé par cet esprit historique qu'il prend pour esprit réaliste, ne veut considérer que l'Europe, se désintéresse de l'Afrique, n'use de son génie, de son prestige qui le faisait maître de l'instant, que pour engager les puissances dans des intérêts coloniaux qui les opposassent et les maintinssent rivales, jalousement divisées, sans prévoir que l'heure était toute proche où l'Allemagne devrait convoiter ardemment ce qu'elle avait excité les autres nations à se partager, et les assemblerait par là contre elle-même, trop tard venue. Il a bien pensé au lendemain, mais point à un lendemain qui ne se fût jamais présenté.

A cette exagération du rôle des souvenirs d'autrui, plus ou moins exacts, plus ou moins significatifs, correspond et s'accorde une absence ou une insuffisance de méthode dans le choix, la classification, la détermination des valeurs des choses enregistrées. En particulier, l'histoire semble ne tenir aucun compte de l'échelle des phénomènes qu'elle représente. Elle omet de signaler les relations qui doivent nécessairement exister entre la figure et la grandeur des événements ou des situations qu'elle rapporte ; les nombres et les grandeurs sont toutefois des éléments essentiels de description. Elle ne s'inquiète pas des problèmes de *similitude*. C'est là une des causes qui font si fallacieux l'usage politique de l'histoire. Ce qui était possible dans l'étendue d'une cité antique ne l'est plus dans les dimensions d'une grande nation ; ce qui était vrai dans l'Europe de 1870 ne l'est plus quand les intérêts et les liaisons s'élargissent à toute la terre. Les notions mêmes dont nous nous servons pour penser aux objets politiques et pour en discourir, et qui sont demeurées invariables malgré le changement prodigieux de l'ordre de grandeur et du nombre des relations, sont insensiblement devenues trompeuses ou incommodes. Le mot *peuple*, par exemple, avait un sens précis quand on pouvait rassembler *tous* les citoyens d'une cité autour d'un tertre, dans un Champ de Mars. Mais l'accroissement du nombre, le passage de l'ordre des mille à celui des millions, a fait de ce mot un terme monstrueux dont le sens dépend de la phrase où il entre ; il désigne tantôt la totalité indistincte et jamais présente nulle part ; tantôt, le plus grand nombre, opposé au nombre restreint des individus plus fortunés ou plus cultivés...

Les mêmes observations s'appliquent aux durées. Rien de plus aisé que de relever dans les livres d'histoire l'absence de phénomènes considérables que la lenteur de leur production rend imperceptibles. Ils échappent à l'historien, car aucun document ne les mentionne expressément. Ils ne pourraient être perçus et relevés que par un système préétabli de questions et de définitions préalables qui n'a jamais été conçu jusqu'ici. Un événement qui se dessine en un siècle ne figure dans aucun diplôme, dans aucun recueil de mémoires. Tel, le rôle immense et singulier de la ville de Paris dans la vie de la France à partir de la Révolution. Telle, la découverte de l'électricité et la conquête de la terre par ses applications. Ces événements sans pareils dans l'histoire humaine n'y paraissent, quand ils y paraissent, que moins accusés que telle affaire plus *scénique*, et surtout plus conforme à ce que l'histoire traditionnelle a coutume de rapporter. L'électricité, du temps de Napoléon, avait à peu près l'importance que l'on pouvait donner au christianisme du temps de Tibère. Il devient peu à peu évident que cette innervation générale du monde est plus grosse de conséquences, plus capable de modifier la vie prochaine que tous les événements « politiques » survenus depuis Ampère jusqu'à nous.

On voit par ces remarques à quel point notre pensée historique est dominée par des traditions et des conventions inconscientes, combien peu elle a été influencée par le travail général de révision et de réorganisation qui s'est produit dans tous les domaines du savoir dans les temps modernes. Sans doute la critique historique a-t-elle fait de grands progrès ; mais son rôle se borne en général à discuter des faits et à établir leur probabilité ; elle ne s'inquiète pas de leur qualité. Elle les reçoit et les exprime à son tour en termes traditionnels, qui impliquent eux-mêmes toute une formation historique de concepts, par quoi s'introduit dans l'histoire le désordre initial qui résulte d'une infinité de points de vue ou d'observateurs. Tout chapitre d'histoire contient un nombre quelconque de données subjectives et de « constantes arbitraires ». Il en résulte que le problème de l'historien demeure indéterminé dès qu'il ne se borne plus à établir ou à contester l'existence d'un fait qui eût pu tomber sous les sens de quelque témoin. La notion d'événement, qui est fondamentale, ne semble pas avoir été reprise et repensée comme il conviendrait, et c'est ce qui explique que des relations de première importance n'ont jamais été signalées, ou n'ont pas été mises en valeur, comme je le montrerai tout à l'heure. Tandis que dans les sciences de la nature, les recherches multipliées depuis trois siècles nous ont refait une manière de voir, et substitué à la vision et à la classification naïve de leurs objets, des systèmes de notions spécialement élaborées, nous en sommes demeurés dans l'ordre historico-politique à l'état de considération passive et d'observation désordonnée. Le même individu qui peut penser physique ou biologie avec des instruments de pensée comparables à des instruments de précision, pense politique au moyen de termes impurs, de notions variables, de métaphores illusoires. L'image du monde telle qu'elle se forme et agit dans les têtes politiques des divers genres et des différents degrés est fort loin d'être une représentation satisfaisante et méthodique du moment.

Désespérant de l'histoire, je me mis à songer à l'étrange condition où nous sommes presque tous, simples particuliers de bonne foi et de bonne volonté, qui nous trouvons engagés dès la naissance dans un drame politico-historique inextricable. Nul d'entre nous ne peut intégrer, reconstituer la nécessité de l'univers politique où il se trouve, au moyen de ce qu'il peut observer dans sa sphère d'expérience. Les plus instruits, les mieux placés peuvent même se dire, en évoquant ce qu'ils savent, en le comparant à ce qu'ils voient, que ce savoir ne fait qu'obscurcir le problème politique immédiat qui consiste après tout *dans la détermination des rapports d'un homme avec la masse des hommes qu'il ne connaît pas*. Quelqu'un de sincère avec soi-même et qui répugne à spéculer sur des objets qui ne se raccordent pas rationnellement à sa propre expérience, à peine ouvre-t-il son journal, le voici qui pénètre dans un monde métaphysique désordonné. Ce qu'il lit, ce qu'il entend excède étrangement ce qu'il constate ou pourrait constater. S'il se résume son impression : *Point de politique sans mythes*, pense-t-il...

Ayant donc fermé tous ces livres écrits en un langage dont les conventions étaient visiblement incertaines pour ceux-là mêmes qui l'employaient, j'ouvris un atlas et feuilletai distraitement cet album des figures du monde. Je regardai et je songeai. J'ai songé tout d'abord au degré de précision des cartes que j'avais sous les yeux. Je trouvais là un exemple simple de ce qu'on nommait le progrès, il y a soixante ans. Un portulan de jadis, une carte du XVIIe siècle, une moderne, marquent nettement des étapes, me dis-je...

L'œil de l'enfant s'ouvre d'abord dans un chaos de lumières et d'ombres, tourne et s'oriente à chaque instant dans un groupe d'inégalités lumineuses ; et il n'y a rien de commun encore entre ces régions de lueurs et les autres sensations de son corps. Mais les petits mouvements de ce corps lui imposent d'autre part un tout autre désordre d'impressions : il touche, il tire, il presse ; et son être, peu à peu, se dégrossit le sentiment total de sa propre forme. Par moments distincts et progressifs s'organise cette connaissance ; l'édifice de relations et de prévisions se dégage des contrastes et des séquences. L'œil, et le tact, et les actes se coordonnent en une table à plusieurs entrées, qui est le monde sensible, et il arrive enfin — *événement* capital ! — qu'un certain système de correspondances soit nécessaire et suffisant pour ajuster uniformément toutes les sensations colorées à toutes les sensations de la peau et des muscles. Cependant les *forces* de l'enfant s'accroissent, et le réel se construit comme une figure d'équilibre en laquelle la diversité des impressions et les conséquences des mouvements se composent.

L'espèce humaine s'est comportée comme cet être vivant le fait quand il s'anime et se développe dans un milieu dont il explore peu à peu et assemble par tâtonnements et raccords successifs les propriétés et l'étendue. L'espèce a reconnu lentement et irrégulièrement la figure superficielle de la terre ; visité et représenté de plus en plus près ses parties ; soupçonné et vérifié sa convexité fermée ; trouvé et résumé les lois de son mouvement ; découvert, évalué, exploité les ressources et les réserves utilisables de la mince couche dans laquelle toute vie est contenue...

Accroissement de netteté et de précision, accroissement de puissance, voilà les faits essentiels de l'histoire des temps modernes ; et que je trouve essentiels, parce qu'ils tendent à modifier l'homme même, et que la modification de la vie dans ses modes de conservation, de diffusion et de relation me paraît être le critérium de l'importance des faits à retenir et à méditer. Cette considération transforme les jugements sur l'histoire et sur la politique, y fait apparaître des disproportions et des lacunes, des présences et des absences arbitraires.

∼

A ce point de mes réflexions, il m'apparut que toute l'aventure de l'homme jusqu'à nous devait se diviser en deux phases bien différentes : la première, comparable à la période de ces tâtonnements désordonnés, de ces pointes et de ces reculs dans un milieu informe, de ces éblouissements et de ces impulsions dans l'illimité, qui est l'histoire de l'enfant dans le chaos de ses premières expériences. Mais un certain ordre s'installe ; une ère nouvelle commence. Les actions en milieu fini, bien déterminé, nettement délimité, richement et puissamment relié, n'ont plus les mêmes caractères ni les mêmes conséquences qu'elles avaient dans un monde informe et indéfini.

∼

Observons toutefois que ces périodes ne peuvent se distinguer nettement dans les faits. Une fraction du genre humain vit déjà dans les conditions de la seconde, cependant que le reste se meut encore dans la première. Cette inégalité engendre une partie notable des complications actuelles.

∼

Considérant alors l'ensemble de mon époque, et tenant compte des remarques précédentes, je m'efforçai de ne percevoir que les circonstances les plus simples et les plus générales, qui fussent en même temps des circonstances nouvelles.

Je constatai presque aussitôt un événement considérable, un fait de première grandeur, que sa grandeur même, son évidence, sa nouveauté, ou plutôt sa singularité essentielle avaient rendu imperceptible à nous autres ses contemporains.

Toute la terre habitable a été de nos jours reconnue, relevée, partagée entre des nations. L'ère des terrains vagues, des territoires libres, des lieux qui ne sont à personne, donc l'ère de libre expansion, est close. Plus de roc qui ne porte un drapeau ; plus de vides sur la carte ; plus de région hors des douanes et hors des lois ; plus une tribu dont les affaires n'engendrent quelque dossier et ne dépendent, par les maléfices de l'écriture, de divers humanistes lointains dans leurs bureaux. *Le temps du monde fini commence.* Le recensement général des ressources, la statistique de la main-d'œuvre, le développement des organes de relation se poursuit. Quoi de plus remarquable et de plus important que cet inventaire, cette distribution et cet enchaînement des parties du globe ? Leurs effets sont déjà immenses. Une solidarité toute nouvelle, excessive et instantanée, entre les régions et les événements est la conséquence déjà très sensible de ce grand fait. Nous devons désormais rapporter tous les phénomènes politiques à cette condition universelle récente ; chacun d'eux représentant une obéissance ou une résistance aux effets de ce bornage définitif et de cette dépendance de plus en plus étroite des agissements humains. Les habitudes, les ambitions, les affections contractées au cours de l'histoire antérieure ne cessent point d'exister. — mais insensiblement transportées dans un milieu de structure très différente, elles y perdent leur sens et deviennent causes d'efforts infructueux et d'erreurs.

~

La reconnaissance totale du champ de la vie humaine étant accomplie, il arrive qu'à cette période de prospection succède une période de relation. Les parties d'un monde fini et connu se relient nécessairement entre elles de plus en plus.

Or, toute politique jusqu'ici spéculait sur l'*isolement des événements*. L'histoire était faite d'événements qui se pouvaient *localiser*. Chaque perturbation produite en un point du globe se développait comme dans un milieu illimité ; ses effets étaient nuls à distance suffisamment grande ; tout se passait à Tokio comme si Berlin fût à l'infini. Il était donc possible, il était même raisonnable de prévoir, de calculer et d'entreprendre. Il y avait place dans le monde pour une ou plusieurs grandes politiques bien dessinées et bien suivies.

Ce temps touche à sa fin. Toute action désormais fait retentir une quantité d'intérêts imprévus de toutes parts, elle engendre un train d'événements immédiats, un désordre de résonnances dans une enceinte fermée. Les *effets des effets*, qui étaient autrefois insensibles ou négligeables relativement à la durée d'une vie humaine, et à l'aire d'action d'un pouvoir humain, se font sentir presque instantanément à toute distance, reviennent aussitôt vers leurs causes, ne s'amortissent que dans l'imprévu. L'attente du calculateur est toujours trompée, et l'est en quelques mois ou en peu d'années.

En quelques semaines, des circonstances très éloignées changent l'ami en ennemi, l'ennemi en allié, la victoire en défaite. Aucun raisonnement économique n'est possible. Les plus experts se trompent ; le paradoxe règne.

Il n'est de prudence, de sagesse ni de génie que cette complexité ne mette rapidement en défaut, car il n'est plus de durée, de continuité ni de causalité reconnaissable dans cet univers de relations et de contacts multipliés. Prudence, sagesse, génie ne sont jamais identifiés que par une certaine suite d'heureux succès ; dès que l'accident et le désordre dominent, le jeu savant ou inspiré devient indiscernable d'un jeu de hasard ; les plus beaux dons s'y perdent.

Par là, la nouvelle politique est à l'ancienne ce que les brefs calculs d'un agioteur, les mouvements nerveux de la spéculation dans l'enceinte du marché, ses oscillations brusques, ses retournements ses profits et ses pertes instables sont à l'antique économie du père de famille, à l'attentive et lente agrégation des patrimoines... Les desseins longuement suivis, les profondes pensées d'un Machiavel ou d'un Richelieu auraient aujourd'hui la consistance et la valeur d'un « tuyau de Bourse ».

∼

Ce monde limité et dont le nombre des connexions qui en rattachent les parties ne cesse de croître, est aussi un monde qui s'équipe de plus en plus. L'Europe a fondé la science. La science a transformé la vie et multiplié la puissance de ceux qui la possédaient. Mais par sa nature même, elle est essentiellement transmissible ; elle se résout nécessairement en méthodes et en recettes universelles. Les moyens qu'elle donne aux uns, tous les autres les peuvent acquérir.

Ce n'est pas tout. Ces moyens accroissent la production, et non seulement en quantité. Aux objets traditionnels du commerce viennent s'adjoindre une foule d'objets nouveaux dont le désir et le besoin se créent par contagion ou imitation. On arrive bientôt à exiger de peuples moins avancés qu'ils acquièrent ce qu'il leur faut de connaissances pour devenir amateurs et acheteurs de ces nouveautés. Parmi elles, les armes les plus récentes. L'usage qu'on en fait contre eux les contraint d'ailleurs à s'en procurer. Ils n'y trouvent aucune peine ; on se bat pour leur en fournir ; on se dispute l'avantage de leur prêter l'argent dont ils les paieront.

Ainsi l'inégalité artificielle de forces sur laquelle se fondait depuis trois siècles la prédominance européenne tend à s'évanouir rapidement. L'inégalité fondée sur les caractères statistiques bruts tend à reparaître.

L'Asie est environ quatre fois plus vaste que l'Europe. La superficie du continent américain est légèrement inférieure à celle de l'Asie. La population de la Chine est à soi seule au moins égale à celle de l'Europe ; celle du Japon supérieure à celle de l'Allemagne.

Or, la politique européenne *locale*, dominant et rendant absurde la politique européenne *universalisée*, a conduit les Européens concurrents à exporter les procédés et les engins qui faisaient de l'Europe la suzeraine du monde. Les Européens se sont disputé le profit de déniaiser, d'instruire et d'armer des peuples immenses, immobilisés dans leurs tradition, et qui ne demandaient qu'à demeurer dans leur état.

De même que la diffusion de la culture dans un peuple y rend peu à peu impossible la conservation des castes, et de même que les possibilités d'enrichissement rapide de toute personne par le commerce et l'industrie ont rendu illusoire et caduque toute hiérarchie sociale stable, — ainsi en sera-t-il de l'inégalité fondée sur le pouvoir technique.

Il n'y aura rien eu de plus sot dans toute l'histoire que la concurrence européenne en matière politique et économique, comparée, combinée et confrontée avec l'unité et l'alliance européenne en matière scientifique.

Pendant que les efforts des meilleures têtes de l'Europe constituaient un capital immense de savoir utilisable, la tradition naïve de la politique historique de convoitise et d'arrière-pensées se poursuivait, et cet esprit de *Petits-Européens* livrait, par une sorte de trahison, à ceux mêmes qu'on entendait dominer, les méthodes et les instruments de puissance. La lutte pour des concessions ou pour des emprunts, pour introduire des machines ou des praticiens, pour créer des écoles ou des arsenaux, — lutte qui n'est autre chose que le transport à longue distance des dissensions occidentales, — entraîne fatalement le retour de l'Europe au rang secondaire que lui assignent ses dimensions, et duquel les travaux et les échanges internes de son esprit l'avaient tirée. L'Europe n'aura pas eu la politique de sa pensée.

Il est inutile de se représenter des événements violents, de gigantesques guerres, des interventions à la Témoudjine, comme conséquences de cette conduite puérile et désordonnée. Il suffit d'imaginer le pire. Considérez un peu ce qu'il adviendra de l'Europe quand il existera par ses soins en Asie, deux douzaines de Creusot ou d'Essen, de Manchester ou de Roubaix, quand l'acier, la soie, le papier, les produits chimiques, les étoffes, la céramique et le reste y seront produits en quantités écrasantes, à des prix invincibles, par une population qui est la plus sobre et la plus nombreuse du monde, favorisée dans son accroissement par l'introduction des pratiques de l'hygiène.

Telles furent mes réflexions très simples devant mon atlas, quand les deux conflits dont j'ai parlé, et d'autre part, l'occasion de la petite étude que j'ai dû faire à cette époque sur le développement méthodique de l'Allemagne, m'eurent induit à ces questions.

Les grandes choses survenues depuis lors ne m'ont pas contraint de modifier ces idées élémentaires qui ne dépendaient que de constatations bien faciles et presque purement quantitatives. *La Crise de l'Esprit* que j'ai écrite au lendemain de la paix, ne contient que le développement de ces pensées qui m'étaient venues plus de vingt ans auparavant. Le résultat immédiat de la grande guerre fut ce qu'il devait être : il n'a fait qu'accuser et précipiter le mouvement de décadence de l'Europe. Toutes ses plus grandes nations affaiblies simultanément ; les contradictions internes de leurs principes devenues éclatantes ; le recours désespéré des deux partis aux non-Européens, comparable au recours à l'étranger qui s'observe dans les guerres civiles ; la destruction réciproque du prestige des nations occidentales par la lutte des propagandes, et je ne parle point de la diffusion accélérée des méthodes et des moyens militaires, ni de l'extermination des élites, — telles ont été les conséquences, quant à la condition de l'Europe dans le monde, de cette crise longuement préparée par une quantité d'illusions, et qui laisse après elle tant de problèmes, d'énigmes et de craintes, une situation plus incertaine, les esprits plus troublés, un avenir plus ténébreux qu'ils ne l'étaient en 1913. Il existait alors en Europe un équilibre de forces ; mais la paix d'aujourd'hui ne fait songer qu'a une sorte d'équilibre de faiblesses, nécessairement plus instable.

NOTES SUR LA GRANDEUR ET LA DÉCADENCE DE L'EUROPE

Dans les temps modernes, pas une puissance, pas un empire en Europe n'a pu demeurer au plus haut, commander au large autour de soi, ni même garder ses conquêtes pendant plus de cinquante ans. Les plus grands hommes y ont échoué ; même les plus heureux ont conduit leurs nations à la ruine. CharlesQuint, Louis XIV, Napoléon, Metternich, Bismarck, durée moyenne : quarante ans. Point d'exception.

L'Europe avait en soi de quoi se soumettre, et régir, et ordonner à des fins européennes le reste du monde. Elle avait des moyens invincibles et les hommes qui les avaient créés. Fort au-dessous de ceux-ci étaient ceux qui disposaient d'elle. Ils étaient nourris du passé : ils n'ont su faire que du passé. L'occasion aussi est passée. Son histoire et ses traditions politiques ; ses querelles de villages, de clochers et de boutiques ; ses jalousies et rancunes de voisins ; et en somme le manque de vues, le petit esprit hérité de l'époque où elle était aussi ignorante et non plus puissante que les autres régions du globe, ont fait perdre à l'Europe cette immense occasion dont elle ne s'est même pas douté en temps utile qu'elle existât. Napoléon semble être le seul qui ait pressenti ce qui devait se produire et ce qui pourrait s'entreprendre. Il a pensé à l'échelle du monde actuel, n'a pas été compris, et l'a dit. Mais il venait trop tôt ; les temps n'étaient pas mûrs ; ses moyens étaient loin des nôtres. On s'est remis après lui à considérer les hectares du voisin et à raisonner sur l'instant.

Les misérables Européens ont mieux aimé jouer aux Armagnacs et aux

Bourguignons, que de prendre sur toute la terre le grand rôle que les Romains surent prendre et tenir pendant des siècles dans le monde de leur temps. Leur nombre et leurs moyens n'étaient rien auprès des nôtres ; mais ils trouvaient dans les entrailles de leurs poulets plus d'idées justes et conséquentes que toutes nos sciences politiques n'en contiennent.

∾

L'Europe sera punie de sa politique ; elle sera privée de vins et de bière et de liqueurs. Et d'autres choses...

∾

L'Europe aspire visiblement à être gouvernée par une commission américaine. Toute sa politique s'y dirige.

Ne sachant nous défaire de notre histoire, nous en serons déchargés par des peuples heureux qui n'en ont point ou presque point. Ce sont des peuples heureux qui nous imposeront leur bonheur.

∾

L'Europe s'était distinguée nettement de toutes les parties du monde. Non point par sa politique, mais malgré cette politique, et plutôt contre elle, elle avait développé à l'extrême la liberté de son esprit, combiné sa passion de comprendre à sa volonté de rigueur, inventé une curiosité précise et active, créé, par la recherche obstinée de résultats, *qui se pussent comparer exactement et ajouter les uns aux autres*, un capital de lois et de procédés très puissants. Sa politique, cependant, demeura telle quelle ; n'empruntant des richesses et des ressources singulières dont je viens de parler, que ce qu'il fallait pour fortifier cette politique primitive et lui donner des armes plus redoutables et plus barbares.

Il apparut donc un contraste, une différence, une étonnante discordance entre l'état du même esprit selon qu'il se livrait à son travail désintéressé, à sa conscience rigoureuse et critique, à sa profondeur sav-amment explorée, et son état quand il s'appliquait aux intérêts politiques. Il semblait réserver à sa politique ses productions les plus négligées, les plus négligeables et les plus viles : des instincts, des idoles, des souvenirs, des regrets, des convoitises, des sons sans signification et des significations vertigineuses... tout ce dont la science, ni les arts, ne voulaient pas, et même qu'ils ne pouvaient plus souffrir.

∾

Toute politique implique (et généralement ignore qu'elle implique) une certaine idée de l'homme, et même une opinion sur le destin de l'espèce, toute une métaphysique qui va du sensualisme le plus brut jusqu'à la mystique la plus osée.

~

Supposez quelquefois que l'on vous remette le pouvoir sans réserves. Vous êtes honnête homme, et votre ferme propos est de faire de votre mieux. Votre tête est solide ; votre esprit peut contempler distinctement les choses, se les représenter dans leurs rapports ; et enfin, vous êtes détaché de vous-même, vous êtes placé dans une situation si élevée et si puissamment intéressante que les propres intérêts de votre personne en sont nuls ou insipides au prix de ce qui est devant vous et du possible qui est à vous. Même, vous n'êtes pas troublé par ce qui troublerait tout autre, par l'idée de l'attente qui est dans tous, et vous n'êtes intimidé ni accablé par l'espoir que l'on met en vous.

Eh bien ! qu'allez-vous faire ? — Qu'allez-vous faire AUJOURD'HUI ?

~

Il y a des victoires *per se* et des victoires *per accidens*.

~

La paix est une victoire virtuelle, muette, continue, des forces possibles contre les convoitises probables.

~

Il n'y aurait de paix véritable que si tout le monde était satisfait. C'est dire qu'il n'y a pas souvent de paix véritable. Il n'y a que des paix réelles, qui ne sont comme les guerres que des expédients.

Les seuls traités qui compteraient sont ceux qui se concluraient entre les arrière-pensées.

Tout ce qui est avouable est comme destitué de tout avenir.

~

On se flatte d'imposer sa volonté à l'adversaire. Il arrive qu'on y parvienne. Mais ce peut être une néfaste volonté. Rien ne me paraît plus difficile que de déterminer les vrais intérêts d'une nation, qu'il ne faut pas confondre avec ses vœux. L'accomplissement de nos désirs ne nous éloigne pas toujours de notre perte.

Une guerre dont l'issue n'a été due qu'à l'inégalité sur le champ de bataille, et ne représente donc pas l'inégalité des puissances totales des adversaires, est une guerre suspendue.

~

Les actes de quelques hommes ont pour des millions d'hommes des conséquences comparables à celles qui résultent pour tous les vivants des perturbations et des variations de leur milieu. Comme des causes naturelles produisent la grêle, le typhon, l'arc-en-ciel, les épidémies, ainsi des causes intelligentes agissent sur des millions d'hommes dont l'immense majorité les subit comme elle subit les caprices du ciel, de la mer, de l'écorce terrestre. L'intelligence et la volonté affectant les masses en tant que causes physiques et aveugles — c'est ce qu'on nomme *Politique*.

~

Des nations.

Ce n'est jamais chose facile que de se représenter nettement ce qu'on nomme une *nation*. Les traits les plus simples et les plus forts échappent aux gens du pays qui sont insensibles à ce qu'ils ont toujours vu. L'étranger qui les perçoit, les perçoit trop puissamment, et ne ressent pas cette quantité de correspondances intimes et de réciprocités invisibles par quoi s'accomplit le mystère de l'union profonde de millions d'hommes.

Il y a donc deux grandes manières de se tromper au sujet d'une nation donnée.

D'ailleurs l'idée même de *nation en général* ne se laisse pas capturer aisément. L'esprit s'égare entre les aspects très divers de cette idée ; il hésite entre des modes très différents de définition. A peine a-t-il cru trouver une formule qui le contente, elle-même aussitôt lui suggère quelque cas particulier qu'elle a oublié d'enfermer.

Cette idée nous est aussi familière dans l'usage et présente dans le sentiment qu'elle est complexe ou indéterminée devant la réflexion. Mais il en est ainsi de tous les mots de grande importance. Nous parlons facilement *du droit*, de la *race*, de la propriété. Mais qu'est-ce que le droit, que la race, que la propriété ? Nous *le savons et ne le savons pas* !

Ainsi toutes ces notions puissantes, à la fois abstraites et vitales, et d'une vie parfois si intense et si impérieuse en nous, tous ces termes qui composent dans les esprits des peuples et des hommes d'État, les pensées, les projets, les raisonnements, les décisions auxquels sont suspendus les destins, la prospérité ou la ruine, la vie ou la mort des humains, sont des symboles vagues et impurs à la réflexion... Et les hommes toutefois quand ils se servent entre eux de ces indéfinissables, se comprennent l'un l'autre fort bien. Ces notions sont donc nettes et suffisantes de l'un à l'autre ; obscures et comme infiniment divergentes dans chacun pris à part.

~

Les nations sont étranges les unes aux autres, comme le sont des êtres de caractères, d'âges, de croyances, de mœurs et de besoins différents. Elles se regardent entre elles curieusement et anxieusement ; sourient ; font la moue ; admirent un détail et l'imitent ; méprisent l'ensemble ; sont mordues de jalousie ou dilatées par le dédain. Si sincère que puisse être quelquefois leur désir de s'entretenir et de se comprendre, l'entretien s'obscurcit et cesse toujours à un certain point. Il y a je ne sais quelles limites infranchissables à sa profondeur et à sa durée.

Plus d'une est intimement convaincue qu'elle est en soi et par soi la nation par excellence, l'élue de l'avenir infini, et la seule à pouvoir prétendre, quels que soient son état du moment, sa misère ou sa faiblesse, au développement suprême des virtualités qu'elle s'attribue. Chacune a des arguments dans le passé ou dans le possible ; aucune n'aime à considérer ses malheurs comme ses enfants légitimes.

Suivant qu'elles se comparent aux autres sous les rapports ou de l'étendue ou du nombre, ou du progrès matériel, ou des mœurs, ou des libertés, ou de l'ordre public, ou bien de la culture et des œuvres de l'esprit — ou bien même des souvenirs et des espérances, — les nations se trouvent nécessairement des motifs de se préférer. Dans la partie perpétuelle qu'elles jouent, chacune d'elles tient ses cartes. Mais il en est de ces cartes qui sont réelles et d'autres imaginaires. Il est des nations qui n'ont en mains que des atouts du moyen âge, ou de l'antiquité, des valeurs mortes et vénérables ; d'autres comptent leurs beaux-arts, leurs sites, leurs musiques locales, leurs grâces ou leur noble histoire, qu'elles jettent sur le tapis au milieu des vrais *trèfles* et des vrais *piques*.

Toutes les nations ont des raisons présentes, ou passées, ou futures de se croire incomparables. Et d'ailleurs, elles le sont. Ce n'est pas une des moindres difficultés de la politique spéculative que cette impossibilité de comparer ces grandes entités *qui ne se touchent et ne s'affectent l'une l'autre que par leurs caractères et leurs moyens extérieurs.* Mais le fait essentiel qui les constitue, leur principe d'existence, le lien interne qui enchaîne entre eux les individus d'un peuple, et les générations entre elles, n'est pas, dans les diverses nations, de la même nature. Tantôt la race, tantôt la langue, tantôt le territoire, tantôt les souvenirs, tantôt les intérêts, instituent diversement l'unité nationale d'une agglomération humaine organisée. La cause profonde de tel groupement peut être d'espèce toute différente de la cause de tel autre.

∽

Il faut rappeler aux nations croissantes qu'il n'y a point d'arbre dans la nature qui, placé dans les meilleures conditions de lumière, de sol et de terrain, puisse grandir et s'élargir indéfiniment.

DE L'HISTOIRE

L'Histoire est le produit le plus dangereux que la chimie de l'intellect ait élaboré. Ses propriétés sont bien connues. Il fait rêver, il enivre les peuples, leur engendre de faux souvenirs, exagère leurs réflexes, entretient leurs vieilles plaies, les tourmente dans leur repos, les conduit au délire des grandeurs ou à celui de la persécution, et rend les nations amères, superbes, insupportables et vaines.

L'Histoire justifie ce que l'on veut. Elle n'enseigne rigoureusement rien, car elle contient tout, et donne des exemples de tout.

Que de livres furent écrits qui se nommaient : *La Leçon de Ceci, Les Enseignements de Cela !* ... Rien de plus ridicule à lire après les événements qui ont suivi les événements que ces livres interprétaient dans le sens de l'avenir.

Dans l'état actuel du monde, le danger de se laisser séduire à l'Histoire est plus grand que jamais il ne fut.

Les phénomènes politiques de notre époque s'accompagnent et se compliquent d'un *changement d'échelle* sans exemple, ou plutôt d'un *changement d'ordre des choses*. Le monde auquel nous commençons d'appartenir, hommes et nations, n'est pas une *figure semblable* du monde qui nous était familier. Le système des causes qui commande le sort de chacun de nous, s'étendant désormais à la totalité du globe, le fait résonner tout entier à chaque ébranlement ; il n'y a plus de questions locales, il n'y a plus de questions finies pour être finies sur un point.

∽

L'Histoire, telle qu'on la concevait jadis, se présentait comme un ensemble de tables chronologiques parallèles, entre lesquelles quelquefois des transversales accidentelles étaient çà et là indiquées. Quelques essais de synchronisme n'avaient pas donné de résultats, si ce n'est une sorte de démonstration de leur inutilité. Ce qui se passait à Pékin du temps de César, ce qui se passait au Zambèze du temps de Napoléon, se passait dans une autre planète. Mais l'histoire *mélodique* n'est plus possible. Tous les thèmes politiques sont enchevêtrés, et chaque événement qui vient à se produire prend aussitôt une pluralité de significations simultanées et inséparables.

La politique d'un Richelieu ou d'un Bismarck se perd et perd son sens dans ce nouveau milieu. Les notions dont ils se servaient dans leurs desseins, les objets qu'ils pouvaient proposer à l'ambition de leurs peuples, les forces qui figuraient dans leurs calculs, tout ceci devient peu de chose. La grande affaire des politiques était, elle est encore pour quelques-uns, *d'acquérir un territoire*. On y employait la contrainte, on enlevait à quelqu'un cette terre désirée, et tout était dit. Mais qui ne voit que ces entreprises qui se limitaient à un colloque, suivi d'un duel, suivi d'un pacte, entraîneront dans l'avenir de telles généralisations inévitables que *rien ne se fera plus que le monde entier ne s'en mêle*, et que l'on ne pourra jamais prévoir ni circonscrire les suites *presque immédiates* ce qu'on aura engagé.

Tout le génie des grands gouvernements du passé se trouve exténué, rendu impuissant et même *inutilisable* par l'agrandissement et l'accroissement de connexions du champ des phénomènes politiques ; car il n'est point de génie, point de vigueur du caractère et de l'intellect, point de traditions même britanniques qui puissent désormais se flatter de contrarier ou de modifier à leur guise l'état et les réactions d'un univers humain auquel l'ancienne *géométrie historique* et l'ancienne *mécanique politique* ne conviennent plus du tout.

L'Europe me fait songer à un objet qui se trouverait brusquement transposé dans un espace plus complexe, où tous les caractères qu'on lui connaissait, et qui demeurent en apparence les mêmes, se trouvent soumis à des *liaisons* toutes différentes. En particulier, les prévisions que l'on pouvait faire, les calculs traditionnels sont devenus plus vains que jamais ne l'ont été.

Les suites de la guerre récente nous font voir des événements qui jadis eussent déterminé pour un long temps et *dans le sens de leur décision*, la physionomie et la marche de la politique générale, être en quelques années, par suite du nombre des parties, de l'élargissement du théâtre, de la complication des intérêts, comme vidés de leur énergie, amortis ou contredits par leurs conséquences immédiates.

Il faut s'attendre que de telles transformations deviennent la règle. Plus nous irons, moins les effets seront simples, moins ils seront prévisibles, moins les opérations politiques et même les interventions de la force, en un mot l'action évidente et directe, seront ce que l'on aura compté qu'ils seraient. *Les grandeurs, les superficies, les masses en présence, leurs connexions, l'impossibilité de localiser, la promptitude des répercussions imposeront de plus en plus une politique bien différente de l'actuelle.*

Les effets devenant si rapidement incalculables par leurs causes, et même antagonistes de leurs causes, peut-être trouvera-t-on puéril, dangereux, insensé désormais, de *chercher* l'événement, d'essayer de le produire, ou d'empêcher sa production ; peut-être l'esprit politique cessera-t-il de *penser par événements*, habitude essentiellement due à l'histoire et entretenue par elle. Ce n'est point qu'il n'y aura plus d'événements et de *moments monumentaux* dans la durée ; il y en aura d'immenses ! Mais ceux dont c'est la fonction que de les attendre, de les préparer ou d'y parer, apprendront nécessairement de plus en plus à se défier de leurs suites. Il suffira plus de réunir le désir et la puissance pour s'engager dans une entreprise. Rien n'a été plus ruiné par la dernière guerre que la prétention de prévoir. Mais les connaissances historiques ne manquaient point, il me semble ?

RÉFLEXIONS MÊLÉES

J'ai observé une chose grave, qui est que tous les grands hommes qui nous ont entretenu des grandes *gestes* qu'ils accomplirent finissaient tous par nous renvoyer au *bon sens*.

∼

Je ne suis pas à mon aise quand on me parle du bon sens. Je crois en avoir, car qui consentirait qu'il n'en a pas ? Qui pourrait vivre un moment de plus, s'en étant trouvé dépourvu ? Si donc on me l'oppose, je me trouble, je me tourne vers celui qui est en moi, et qui en manque, et qui s'en moque, et qui prétend que le bon sens est la faculté que nous eûmes jadis de nier et de réfuter brillamment l'existence prétendue des antipodes ; ce qu'il fait encore aujourd'hui, quand il cherche et qu'il trouve dans l'histoire d'hier les moyens de ne rien comprendre à ce qui se passera demain.

Il ajoute que ce bon sens est une intuition toute locale qui dérive d'expériences non précises ni soignées, qui se mélange d'une logique et d'analogies assez impures pour être universelles. La religion ne l'admet pas dans ses dogmes. Les sciences chaque jour l'ahurissent, le bouleversent, le mystifient.

Ce critique du bon sens ajoute qu'il n'y a pas de quoi se vanter d'être *la chose du monde la plus répandue*.

Mais je lui réponds que rien toutefois ne peut retirer au *bon sens* cette grande utilité qu'il a dans les disputes sur les choses vagues, où il n'est pas d'argument plus puissant sur le public que de l'invoquer pour soi, de proclamer que les autres déraisonnent, et que ce bien si précieux pour être commun réside tout en celui qui parle.

C'est ainsi que l'on met avec soi tous ceux qui méritent d'y être, et qui sont ceux qui croient ce qu'ils lisent.

∽

Napoléon disait qu'à la guerre, presque tout est de bon sens, ce qui est une parole généreuse dans la bouche d'un homme de génie.

Cette parole est remarquable. L'empereur, parmi ses grands dons, avait celui de discerner merveilleusement laquelle de ses facultés il fallait exciter, laquelle il fallait amortir selon l'occasion ; même le sommeil était à ses ordres.

Quand il dit ce que j'ai rapporté sur le bon sens, il sépare (comme il se doit) le travail du loisir et de la méditation, de ce travail instantané qui s'opère au milieu des événements, sous la pression du temps, et sous le bombardement des nouvelles. Alors point de délais, point de reprises, l'expédient est la règle, — et le *bon sens* est par hypothèse le sens de bien choisir parmi les expédients.

Je consens donc sans difficulté que ceux qui agissent en politique, c'est-àdire qui se dépensent à acquérir ou à conserver quelque parcelle de pouvoir, ne se perdent pas à peser les notions dont ils se servent et dont leurs esprits furent munis une fois pour toutes ; je sais bien qu'ils doivent, par nécessité de leur état, travailler sur une image du monde assez grossière, puisqu'elle est et doit être du même ordre de précision, de la même étendue, de la même simplicité de connexion dont la moyenne des esprits se satisfait, cette moyenne étant le principal *suppôt* de toute politique. Pas plus que l'homme d'action, l'*opinion* n'a le temps ni les moyens d'approfondir.

∽

Cette image du monde qui est assez grossière pour être utile flotte dans l'air, dans nos esprits, dans les cafés, dans les Parlements et les chancelleries, dans les journaux, c'est-à-dire partout, et se dégage des études et des livres. Mais si générale et si présente qu'elle soit, il est remarquable qu'elle se raccorde fort mal avec la petite portion du monde réel où vit chacun de nous. Je veux dire que par notre expérience personnelle et immédiate, nous ne pourrions en général reconstituer le système de ce vaste monde politique dont les mouvements, toutefois, les perturbations, les pressions et tensions viennent modifier plus ou moins profondément, directement, soudainement le petit espace qui nous contient, et les formes de vie que nous y vivons et y voyons vivre. Or, le monde réel des humains est fait de pareils éléments variables à chaque instant, dont il n'est que la somme.

Il faut donc reconnaître l'existence d'un monde politique, qui est un « autre monde », qui, agissant en tout lieu, n'est observable nulle part, et qui occupe une quantité d'esprits de toute grandeur, est, par conséquence, réductible à un *ensemble de conventions* entre tous ces esprits.

La politique se résout ainsi en des combinaisons d'entités conventionnelles qui, s'étant formées on ne sait comment, s'échangent entre les hommes, et produisent des effets dont l'étendue et les retentissements sont incalculables.

∽

Tout développement de la vie en société est un développement de la vie de relation, qui est cette vie combinée des organes des sens et des organes du mouvement, par quoi s'institue le système de signaux et de relais que les tâtonnements, l'expérience et l'imitation précisent et fixent.

Une convention n'est autre chose qu'une application de cette propriété si remarquable. Le langage est une convention, comme toute correspondance entre des actes et des perceptions qui pourrait être substituée par une autre est une convention par rapport à l'ensemble de toutes ces possibilités.

Mais toutes les conventions ne sont pas également heureuses, ni également simples, ni également aisées à instituer. Ce qui importe le plus, c'est qu'une convention soit uniforme, c'est-à-dire non équivoque. Cette condition est assez facile à satisfaire quand l'objet de la convention est sensible, quand on attache un signe à un corps, ou à une qualité d'un corps, ou à un acte. Mais en ce qui concerne les états intérieurs et les produits des conventions simples composées entre elles, l'uniformité des conventions est presque toujours impossible à concevoir et, dans le reste des cas, elle est laborieuse et délicate à instituer. Il y faut d'extrêmes précautions et parfois une subtilité incroyable.

Ces égards particuliers ne se trouvent pas et ne peuvent se trouver dans la pratique, comme je l'ai dit plus haut. La pratique accepte et manœuvre ce qui est.

∽

Une pratique cependant, si ancienne, et si profondément accoutumée soit-elle dans les esprits que la plupart ne puissent la considérer différente, n'a d'autre justification à nous offrir que ses résultats. Elle peut s'excuser sur l'excellence de ses résultats, s'il arrive qu'elle déçoit l'examen que l'intellect lui fait subir. Si tout va bien, la logique importe peu, la raison et même la probabilité peuvent être négligées. L'arbre se connaît à ses fruits.

Mais si les fruits sont amers, si une pratique immémoriale n'a cessé d'être malheureuse ; si les prévisions qu'elle fait sont toujours déçues, si on la voit recommencer avec une obstination animale les mêmes entreprises que l'événement a cent fois condamnées, alors il est permis d'examiner le système conventionnel qui est nécessairement le lien et l'excitateur de ses actes.

HYPOTHÈSE

Désormais, quand une bataille se livrera en quelque lieu du monde, rien ne sera plus simple que d'en faire entendre le canon à toute la terre. Les tonnerres de Verdun seraient reçus aux antipodes.

On pourra même apercevoir quelque chose des combats, et des hommes tomber à six mille milles de soi-même, trois centièmes de seconde après le coup.

Mais sans doute des moyens un peu plus puissants, un peu plus subtils permettront quelque jour d'agir à distance non plus seulement sur les sens des vivants, mais encore sur les éléments plus cachés de la personne psychique. Un inconnu, un opérateur éloigné, excitant les sources mêmes et les systèmes de vie mentale et affective, imposera aux esprits des illusions, des impulsions, des désirs, des égarements artificiels. Nous considérions jusqu'ici nos pensées et nos pouvoirs conscients comme émanés d'une origine simple et constante, et nous concevions, attaché jusqu'à la mort à chaque organisme, un certain *indivisible*, autonome, incomparable, et pour quelques-uns, éternel. Il semblait que notre substance la plus profonde, ce fût une *activité* absolue, et qu'il résidât en chacun de nous je ne sais quel pouvoir initial — quel *quantum* d'indépendance pure. Mais nous sommes dans une époque prodigieuse où les idées les plus accréditées et qui semblaient le plus incontestables se sont vues attaquées, contredites, surprises et dissociées par les faits, — à ce point que nous assistons à présent à une sorte de faillite de l'imagination et de déchéance de l'entendement, incapables que nous sommes de nous former une représentation homogène du monde qui comprenne toutes les données anciennes et nouvelles de l'expérience.

Cet état me permet de m'aventurer à concevoir que l'on puisse de l'extérieur modifier directement ce qui fut l'âme et fut l'esprit de l'homme.

Peut-être notre substance secrète n'est secrète que pour certaines actions du dehors, et n'est-elle que partiellement défendue contre les influences extérieures. Le bois est opaque pour la lumière que voient nos yeux, il ne l'est pas pour des rayons plus aigus. Ces rayons découverts, notre idée de la transparence en est toute changée. Il y a des exemples si nombreux de ces transformations de nos idées et de nos attentes que je me risque à penser ceci : on estimera un jour que l'expression « *Vie intérieure* » n'était relative qu'à des moyens de *production et de réception... classiques*, — *naturels*, si l'on veut.

Notre « MOI », peut-être, est-il isolé du milieu, préservé d'être *Tout*, ou d'être *N'importe quoi*, à peu près comme l'est dans mon gousset le mouvement de ma montre ?

Je suppose — je *crois* — qu'elle *conserve le temps*, en dépit de mes allées et venues, de mes attitudes, de ma vitesse et des circonstances innombrables et insensibles qui m'environnent. Mais cette indifférence à l'égard du reste des choses, cette uniformité de son fonctionnement n'existent que pour une observation qui ne perçoit pas ce même reste des choses, qui est donc particulière et superficielle. Qui sait s'il n'en est pas de même de notre *identité* ? Nous avons beau invoquer notre mémoire ; elle nous donne bien plus de témoignages de notre variation que de notre permanence. Mais nous ne pouvons à chaque instant que nous reconnaître et que reconnaître comme *nôtres* les productions immédiates de la vie mentale. *Nôtre* est ce qui nous vient d'une certaine manière qu'il suffirait de savoir reproduire, ou emprunter, ou solliciter par quelque artifice, pour nous donner le change sur nous-mêmes et nous insinuer des sentiments, des pensées et des volontés indiscernables des nôtres ; qui seraient, par leur mode d'introduction, du même ordre d'intimité, de la même spontanéité, du même naturel et personnel irréfutables que nos affections normales et qui seraient toutefois d'origine tout étrangère. Comme le chronomètre placé dans un champ magnétique, ou soumis à un déplacement rapide, change d'allure sans que l'observateur qui ne voit que lui s'en puisse aviser, ainsi des troubles et des modifications quelconques pourraient être infligés à la conscience la plus consciente par des interventions à distance impossibles à déceler.

Ce serait là faire en quelque sorte la *synthèse de la possession*.

La musique parfois donne une idée grossière, un modèle primitif de cette manœuvre des systèmes nerveux. Elle éveille et rendort les sentiments, se joue des souvenirs et des émotions dont elle irrite, mélange, lie et délie les secrètes commandes. Mais ce qu'elle ne fait que par l'intermédiaire sensible, par des sensations qui nous désignent une cause physique et une origine nettement séparée, il n'est pas impossible qu'on puisse le produire avec une puissance invincible et méconnaissable, en *induisant* directement les circuits les plus intimes de la vie. C'est en somme un problème de physique. L'action des sons et particulièrement de leurs timbres, et parmi eux les timbres de la voix, — l'action extraordinaire de la voix est un facteur historique d'importance — fait pressentir les effets de vibrations plus subtiles accordées aux résonnances des éléments nerveux profonds. Nous savons bien, d'autre part, qu'il est des chemins sans défense pour atteindre aux châteaux de l'âme, y pénétrer et s'en rendre maîtres. Il est des substances qui s'y glissent et s'en emparent. Ce que peut la chimie, la physique des ondes le rejoindra selon ses moyens.

On sait ce qu'ont obtenu des humains les puissants orateurs, les fondateurs de religions, les conducteurs de peuples. L'analyse de leurs moyens, la considération des développements récents des actions à distance suggèrent aisément des rêveries comme celle-ci. Je ne fais qu'aller à peine un peu plus loin que ce qui est. Imagine-t-on ce que serait un monde où le pouvoir de faire vivre plus vite ou plus lentement les hommes, de leur communiquer des tendances, de les faire frémir ou sourire, d'abattre ou de surexciter leurs courages, d'arrêter au besoin les cœurs de tout un peuple, serait connu, défini, exercé ! ... Que deviendraient alors les prétentions du Moi ? Les hommes douteraient à chaque instant s'ils seraient sources d'eux-mêmes ou bien des marionnettes jusque dans le profond du sentiment de leur existence.

Ne peuvent-ils déjà éprouver quelquefois ce malaise ? Notre vie en tant qu'elle dépend de ce qui vient à l'esprit, qui semble venir de l'esprit et s'imposer à elle après s'être imposée à lui, n'est-elle pas commandée par une quantité énorme et désordonnée de *conventions* dont la plupart sont implicites ? Nous serions bien en peine de les exprimer et de les expliquer. La société, les langages, les lois, les « mœurs », les arts, la politique, tout ce qui est fiduciaire dans le monde, tout effet inégal à sa cause exige des conventions, c'est-à-dire des relais, — par le détour desquels une réalité seconde s'installe, se compose avec la réalité sensible et instantanée, la recouvre, la domine, — se déchire parfois pour laisser apparaître l'effrayante simplicité de la vie élémentaire. Dans nos désirs, dans nos regrets, dans nos recherches, dans nos émotions et passions, et jusque dans l'effort que nous faisons pour nous connaître, nous sommes le jouet de choses absentes, — qui n'ont même pas besoin d'exister pour agir.

POLITIQUE

Des partis

Il n'est de parti qui n'ait enragé contre la patrie.

∽

Ce sur quoi nul parti ne s'explique.
 Chacun a ses ombres particulières — ses réserves —
 Ses caves de cadavres et de songes inavouables —
 Ses trésors de choses irréfléchies et d'étourderies.
 Ce qu'il a oublié dans ses vues, et ce qu'il veut faire oublier.

∽

...Ils retirent pour subsister ce qu'ils promettaient pour exister.
 Ils se valent au pouvoir ; ils se valent hors du pouvoir.

∽

Il ne faut pas hésiter à faire ce qui détache de vous la moitié de vos partisans et qui triple l'amour du reste.

∽

Ce qui plaît à tel dans son parti politique, c'est le vague de l'idéal. Et à tel autre dans le sien, c'est le précis des objets prochains.

∽

Comme on voit communément des anarchistes dans les partis de l'ordre et des organisateurs dans l'anarchie, je suggère un reclassement. Chacun se classerait dans le parti de ses dons.

Il y a des créateurs, des conservateurs et des destructeurs par tempérament. Chaque individu serait mis dans son véritable parti, qui n'est point celui de ses paroles, ni de ses vœux, mais celui de son être et de ses modes d'agir et de réagir.

∽

Toute politique se fonde sur l'indifférence de la plupart des intéressés, sans laquelle il n'y a point de politique possible.

∽

La politique fut d'abord l'art d'empêcher les gens de se mêler de ce qui les regarde.

A une époque suivante, on y adjoignit l'art de contraindre les gens à décider sur ce qu'ils n'entendent pas.

Ce deuxième principe se combine avec le premier.

Parmi leurs combinaisons, celle-ci : Il y a des *secrets d'État* dans des pays de suffrage universel. Combinaison nécessaire et, en somme, viable ; mais qui engendre quelquefois de grands orages, et qui oblige les gouvernements à manœuvrer sans répit. Le pouvoir est toujours contraint de naviguer contre mon principe. Il gouverne au *plus près* contre le principe, dans la direction du pouvoir absolu.

∽

Tout état social exige des fictions.

Dans les uns, on convient de l'inégalité des citoyens. Les autres stipulent et organisent l'inégalité.

Ce sont là les conventions qu'il faut pour commencer le jeu. L'une ou l'autre posée, le jeu commence, qui consiste nécessairement dans une action de sens inverse de la part des individus.

Dans une société d'égaux, l'individu agit contre l'égalité. Dans une société d'inégaux, le plus grand nombre travaille contre l'inégalité.

Le résultat des luttes politiques est de troubler, de falsifier dans les esprits la notion de l'ordre d'importance des « questions » et de l'ordre d'urgence.

Ce qui est vital est masqué par ce qui est de simple bien être. Ce qui est d'avenir par l'immédiat. Ce qui est très nécessaire par ce qui est très sensible. Ce qui est profond et lent par ce qui est excitant.

Tout ce qui est de la *politique pratique* est nécessairement *superficiel*.

~

L'historien fait pour le passé ce que la tireuse de cartes fait pour le futur. Mais la sorcière s'expose à une vérification et non l'historien.

~

On ne peut « faire de politique » sans se prononcer sur des questions que nul homme sensé ne peut dire qu'il connaisse. Il faut être infiniment sot ou infiniment ignorant pour oser avoir un avis sur la plupart des problèmes que la politique pose.

~

Les opinions opposées au sujet de la guerre peuvent se ramener simplement à l'incertitude d'une époque — la nôtre — sur cette question : *quels sont les groupements qui doivent se faire la guerre ?*

Races, classes, nations, ou autres systèmes à découvrir ?

Car on a découvert la classe, la nation, la race comme on a découvert des nébuleuses.

Comme on a découvert que la Terre faisait partie d'un certain système, et celui-ci de la Voie Lactée, ainsi a-t-on découvert qu'un tel était *ceci* par sa naissance et *cela* par ses moyens d'existence ; et il lui appartient de choisir ou de s'embarrasser s'il suivra sa nation, ou sa classe, ou sa secte, — ou sa nature.

~

La violence, la guerre ont pour ambition de trancher en un petit temps, et par la dissipation brusque des énergies, des difficultés qui demanderaient l'analyse la plus fine et des essais très délicats, — car il faut arriver à un état d'équilibre sans contraintes.

~

Quand l'adversaire exagère nos forces, nos desseins, notre profondeur ; quand, pour exciter contre nous, il nous peint sous des couleurs effrayantes, — il travaille pour nous.

∽

L'existence des voisins est la seule défense des nations contre une perpétuelle guerre civile.

∽

Le loup dépend de l'agneau qui dépend de l'herbe.
L'herbe est relativement défendue par le loup. Le carnivore protège les herbes (qui le nourrissent indirectement).

∽

Entre vieux loups, la bataille est plus âpre, plus savante, mais il y a certains ménagements.

∽

L'essentiel en toute chose est toujours accompli par des êtres très obscurs, non distincts, et sans valeur chacun. S'ils n'étaient pas, s'ils n'étaient pas tels, rien ne se ferait. Si rien ne se faisait, c'est eux qui perdraient le moins. Essentiels et sans importance.

∽

Les grands événements ne sont peut-être tels que pour les petits esprits.
Pour les esprits plus attentifs, ce sont les événements insensibles et continuels qui comptent.

∽

Les événements naissent de père inconnu. La nécessité n'est que leur mère.

∽

Le droit est l'intermède des forces.

∽

Le jugement le plus *pessimiste* sur l'homme, et les choses, et la vie et sa valeur, s'accorde merveilleusement avec l'*action* et l'*optimisme* qu'elle exige.
— Ceci est européen.

INTRODUCTION AUX IMAGES DE LA FRANCE

Il n'est pas de nation plus ouverte, ni sans doute de plus mystérieuse que la française ; point de nation plus aisée à observer et à croire connaître du premier coup. On s'avise par la suite qu'il n'en est point de plus difficile à prévoir dans ses mouvements, de plus capable de reprises et de retournements inattendus. Son histoire offre un tableau de situations extrêmes, une chaîne de cimes et d'abîmes plus nombreux et plus rapprochés dans le temps que toute autre histoire n'en montre. A la lueur même de tant d'orages, la réflexion peu à peu fait apparaître une idée qui exprime assez exactement ce que l'observation vient de suggérer : on dirait que ce pays soit voué par sa nature et par sa structure à réaliser dans l'espace et dans l'histoire combinés, une sorte de *figure d'équilibre*, douée d'une étrange stabilité, autour de laquelle les événements, les vicissitudes inévitables et inséparables de toute vie, les explosions intérieures, les séismes politiques extérieurs, les orages venus du dehors, le font osciller plus d'une fois par siècle depuis des siècles. La France s'élève, chancelle, tombe, se relève, se restreint, reprend sa grandeur, se déchire, se concentre, montrant tour à tour la fierté, la résignation, l'insouciance, l'ardeur, et se distinguant entre les nations par un caractère curieusement personnel.

Cette nation nerveuse et pleine de contrastes trouve dans ses contrastes des ressources tout imprévues. Le secret de sa prodigieuse résistance gît peut-être dans les grandes et multiples différences qu'elle combine en soi. Chez les Français, la légèreté apparente du caractère s'accompagne d'une endurance et d'une élasticité singulières. La facilité générale et l'aménité des rapports se joignent chez eux à un sentiment critique redoutable et toujours éveillé. Peut-être la France est-elle le seul pays où le ridicule ait joué un rôle historique ; il a miné, détruit quelques régimes, et il y suffit d'un « mot », d'un trait heureux (et parfois trop heureux), pour ruiner dans l'esprit public, en quelques instants, des puissances et des situations considérables. On observe d'ailleurs chez les Français une certaine indiscipline naturelle qui le cède toujours à l'évidence de la nécessité d'une discipline, Il arrive qu'on trouve la nation brusquement unie quand on pouvait s'attendre à la trouver divisée.

On le voit, la nation française est particulièrement difficile à définir d'une façon simple ; et c'est là même un élément assez important de sa « définition » que cette propriété d'être difficile à définir. On ne peut la caractériser par une collection d'attributs non contradictoires. J'essaierai tout à l'heure d'en faire sentir la raison. Mais qu'il s'agisse de la France ou de toute autre personne politique du même ordre, ce n'est jamais chose facile que de se représenter nettement ce qu'ou nomme *une nation*. Les traits les plus simples et les plus gros d'une nation échappent aux gens du pays, qui sont insensibles à ce qu'ils ont toujours vu. L'étranger qui les perçoit, les perçoit trop fortement, et ne ressent pas cette quantité de caractères intimes et de réalités invisibles par quoi s'accomplit le mystère de l'union profonde de millions d'hommes.

Il y a donc deux grandes manières de se tromper au sujet d'une nation donnée.

Entre une terre et le peuple qui l'habite, entre l'homme et l'étendue, la figure, le relief, le régime des eaux, le climat, la faune, la flore, la substance du sol, se forment peu à peu des relations réciproques qui sont d'autant plus nombreuses et entremêlées que le peuple est fixé depuis plus longtemps sur le pays.

Si ce peuple est composite, s'il fut formé d'apports successifs au cours des âges, les combinaisons se multiplient.

Au regard de l'observateur, ces rapports réciproques entre la terre mère ou nourrice et la vie organisée qu'elle supporte et alimente, ne sont pas également apparents. Car les uns consistent dans les modifications diverses que la vie humaine fait subir à un territoire ; les autres dans la modification des vivants par leur habitat ; et tandis que l'action de l'homme sur son domaine est généralement visible et lisible sur la terre, au contraire, l'action inverse est presque toujours impossible à isoler et à définir exactement. L'homme exploite, défriche, ensemence, construit, déboise, fouille le sol, perce des monts, discipline les eaux, importe des espèces. On peut observer ou reconstituer les travaux accomplis, les cultures entreprises, l'altération de la nature. Mais les modifications de l'homme par sa résidence sont obscures comme elles sont certaines. Les effets du ciel, de l'eau, de l'air qu'on respire, des vents qui règnent, des choses que l'on mange, etc., sur l'être vivant, vont se ranger dans l'ordre des phénomènes physiologiques ou psychologiques, cependant que les effets des actes sont pour la plupart de l'ordre physique ou mécanique. Le plus grand nombre de nos opérations sur la nature demeurent reconnaissables ; l'artificiel en général tranche sur le naturel ; mais l'action de la nature ambiante sur nous est une action sur elle-même, elle se fond et se compose avec nous-mêmes. Tout ce qui agit sur un vivant et qui ne le supprime pas, produit une forme de vie, ou une variation de la vie plus ou moins stable.

On voit par ces remarques très simples que la connaissance d'un pays nous demande deux genres de recherches d'inégale difficulté. Ici, comme en bien d'autres matières, il se trouve que ce qui nous importerait le plus de connaître est aussi le plus difficile. Les mœurs, les idéaux, la politique, les produits de l'esprit sont les effets incalculables de causes infiniment enchevêtrées, où l'intelligence se perd au milieu de nombre de facteurs indépendants et de leurs combinaisons, où même la statistique est grossièrement incapable de nous servir. *Cette grande impuissance est fatale à l'espèce humaine* ; c'est elle, bien plus que les intérêts, qui oppose les nations les unes aux autres, et qui s'oppose à une organisation de l'ensemble des hommes sur le globe, entreprise jusqu'ici vainement tentée par l'esprit de conquête, par l'esprit religieux, par l'esprit révolutionnaire, chacun suivant sa nature.

L'homme n'en sait pas assez sur l'homme pour ne pas recourir aux *expédients*. Les solutions grossières, vaines ou désespérées, se proposent ou s'imposent au genre humain exactement comme aux individus, — *parce qu'ils ne savent pas...*

~

Voilà des propos assez abstraits, — dont quelques-uns de fort sombres, — pour ouvrir un recueil d'images. C'est que les images d'un pays, la vision d'une contrée nourrice d'un groupe humain, et théâtre et matière de ses actes, excite invinciblement en nous, comme un accompagnement continu, émouvant, impossible à ne pas entendre, toutes les voix d'un drame et d'un rêve d'une complexité et d'une profondeur illimitées, dans lequel nous sommes chacun personnellement engagés.

~

La terre de France est remarquable par la netteté de sa figure, par les différences de ses régions, par l'équilibre général de cette diversité de parties qui se conviennent, se groupent et se complètent assez bien.

Une sorte de proportion heureuse existe en ce pays entre l'étendue des plaines et celle des montagnes, entre la surface totale et le développement des côtes ; et sur les côtes mêmes entre les falaises, les roches, les plages qui bordent de calcaire, de granit ou de sables le rivage de la France sur trois mers. La France est le seul pays d'Europe qui possède trois fronts de mer bien distincts. Quant aux ressources de surface ou de fond, on peut dire que peu de choses essentielles à la vie manquent à la France. Il s'y trouve beaucoup de terres à céréales ; d'illustres coteaux pour la vigne ; l'excellente pierre à bâtir et le fer y abondent. Il y a moins de charbon qu'il n'en faudrait de nos jours. D'autre part, l'ère moderne a créé des besoins nouveaux et intenses (quoique accidentels et peut-être éphémères) auxquels ce pays ne peut subvenir ou suffire par soi seul.

Sur cette terre vit un peuple dont l'histoire consiste principalement dans le travail incessant de sa propre formation. Qu'il s'agisse de sa constitution ethnique, qu'il s'agisse de sa constitution psychologique, ce peuple est plus que tout autre une création de son domaine et l'œuvre séculaire d'une certaine donnée géographique. Il n'est point de peuple qui ait des relations plus étroites avec le lieu du monde qu'il habite. On ne peut l'imaginer se déplaçant en masse, émigrant en bloc sous d'autres cieux, se détachant de la figure de la France. On ne peut concevoir ce peuple français en faisant abstraction de son lieu, auquel il doit non seulement les caractères ordinaires d'adaptation que tous les peuples reçoivent à la longue des sites qu'ils habitent, mais encore ce que l'on pourrait nommer sa formule *de constitution*, et sa loi propre de conservation comme entité nationale.

Les Iles Britanniques, la France, l'Espagne terminent vers l'Ouest l'immense Europasie ; mais tandis que les premières par la mer, la dernière, par la masse des Pyrénées, sont bien séparées du reste de l'énorme continent, la France est largement ouverte et accessible par le Nord-Est. Elle offre, d'autre part, de nombreux points d'accostage sur ses vastes frontières maritimes.

Ces circonstances naturelles, jointes à la qualité générale du sol, à la modération du climat, ont eu la plus grande influence sur le peuplement du territoire. Quelle qu'ait été la population primitive du pays — je veux dire la population qui a vécu sur cette terre à partir de l'époque où sa physionomie physique actuelle s'est fixée dans ses grands traits, — cette population a été à bien des reprises modifiée, enrichie, appauvrie, reconstituée, refondue à toute époque par des apports et des accidents étonnamment variés ; elle a subi des invasions, des occupations, des infiltrations, des extinctions, des pertes et des gains incessants.

Le vent vivant des peuples, soufflant du Nord et de l'Est à intervalles intermittents, et avec des intensités variables, a porté vers l'Ouest, à travers les âges, des éléments ethniques très divers, qui, poussés successivement à la découverte des régions de l'extrême Occident de l'Europe, se sont enfin heurtés à des populations autochtones, ou déjà arrêtées par l'Océan et par les monts, et fixées. Ils ont trouvé devant eux des obstacles humains ou des barrières naturelles ; autour d'eux, un pays fertile et tempéré. Ces arrivants se sont établis, juxtaposés ou superposés aux groupes déjà installés, se faisant équilibre, se combinant peu à peu les uns aux autres, composant lentement leurs langues, leurs caractéristiques, leurs arts et leurs mœurs. Les immigrants ne vinrent pas seulement du Nord et de l'Est ; le Sud-Est et le Sud fournirent leurs contingents. Quelques Grecs par les rivages du Midi ; des effectifs romains assez faibles, sans doute, mais renouvelés pendant des siècles ; plus tard, des essaims de Mores — et de Sarrasins. Grecs ou Phéniciens, Latins et Sarrasins par le Sud, comme les Northmans par les côtes de la Manche et de l'Atlantique, ont pénétré dans le territoire par quantités assez peu considérables. Les masses les plus nombreuses furent vraisemblablement celles apportées par les courants de l'Est.

Quoi qu'il en soit, une carte où les mouvements de peuples seraient figurés comme le sont les déplacements aériens sur les cartes météorologiques, ferait apparaître le territoire français comme une aire où les courants humains se sont portés, mêlés, neutralisés et apaisés, par la fusion progressive et l'enchevêtrement de leurs tourbillons.

Le fait fondamental pour la formation de la France a donc été la présence et le mélange sur son territoire d'une quantité remarquable d'éléments ethniques différents. Toutes les nations d'Europe sont composées, et *il n'y a peut-être aucune dans laquelle une seule langue soit parlée*. Mais il n'en est, je crois, aucune dont la formule ethnique et linguistique soit aussi riche que celle de la France. Celle-ci a trouvé son individualité singulière dans le phénomène complexe des échanges internes, des alliances individuelles qui se sont produits en elle entre tant de sangs et de complexions différents. Les combinaisons de tant de facteurs indépendants, le dosage de tant d'hérédités expliquent dans les actes et les sentiments des Français bien des contradictions et cette remarquable valeur moyenne des individus. *A cause des sangs très disparates qu'elle a reçus, et dont elle a composé, en quelques siècles, une personnalité européenne si nette et si complète, productrice d'une culture et d'un esprit caractéristiques, la nation française fait songer à un arbre greffé plusieurs fois, de qui la qualité et la saveur de ses fruits résultent d'une heureuse alliance de sucs et de sèves très divers concourant à une même et indivisible existence.*

La même circonstance permet de comprendre la plupart des institutions et des organisations spécifiquement françaises, qui sont en général des productions ou des réactions souvent très énergiques du corps national en faveur de son unité. Le sens de cette unité vitale est extrême en France.

Si j'osais me laisser séduire aux rêveries qu'on décore du beau nom de philosophie historique, je me plairais peut-être à imaginer que tous les événements véritablement grands de cette histoire de la France furent, d'une part, les actions qui ont menacé, ou tendu à altérer un certain équilibre de races réalisé dans une certaine figure territoriale ; et, d'autre part, les réactions parfois si énergiques qui répondirent à ces atteintes, tendant à reconstituer l'équilibre.

Tantôt la nation semble faire effort pour atteindre ou reprendre sa composition « optima », celle qui est la plus favorable à ses échanges intérieurs et à sa vie pleine et complète ; et tantôt faire effort pour rejoindre l'unité que cette composition même lui impose. Dans les dissensions intérieures aiguës, c'est toujours le parti qui semble en possession de rétablir au plus tôt, et à tout prix, l'unité menacée, qui a toutes les chances de triompher. C'est pourquoi l'histoire dramatique de la France se résume mieux que toute autre en quelques grands noms, noms de *personnes*, noms de *familles*, noms d'*assemblées*, qui ont particulièrement et énergiquement représenté cette tendance essentielle aux moments critiques et dans les périodes de crise ou de réorganisation. Que l'on parle des Capétiens, de Jeanne d'Arc, de Louis XI, d'Henri IV, de Richelieu, de la Convention ou de Napoléon, on désigne toujours une même chose, un symbole de l'identité et de l'unité nationales *en acte*.

Mais un autre nom me vient à l'esprit, comme je pense à tous ces noms représentatifs. C'est un nom de ville. Quel phénomène plus significatif et qui illustre mieux ce que je viens de dire, que l'énorme accroissement au cours des siècles de la prééminence de *Paris* ? Quoi de plus typique que cette attraction puissante et cette impulsion continuelle qu'il exerce comme un centre vital dont le rôle passe de beaucoup celui d'une capitale politique ou d'une ville de première grandeur ?

L'action certaine, visible et constante de Paris est de compenser par une concentration jalouse et intense les grandes différences régionales et individuelles de la France. L'augmentation du nombre des fonctions que Paris exerce dans la vie de la France depuis deux siècles correspond à un développement du besoin de coordination totale, et à la réunion assez récente de provinces plus lointaines à traditions plus hétérogènes. La Révolution a trouvé la France déjà centralisée au point de vue gouvernemental, et polarisée à l'égard de la Cour en ce qui concerne le goût et les mœurs. Cette centralisation n'intéressait guère directement que les classes dirigeantes et aisées. Mais à partir de la réunion des Assemblées révolutionnaires, et pendant les années critiques, un intense mouvement d'hommes et d'idées s'établit entre Paris et le reste de la France. Les affaires locales, les projets, les dénonciations, les individus les plus actifs ou les plus ambitieux, tout vient à Paris, tout y fermente ; et Paris à son tour inonde le pays de délégués, de décrets, de journaux, des produits de toutes les rencontres, de tous les événements, des passions et des discussions que tant de différences appelées à lui et heurtées en lui engendrent dans ses murs.

Je ne sais pourquoi les historiens en général ne soulignent pas ce grand fait que me représente la transformation de Paris en organe central de confrontation et de combinaison, organe non seulement politique et administratif, mais organe de jugement, d'élaboration et d'émission, et pôle directeur de la sensibilité générale du pays. Peut-être répugnent-ils à mettre au rang des événements un phénomène relativement lent et qu'on ne peut dater avec précision. Mais il faut quelquefois douer le regard historique des mêmes libertés à l'égard du temps et de l'espace que nous avons obtenues de nos instruments d'optique et de vues animées. Imaginez que vous perceviez en quelques instants ce qui s'est fait en quelques centaines d'années. Paris se former, grossir, ses liaisons avec tout le territoire se multiplier, s'enrichir : Paris devenir l'appareil indispensable d'une circulation généralisée ; sa nécessité et sa puissance fonctionnelle s'affirmer de plus en plus, croître avec la Révolution, avec l'Empire, avec le développement des voies ferrées, avec celui des télégraphes, de la presse et de ce qu'on pourrait nommer la *littérature intensive*... vous concevez alors Paris comme *événement*, — événement tout comparable à la création d'une institution d'importance capitale, et à tous les événements significatifs que l'histoire inscrit et médite.

Il n'y a pas d'événement plus significatif que celui-ci. J'ai dit à quoi il répond. C'est une production typique de la France, de la diversité extraordinaire de la France, que cette grande cité à qui toute une grande nation délègue tous ses pouvoirs spirituels, par qui elle fait élaborer les conventions fondamentales en matière de goûts et de mœurs, et qui lui sert d'intermédiaire ou d'interprète, et de représentant à l'égard du reste du monde, — comme elle sert au reste du monde à prendre une connaissance rapide, inexacte et délicieuse de l'ensemble de la France.

Les idées sur la France que je viens d'exposer, ou plutôt de proposer au lecteur à titre de pures approximations, me sont venues par une conséquence lointaine de remarques que j'ai faites, il y a fort longtemps, sur un sujet tout particulier.

La poésie a quelquefois occupé mon esprit ; et non seulement j'ai consumé quelques années de ma vie à composer divers poèmes ; mais encore, je me suis plu assez souvent à examiner dans leur généralité la nature et les moyens de cet art.

Or, en méditant sur les caractères physiques de la poésie, c'est-à-dire, sur ses rapports avec la musique, et en développant cette étude jusqu'à une comparaison des métriques et des prosodies de quelques peuples, on ne peut pas ne pas apercevoir un fait, qui pour être assez connu et très sensible, n'a pas été, je crois, suffisamment considéré et interrogé.

La poésie française diffère musicalement de toutes les autres, au point d'avoir été regardée parfois comme presque privée de bien des charmes et des ressources qui se trouvent en d'autres langues à la disposition des poètes. Je crois bien que c'est là une erreur ; mais cette erreur, comme il arrive fort souvent, est une déduction illégitime et subjective d'une observation exacte. C'est la langue elle-même qu'il fallait considérer pour en définir la singularité phonétique ; celle-ci bien déterminée, on pourrait chercher à se l'expliquer.

Trois caractères distinguent nettement le français des autres langues occidentales : le français, *bien parlé*, ne *chante* presque pas. C'est un discours de registre peu étendu, une parole *plus plane* que les autres. Ensuite : les consonnes en français sont remarquablement adoucies ; pas de figures rudes ou gutturales. Nulle consonne française n'est impossible à prononcer pour un Européen. Enfin, les voyelles françaises sont nombreuses et très nuancées, forment une rare et précieuse collection de timbres délicats qui offrent aux poètes dignes de ce nom des *valeurs* par le jeu desquelles ils peuvent compenser le registre tempéré et la modération générale des accents de leur langue. La variété des é et des è, — les riches diphtongues, comme celles-ci : *feuille, rouille, paille, pleure, toise, tien* — etc., — l'*e* muet qui tantôt existe, tantôt ne se fait presque point sentir s'il ne s'efface entièrement, et qui procure tant d'effets subtils de silences élémentaires, ou qui termine ou prolonge tant de mots par une sorte d'ombre que semble jeter après elle une syllabe accentuée, — voilà des moyens dont on pourrait montrer l'efficacité par une infinité d'exemples.

Mais je n'en ai parlé que pour établir ce que je prétendais tout à l'heure : que la langue française doit se ranger à part ; également éloignée, au point de vue phonétique, des langues dites latines ou romanes et des langues germaniques.

Il est bien remarquable, en particulier, que la langue parlée sur un territoire intermédiaire entre l'Italie et l'Espagne se contienne dans un registre bien moins étendu que celui où se meuvent les voix italiennes et espagnoles. Ses voyelles sont plus nombreuses et plus nuancées ; ses consonnes jamais ne sont de la force, ne demandent l'effort qui s'y attache dans les autres langues latines.

L'histoire du français nous apprend à ce sujet des choses curieuses, que je trouve significatives. Elle nous enseigne, par exemple, que la lettre r, quoique très peu rude en français, où elle ne se trouve jamais *roulée* ni *aspirée*, a failli disparaître de la langue, à plusieurs reprises, et être remplacée, selon un adoucissement progressif, par quelque émission plus aisée. (Le mot *chaire* est devenu *chaise*, etc.)

En somme, un examen phonétique même superficiel (comme celui qu'un simple *amateur* pouvait faire) m'a montré dans la poétique et la langue de France des traits et des singularités que je ne puis m'expliquer que par les caractères mêmes de la nation que j'ai énoncés tout à l'heure.

Si la langue française est comme tempérée dans sa tonalité générale ; si « bien parler le français » c'est le parler sans « accent » ; si les phonèmes rudes ou trop marqués en sont proscrits, ou en furent peu à peu éliminés ; si, d'autre part, les *timbres* y sont nombreux et complexes, les muettes si sensibles, je n'en puis voir d'autre cause que le mode de formation et la complexité de l'alliage de la nation. Dans un pays où les Celtes, les Latins, les Germains, ont accompli une fusion très intime, où l'on parle encore, où l'on écrit, à côté de la langue dominante, une quantité de langages divers (plusieurs langues romanes, les dialectes du français, ceux du breton, le basque, le catalan, le corse), il s'est fait nécessairement une unité linguistique parallèle à l'unité politique et à l'unité de sentiment. Cette unité ne pouvait s'accomplir que par des transactions statistiques, des concessions mutuelles, un abandon par les uns de ce qui était trop ardu à prononcer pour les autres, une altération mutuelle. Peut-être pourrait-on pousser l'analyse un peu plus loin et rechercher si les formes spécifiques de français ne relèvent pas, elles aussi, des mêmes nécessités ?

La clarté de structure du langage de la France — si on pouvait la définir d'une façon simple — apparaîtrait sans doute comme le fruit des mêmes besoins et des mêmes conditions ; et il n'est pas douteux, d'autre part, que la littérature de ce pays, en ce qu'elle a de plus caractéristique, procède mêmement d'un mélange de qualités très différentes et d'origines très diverses, dans une forme d'autant plus nette et impérieuse que les substances qu'elle doit recevoir sont plus hétérogènes. Le même pays produit un Pascal et un Voltaire, un Lamartine et un Hugo, un Musset et un Mallarmé. Il y a quelques années, on pouvait rencontrer, dans un même salon de Paris, Émile Zola et Théodore de Banville, ou bien aller en un quart d'heure du cabinet d'Anatole France au bureau de J.-K. Huysmans : c'était visiter des extrêmes.

Ici se placeraient tout naturellement des considérations sur ce que la France a donné aux Lettres de proprement et spécialement français. Il faudrait, par exemple, mettre en lumière ce remarquable développement de l'esprit critique en matière de *forme* qui s'est prononcé à partir du XVIe siècle ; cet esprit a dominé la littérature pendant la période dite *classique*, et n'a jamais cessé depuis lors d'exercer une influence directe ou indirecte sur la production.

La France est peut-être le seul pays où des considérations de pure forme, un souci de la forme en soi, aient persisté et dominé dans l'ère moderne. Le sentiment et le culte de la forme me semblent être des passions de l'esprit qui se rencontrent le plus souvent en liaison avec l'esprit critique et la tournure sceptique des esprits. Ils s'accompagnent, en effet, d'une particulière liberté à l'égard du contenu, et coexistent souvent avec une sorte de sens de l'ironie généralisée. Ces vices ou ces vertus exquises sont ordinairement cultivés dans des milieux sociaux riches en expériences et en contrastes, où le mouvement des échanges d'idées, l'activité des esprits concentrés et heurtant leur diversité s'exagèrent et acquièrent l'intensité, l'éclat, parfois la sécheresse d'une flamme. Le rôle de la Cour, le rôle de Paris dans la littérature française furent ou sont essentiels. Le chef-d'œuvre littéraire de la France est peut-être sa prose abstraite, dont la pareille ne se trouve nulle part. Mais je ne puis ici développer ces vues. Il y faudrait tout un livre.

Je n'ajoute qu'une remarque à cet aperçu tout insuffisant : des fondations comme l'Académie française, des institutions comme la Comédie-Française et quelques autres, sont bien, chacune selon sa nature et sa fonction, des productions nationales spécifiques, dont l'essence est de renforcer et de consacrer, et en somme de représenter à la France même, sa puissante et volontaire unité.

∼

Quant aux beaux-arts, je dirai seulement quelques mots de notre architecture française, qui auront pour objet de faire remarquer son originalité pendant les grandes époques où elle a fleuri. Pour comprendre l'architecture française de 1100 à 1800, — sept siècles dont chacun a donné ses chefs-d'œuvre, et ses catégories de chefs-d'œuvre, — cathédrales, châteaux, palais, admirables *séries*, — il importe de se reporter au principe le plus délicat et le plus solide de tous les arts ; qui est l'accord intime, et aussi profond que le permet la nature des choses entre la *matière* et la *figure* de l'ouvrage.

L'indissolubilité de ces deux éléments est le but incontestable de tout grand art. L'exemple le plus simple est celui que nous offre la poésie, à l'existence de laquelle l'union étroite ou la mystérieuse *symbiose du son et du sens* est essentielle.

C'est par cette recherche d'une liaison qui doit se pressentir et s'accomplir dans la vivante profondeur de l'artiste, et en quelque sorte *dans tout son corps*, que l'œuvre peut acquérir quelque ressemblance avec les productions vivantes de la nature, dans lesquelles il est impossible de dissocier les forces et les formes.

En ce qui concerne l'architecture, il faut s'accoutumer, pour en avoir une opinion exacte et en tirer une jouissance supérieure, à distinguer les constructions dont la figure et la matière sont demeurées indépendantes l'une de l'autre, de celles où ces deux facteurs ont été rendus comme inséparables. Le public confond trop souvent les qualités véritablement architectoniques avec les effets de décor purement extérieurs. On se satisfait d'être ému, ou étonné, ou amusé par des apparences théâtrales ; et sans doute, il existe de très beaux monuments qui émerveillent les yeux quoiqu'ils soient faits d'une grossière matière, d'un noyau de concrétion revêtu d'enduits menteurs, de marbres appliqués, d'ornements rapportés. Mais, au regard de l'esprit, *ces bâtisses ne vivent pas*. Elles sont des masques, des simulacres sous lesquels se dissimule une misérable vérité. Mais, au contraire, il suffit au connaisseur de considérer une simple église de village, comme il en existe encore des milliers en France, pour recevoir le choc du Beau total, et ressentir, en quelque sorte, *le sentiment d'une synthèse*.

Nos constructeurs des grandes époques ont toujours *visiblement* conçu leurs édifices d'un seul jet, — et non en deux *moments* de l'esprit ou en deux séries d'opérations, les unes relatives à la forme, les autres à la matière. Si l'on me permet cette expression, ils pensaient en matériaux. D'ailleurs la magnifique qualité de la pierre dans les régions où l'architecture médiévale la plus pure s'est développée, leur était éminemment favorable à ce mode de concevoir. Si l'on considère la suite des découvertes et des réalisations qui se sont produites dans cet ordre de choses du XIIe au XIVe siècle, on assiste à une évolution bien remarquable, qui peut s'interpréter comme une lutte entre une imagination et des desseins de plus en plus hardis, un désir croissant de légèreté, de fantaisie et de richesse, — et d'autre part, un sentiment de la matière et de ces propriétés qui ne s'obscurcit et ne s'égare que vers la fin de cette grande époque. Ce développement est marqué par l'accroissement de la science combinée de la structure et de la coupe des pierres, et s'achève par des prodiges et par les abus inévitables d'une virtuosité excessive. Mais avant d'en arriver à cette décadence, que de chefs-d'œuvre, quels accords extraordinairement justes entre les facteurs de l'édifice ! L'art n'a jamais approché de si près la logique et la grâce des êtres vivants, — j'entends, de ceux que la nature a heureusement réussis, — que dans ces œuvres admirables qui, bien différentes de celles dont la valeur se réduit à la valeur d'un décor de théâtre, supportent, et même suggèrent et imposent, le mouvement, l'examen, la réflexion. Circonstance singulière : nous ignorons entièrement les méthodes, la culture technique et théorique, les connaissances mathématiques et mécaniques de leurs grands créateurs.

Je signalerai au passage deux caractères très importants de leurs ouvrages, qui illustreront avec précision ce que je viens de dire au sujet de leur manière de concevoir. Entrez à Notre-Dame de Paris, et considérez la tranche de l'édifice qui est comprise entre deux piliers successifs de la nef. Cette tranche constitue un tout. Elle est comparable à un segment de vertébré. Au point de vue de la structure comme au point de vue de la décoration, elle est un élément intégrant complet, et *visiblement* complet. D'autre part, si vous portez votre attention sur les profils des formes, sur le détail des *formes de passage*, des moulures, des nervures, des bandeaux, des arêtes qui conduisent l'œil dans ses mouvements, vous trouverez dans la compréhension de ces moyens auxiliaires si simples en eux-mêmes, une impression comparable à celle que donne en musique l'art de moduler et de transporter insensiblement d'un état dans un autre une âme d'auditeur. Mais il n'est pas besoin d'édifices considérables pour faire apparaître ces qualités supérieures. Une chapelle, une maison très simples suffisent, dans dix mille villages, à nous représenter des témoins séculaires de ce sentiment de l'intimité de la forme avec la matière, par laquelle une construction, même tout humble, a le caractère d'une production spontanée du sol où elle s'élève.

Après tout ce que j'ai dit, on ne sera point étonné que je considère la France elle-même comme une *forme*, et qu'elle m'apparaisse comme une *œuvre*. C'est une nation dont on peut dire qu'elle est faite de main d'homme, et qu'elle est en quelque manière dessinée et construite comme une figure dont la diversité de ses parties s'arrangent en un individu. Or pourrait dire aussi qu'elle est une sorte de *loi*, qu'un certain territoire et une certaine combinaison ethnique donnent à un groupement humain qui ne cesse au cours des âges de s'organiser et de se réorganiser suivant cette loi. L'effet le plus visible de la loi qui ordonne l'existence de la France est, comme je l'ai dit plus haut, la fonction de Paris, et la singularité de son rôle. Ce phénomène capital était nécessaire dans un pays qui n'est point défini par une race dominante, ni par des traditions ou des croyances, ni par des circonstances économiques, mais par un équilibre très complexe, une diversité extrêmement riche, un ensemble de différences des êtres et des climats auxquels devait répondre un organe de coordination très puissant. Quant au caractère de la nation, on le connaît assez. Elle est vive d'esprit, généralement prudente dans les actes, mobile à la surface, constante et fidèle en profondeur. Elle néglige assez facilement ses traditions, garde indéfiniment ses habitudes ; elle est sagace et légère, clairvoyante et distraite, tempérée à l'excès, et même infiniment trop modérée dans ses vrais désirs pour une époque où l'énormité des ambitions, la monstruosité des appétits sont presque des conditions normales. Le Français se contente de peu. Il n'a pas de grands besoins matériels, et ses instincts sont modérés. Même il considère avec un certain scepticisme le développement du machinisme et les progrès de cet ordre dans lequel il lui arrive souvent de créer et de s'endormir sur son œuvre, laissant aux autres le soin et le profit de s'en servir. Peut-être les Français pressentent-ils tout ce que l'esprit et ses valeurs générales peuvent perdre par l'accroissement indéfini de l'organisation et du spécialisme.

Ce dernier trait s'accorde bien avec la thèse générale de ma petite étude. Il est clair qu'un peuple essentiellement hétérogène et qui vit de l'unité de ses différences internes, ne pourrait, sans s'altérer profondément, adopter le mode d'existence uniforme et entièrement discipliné qui convient aux nations dont le rendement industriel et la satisfaction standardisée sont des conditions ou des idéaux conformes à leur nature. Le contraste et même les contradictions sont presque essentiels à la France. Ce pays où l'indifférence en matière de religion est si commune, est aussi le pays des plus récents miracles. Pendant les mêmes années que Renan développait sa critique et que le positivisme ou l'agnosticisme s'élargissaient, une apparition illuminait la grotte de Lourdes. C'est au pays de Voltaire et de quelques autres que la foi est la plus sérieuse et la plus solide, peut-être, et que les Ordres se recruteraient le plus aisément ; c'est à lui que l'Église a attribué les canonisations les plus nombreuses dans ces dernières années. Mais peu de superstitions ; je veux dire : moins qu'ailleurs. Il y a en France moins de télépathies, moins de recherches « psychiques », moins d'évocations et de thérapeutiques prestigieuses, qu'il n'y en a dans certaines contrées moins superficielles. Je ne veux pas dire qu'il n'y en ait point.

FONCTION DE PARIS

Une très grande ville a besoin du reste du monde, s'alimente comme une flamme aux dépens d'un territoire et d'un peuple dont elle consume et change en *esprit*, en *paroles*, en *nouveautés*, en *actes* et en *œuvres* les trésors muets et les réserves profondes. Elle rend vif, ardent, brillant, bref et actif ce qui dormait, couvait, s'amassait, mûrissait ou se décomposait sans éclat dans l'étendue vague et semblable à elle-même d'une vaste contrée. Les terres habitées se forment ainsi des manières de *glandes*, organes qui élaborent ce qu'il faut aux hommes de plus exquis, de plus violent, de plus vain, de plus abstrait, de plus excitant, de moins nécessaire à l'existence élémentaire ; quoique indispensable à l'édification d'êtres supérieurs, puissants et complexes, et à l'exaltation de leurs valeurs.

Toute grande ville d'Europe ou d'Amérique est cosmopolite : ce qui peut se traduire ainsi : plus elle est vaste, plus elle est diverse, plus grand est le nombre des races qui y sont représentées, des langues qui s'y parlent, des dieux qui s'y trouvent adorés simultanément.

Chacune de ces trop grandes et trop vivantes cités, créations de l'inquiétude, de l'avidité, de la volonté combinées avec la figure locale du sol et la situation géographique, se conserve et s'accroît en attirant à soi ce qu'il y a de plus ambitieux, de plus remuant, de plus libre d'esprit, de plus raffiné dans les goûts, de plus vaniteux, de plus luxurieux et de plus lâche quant aux murs. On vient aux grands centres pour avancer, pour triompher, pour s'élever ; pour jouir, pour s'y consumer ; pour s'y fondre et s'y métamorphoser ; et en somme pour *jouer*, pour se trouver à la portée du plus grand nombre possible de chances et de proies, — femmes, places, clartés, relations, facilités diverses ; — pour attendre ou provoquer l'événement favorable dans un milieu dense et chargé d'occasions, de circonstances, et comme riche d'imprévu, qui engendre à l'imagination toutes les promesses de l'incertain. Chaque grande ville est une immense maison de jeux.

Mais dans chacune il est quelque jeu qui domine. L'une s'enorgueillit d'être le marché de tout le diamant de la terre ; l'autre tient le contrôle du coton. Telle porte le sceptre du café, ou des fourrures, ou des soies ; telle autre fixe le cours des frets, ou des fauves, ou des métaux. Toute une ville sent le cuir ; l'autre, la poudre parfumée.

Paris fait un peu de tout. Ce n'est point qu'il n'ait sa spécialité et sa propriété particulière ; mais elle est d'un ordre plus subtil, et la fonction qui lui appartient à lui seul est plus difficile à définir que celles des autres cités.

La parure des femmes et la variation de cette parure ; la production des romans et des comédies ; les arts divers qui tendent au raffinement des plaisirs fondamentaux de l'espèce, tout ceci lui est communément et facilement attribué.

Mais il faut y regarder plus attentivement et chercher un peu plus à fond le caractère essentiel de cet illustre Paris.

Il est d'abord à mes yeux la ville la plus *complète* qui soit au monde, car je n'en vois point où la diversité des occupations, des industries, des fonctions, des produits et des idées soit plus riche et mêlée qu'ici.

Être à soi seule la capitale politique, littéraire, scientifique, financière, commerciale, voluptuaire et somptuaire d'un grand pays ; en représenter toute l'histoire ; en absorber et en concentrer toute la substance pensante aussi bien que tout le crédit et presque toutes les facultés et disponibilités d'argent, — et tout ceci, bon et mauvais pour la nation qu'elle couronne, c'est par quoi se distingue entre toutes les villes géantes, la Ville de Paris. Les conséquences, les immenses avantages, les inconvénients, les graves dangers de cette concentration sont aisés à imaginer.

Ce rapprochement si remarquable d'êtres diversement inquiets, d'intérêts tout différents entre eux qui s'entrecroisent ; de recherches qui se poursuivent dans le même air, qui, s'ignorant, ne peuvent toutefois qu'elles ne se modifient l'une l'autre *par influence* ; ces mélanges précoces de jeunes hommes dans leurs cafés, ces combinaisons fortuites et ces reconnaissances tardives d'hommes mûrs et parvenus dans les salons, le jeu beaucoup plus facile et accéléré qu'ailleurs des individus dans l'édifice social, suggèrent une image de Paris toute « psychologique ».

Paris fait songer à je ne sais quel grossissement d'un organe de l'esprit. Il y règne une mobilité toute mentale. Les généralisations, les dissociations, les reprises de conscience, l'oubli, y sont plus prompts et plus fréquents qu'en aucun lieu de la terre. Un homme par un seul mot s'y fait un nom ou se détruit en un instant. Les êtres ennuyeux n'y trouvent pas autant de faveur qu'on leur en accorde en d'autres villes de l'Europe ; et ceci au détriment quelquefois des idées profondes. Le charlatanisme y existe, mais presque aussitôt reconnu et défini. Il n'est pas mauvais à Paris de dégoiser ce que l'on a de solide et de péniblement acquis sous une légèreté et une grâce qui préservent les secrètes vertus de la pensée attentive et étudiée. Cette sorte de pudeur ou de prudence est si commune à Paris qu'elle lui donne au regard étranger l'apparence d'une ville de pur luxe et de mœurs faciles. Le plaisir est en évidence. On y vient expressément pour s'y délivrer, pour se divertir. On y prend aisément bien des idées fausses sur la nation la plus mystérieuse du monde, d'ailleurs la plus ouverte.

Encore quelques mots sur un grand sujet qu'il ne s'agit point ici d'épuiser.

Ce Paris, dont le caractère résulte d'une très longue expérience, d'une infinité de vicissitudes historiques ; qui, dans un espace de trois cents ans, a été deux ou trois fois la tête de l'Europe, deux ou trois fois conquis par l'ennemi, le théâtre d'une demi-douzaine de révolutions politiques, le créateur d'un nombre admirable de renommées, le destructeur d'une quantité de niaiseries ; et qui appelle continuellement à soi la fleur et la lie de la race, s'est fait la métropole de diverses libertés et la capitale de la sociabilité humaine.

L'accroissement de la crédulité dans le monde, qui est dû à la fatigue de l'idée nette, à l'accession de populations exotiques à la vie civilisée, menace ce qui distinguait l'esprit de Paris. Nous l'avons connu capitale de la *qualité*, et capitale de la *critique*. Tout fait craindre pour ces couronnes que des siècles de délicates expériences, d'éclaircissements et de choix avaient ouvrées.

ORIENT ET OCCIDENT

Préface au livre d'un chinois

Rares sont les livres délicieux ; et rares les livres de véritable importance. On ne voit donc presque jamais la combinaison de ces valeurs. Cependant, l'improbable n'est pas l'impossible ; il peut arriver une fois qu'une œuvre charmante soit le signe d'une époque du monde.

Je trouve dans celle-ci, sous les couleurs les plus douces et les apparences les plus gracieuses, les prémices de grandes et d'admirables nouveautés. Elle me fait songer à l'aurore, au phénomène rose qui, par ses tendres nuances, insinue et annonce l'immense événement de la naissance d'un jour.

Quoi de plus neuf et de plus capable de conséquences profondes, que l'entreprise d'une correspondance toute directe entre les esprits de l'Europe et ceux de l'Extrême-Asie, et même entre les cœurs ? Ce commerce des sentiments et des pensées jusqu'ici n'eut pas d'existence. Il n'y a personne encore pour y croire, parmi nous.

La Chine, fort longtemps nous fut une planète séparée. Nous la peuplions d'un peuple de fantaisie, car il n'est rien de plus naturel que de réduire les autres à ce qu'ils offrent de bizarre à nos regards. Une tête à perruque et à poudre, ou porteuse d'un chapeau « haut de forme », ne peut concevoir des têtes à longue queue.

Nous prêtions pêle-mêle à ce peuple extravagant, de la sagesse et des niaiseries ; de la faiblesse et de la durée ; une inertie et une industrie prodigieuses ; une ignorance, mais une adresse ; une naïveté, mais une subtilité incomparable ; une sobriété et des raffinements miraculeux ; une infinité de ridicules. On considérait la Chine immense et impuissante ; inventive et stationnaire, superstitieuse et athée ; atroce et philosophique ; patriarcale et corrompue ; et déconcertés par cette idée désordonnée que nous en avions, ne sachant où la placer, dans notre système de la civilisation que nous rapportons invinciblement aux Égyptiens, aux Juifs, aux Grecs et aux Romains ; ne pouvant ni la ravaler au rang de barbare qu'elle nous réserve à nous-mêmes, ni la hausser à notre point d'orgueil, nous la mettions dans une autre sphère et dans une autre chronologie, dans la catégorie de ce qui est à la fois réel et incompréhensible ; coexistant, mais à l'infini.

Rien, par exemple, ne nous est plus malaisé à concevoir, que la limitation dans les volontés de l'esprit et que la modération dans l'usage de la puissance matérielle. Comment peut-on inventer la boussole, — se demande l'Européen, — sans pousser la curiosité et continuer son attention jusqu'à la science du magnétisme ; et comment, l'ayant inventée, peut-on ne pas songer à conduire au loin une flotte qui aille reconnaître et maîtriser les contrées au delà des mers ? — Les mêmes qui inventent la poudre, ne s'avancent pas dans la chimie et ne se font point de canons : ils la dissipent en artifice et en vains amusements de la nuit.

La boussole, la poudre, l'imprimerie, ont changé l'allure du monde. Les Chinois, qui les ont trouvées, ne s'aperçurent donc pas qu'ils tenaient les moyens de troubler indéfiniment le repos de la terre.

Voilà qui est un scandale pour nous. C'est à nous, qui avons au plus haut degré le sens de l'abus, qui ne concevons pas qu'on ne l'ait point et qu'on ne tire, de tout avantage et de toute occasion, les conséquences les plus rigoureuses et les plus excessives, qu'il appartenait de développer ces inventions jusqu'à l'extrême de leurs effets. Notre affaire n'est-elle point de rendre l'univers trop petit pour nos mouvements, et d'accabler notre esprit, non plus tant par l'infinité indistincte de ce qu'il ignore que par la quantité actuelle de tout ce qu'il pourrait et ne pourra jamais savoir ?

Il nous faut aussi que les choses soient toujours plus intenses, plus rapides, plus précises, plus concentrées, plus surprenantes. Le nouveau, qui est cependant le périssable par essence, est pour nous une qualité si éminente, que son absence nous corrompt toutes les autres et que sa présence les remplace. A peine de nullité, de mépris et d'ennui ; nous nous contraignons d'être toujours plus *avancés* dans les arts, dans les mœurs, dans la politique et dans les idées, et nous sommes formés à ne plus priser que l'étonnement et l'effet instantané de choc. César estimant qu'on n'avait rien fait, tant qu'il restait quelque chose à faire ; Napoléon qui écrit : » *Je ne vis jamais que dans deux ans* », semblent avoir communiqué cette inquiétude, cette intolérance à l'égard de tout ce qui est, à presque toute la race blanche. Nous sommes excités comme eux à ne rien faire qui ne détruise ce qui le précède, moyennant sa propre dissipation.

Il est à remarquer que cette tendance, que l'on pourrait croire créatrice, n'est pas, en réalité, moins automatique dans son procédé que la tendance contraire. Il arrive assez souvent que la poursuite systématique du neuf soit une forme de moindre action, — une simple *facilité*.

Entre une société dont l'accélération est devenue une loi évidente, et une autre dont l'inertie est la propriété la plus sensible, les relations ne peuvent guère être symétriques, et la réciprocité, qui est la condition de l'équilibre, et qui définit le régime d'une véritable paix, ne saurait que difficilement exister.

Il y a pire.

Par malheur pour le genre humain, il est dans la nature des choses que les rapports entre les peuples commencent toujours par le contact des individus le moins faits pour rechercher les racines communes et découvrir, avant toute chose, la correspondance des sensibilités.

Les peuples se touchent d'abord par leurs hommes les plus durs, les plus avides ; ou bien par les plus déterminés à imposer leurs doctrines et à donner sans recevoir, ce qui les distingue des premiers. Les uns et les autres n'ont point l'égalité des échanges pour objet, et leur rôle ne consiste pas le moins du monde à respecter le repos, la liberté, les croyances ou les biens d'autrui. Leur énergie, leurs talents, leurs lumières, leur dévouement sont appliqués à créer ou à exploiter l'inégalité. Ils se dépensent, et souvent ils se sacrifient dans l'entreprise de faire aux autres ce qu'ils ne voudraient pas qu'on leur fît. Or, il faut nécessairement mépriser les gens, parfois sans en avoir le sentiment, et même avec une bonne conscience, — pour s'employer à les réduire ou à les séduire. Au commencement est le mépris : pas de réciprocité plus aisée, ni de plus prompte à établir.

Une méconnaissance, un mutuel dédain, et même une *antipathie* essentielle, une sorte de négation en partie double, quelques arrière-pensées de violence ou d'astuce, — telle était jusqu'ici la substance psychologique des rapports qu'entretenaient les uns avec les autres les *magots* et les *diables étrangers*.

Mais le temps vient que les diables étrangers se doivent émouvoir des immenses effets de leurs vertus actives. Ces étranges démons, ivres d'idées, altérés de puissance et de connaissances, excitant, dissipant au hasard les énergies naturelles dormantes ; évoquant plus de forces qu'ils ne savent en conjurer ; édifiant des formes de pensée infiniment plus complexes et plus générales que toute pensée, se sont plu, d'autre part, à tirer de leur stupeur ou de leur torpeur des races primitives ou des peuples accablés de leur âge.

Dans cet état des choses, une guerre de fureur et d'étendue inouïes ayant éclaté, un état panique universel a été créé, et le genre humain remué dans sa profondeur. Les hommes de toute couleur, de toutes coutumes, de toute culture, ont été appelés à cette sorte de Jugement avant-dernier. Toutes les idées et les opinions, les préjugés et les évaluations sur quoi se fondait la stabilité politique antérieure, se trouvèrent soumises à de formidables preuves. Car la guerre est le choc de l'événement contre l'attente ; le physique dans toute sa puissance y tient le psychique en état : une guerre longue et générale bouleverse dans chaque tête l'idée qu'elle s'était faite du monde et du lendemain.

C'est que la paix n'est qu'un système de conventions, un équilibre de symboles, un édifice essentiellement fiduciaire. La menace y tient lieu de l'acte ; le papier y tient lieu de l'or ; l'or y tient lieu de tout. Le crédit, les probabilités, les habitudes, les souvenirs et les paroles, sont alors des éléments immédiats du jeu politique, — car toute politique est spéculation, opération plus ou moins réelle sur des valeurs fictives. *Toute politique se réduit à faire de l'escompte ou du report de puissance.* La guerre liquide enfin ces positions, exige la présence et le versement des forces vraies, éprouve les cœurs, ouvre les coffres, oppose le fait à l'idée, les résultats aux renommées, l'accident aux prévisions, la mort aux phrases. Elle tend à faire dépendre le sort ultérieur des choses de la réalité toute brute de l'instant.

La dernière guerre a donc été féconde en révélations. On a vu les plus hautaines et les plus riches nations du globe, réduites à une sorte de mendicité, appelant les plus faibles à l'aide, sollicitant des bras, du pain, des secours de toute nature, incapables de soutenir, à soi seules, la suprême partie où leur puissance même les avait engagées. Bien des yeux se sont ouverts, bien des réflexions et des comparaisons se sont instituées.

Mais ce n'est point chez nous que se développent les suites les plus importantes de ces grands événements. Ce ne sont pas du tout les peuples qui furent le plus directement mêlés ou opposés dans le conflit qui s'en trouvent aujourd'hui le plus troublés et transformés. Les effets de la guerre s'élargissent hors d'Europe, et il n'y a point de doute que nous verrons revenir des antipodes les conséquences d'un ébranlement qui s'est communiqué à la masse énorme de l'Orient.

Les *magots* connaissent enfin les inconvénients d'une passivité trop obstinée et trop prolongée. Ils eurent longtemps pour principe que tout changement est mauvais, cependant que les *diables étrangers* suivaient la maxime contraire. Ces héritiers de la dialectique grecque, de la sagesse romaine et de la doctrine évangélique, ayant été tirer de son sommeil le seul peuple du monde qui se soit accommodé, pendant je ne sais combien de siècles, du gouvernement de littérateurs raffinés, on ne sait ce qui adviendra, quelles perturbations générales devront se produire, quelles transformations internes de l'Europe, ni vers quelle nouvelle forme d'équilibre le monde humain va graviter dans l'ère prochaine.

Mais regardant humainement ces problèmes humains, je me borne à considérer en lui-même le rapprochement inévitable de ces peuples si différents. Voici des hommes en présence qui ne s'étaient jamais regardés que comme radicalement étrangers ; et ils l'étaient, car ils n'avaient aucun besoin les uns des autres. Nous n'étions, en toute rigueur, que des *bêtes curieuses* les uns pour les autres, et si nous étions contraints de nous concéder mutuellement certaines vertus, ou quelque supériorité sur certains points, ce n'était guère plus que ce que nous faisons quand nous reconnaissons à tels ou à tels animaux une vigueur ou une agilité ou une industrie que nous n'avons pas.

C'est que nous ne nous connaissions, et ne nous connaissons encore, que par les actes de commerce, de guerre, de politique temporelle ou spirituelle, toutes relations auxquelles sont essentiels la notion d'adversaire et le mépris de l'adversaire.

Ce genre de rapports est nécessairement superficiel. Non seulement il s'accorde avec une parfaite ignorance de l'intime des êtres, mais encore il l'exige : il serait bien pénible et presque impossible de duper, de vexer ou de supprimer quelqu'un dont la vie profonde vous serait présente et la sensibilité mesurable par la vôtre.

Mais tout mène les populations du globe à un état de dépendance réciproque si étroit et de communications si rapides qu'elle ne pourront plus, dans quelque temps, se méconnaître assez pour que leurs relations se restreignent à de simples manœuvres intéressées. Il y aura place pour autre chose que les actes d'exploitation, de pénétration, de coercition et de concurrence.

Depuis longtemps déjà, l'art de l'Extrême-Orient impose à nos attentions d'incomparables objets. L'Occident, qui se pique de tout comprendre et de tout assimiler à sa substance dévorante, place au premier rang, dans ses collections, quantité de merveilles qui lui sont venues de là-bas *per fas et nefas*.

Peut-être est-ce le lieu de remarquer que les Grecs, si habiles dans la proportion et la composition des formes, semblent avoir négligé le raffinement dans la matière. Ils se sont contentés de celle qu'ils trouvaient auprès d'eux et n'ont rien recherché de plus délicat, rien qui arrête les sens indéfiniment et diffère l'introduction des idées. Mais nous devons à l'Empire du Ciel l'exquise invention de la soie, celles de la porcelaine, des émaux, du papier, et bien d'autres encore, qui nous sont devenues toutes familières, tant elles se sont trouvées heureusement adaptées aux goûts de la civilisation universelle.

Mais c'est peu que d'admirer et d'utiliser les talents d'une race étrangère, si l'on ne laisse d'en dédaigner les sentiments et l'âme pour se réduire à caresser de l'œil, les vases, les laques, les ouvrages d'ivoire, de bronze et de jade qu'elle a produits. Il y a quelque chose plus précieuse encore, dont ces chefsd'œuvre ne sont que les démonstrations, les divertissements et les reliques : c'est la vie.

M. Cheng, de qui je me permets de présenter et de recommander le livre au public, se propose de nous faire aimer ce que nous avons si longtemps ignoré, méprisé et raillé avec tant de naïve assurance.

Ce lettré, fils de lettrés, descendant d'une antique famille, qui compte parmi ses ancêtres le vénérable et illustre Lao-Tseu, est venu parmi nous s'instruire aux sciences naturelles. Il a écrit en français son ouvrage.

Il ne prétend à rien de moins qu'à nous faire pénétrer dans la vivante profondeur de cet abîme d'hommes innombrables, dont nous ne savons jusqu'ici que ce que nous en disent des observateurs trop semblables à nous.

L'ambition de notre auteur est singulière. Il veut toucher notre cœur. Il nous veut éclairer la Chine intérieurement et y placer une douce lumière qui nous fasse voir par transparence tout l'organisme de la famille chinoise, qui nous en montre les mœurs, les vertus, les grandeurs et les misères, la structure intime, la force végétale infinie.

Il s'y est pris de la sorte la plus originale, la plus délicate et la plus habile : il a choisi sa propre mère, pour personnage essentiel. Cette dame au grand cœur est une figure charmante. Soit qu'elle conte la douloureuse histoire du supplice infligé à ses pieds, ou les incidents de sa vie dans la maison ; ou bien qu'elle fasse à ses enfants des contes délicieux aussi purs et aussi mystiques que certaines fables des anciens, ou qu'elle nous livre enfin ses impressions des événements politiques, la guerre avec les Japonais ou la révolte des Boxers, j'ai trouvé de l'enchantement à l'écouter.

Prendre une mère toute tendre et tout aimable pour interprète de sa race auprès du genre humain est une idée si surprenante et si juste qu'il est impossible de n'en être pas séduit et comme ébranlé.

Dirai-je ici toute ma pensée ? Si l'auteur nous eût mieux connus lui serait-il venu à l'esprit d'invoquer le nom et l'être de sa mère, est-il jamais songé de nous convertir à l'amour universel par le détour de la tendresse maternelle ? Je n'imagine guère un occidental s'avisant de s'adresser aux peuples de la Chine de par le sentiment le plus auguste. On peut méditer sur ceci. Tout ce livre, d'ailleurs, ramène les pensées à l'Europe, à ses mœurs, ses croyances, ses lois, et surtout sa politique... Ici, comme là-bas, chaque instant souffre du passé et de l'avenir. Il est clair que la tradition et le progrès sont deux grands ennemis du genre humain.

PROPOS SUR LE PROGRÈS

Les artistes naguère n'aimaient pas ce qu'on appelait le Progrès. Ils n'en voyaient pas dans les œuvres beaucoup plus que les philosophes dans les mœurs. Ils condamnaient les actes barbares du savoir, les brutales opérations de l'ingénieur sur les paysages, la tyrannie des mécaniques, la simplification des types humains qui compense la complication des organismes collectifs. Vers 1840, on s'indignait déjà des premiers effets d'une transformation à peine ébauchée. Les Romantiques, tout contemporains qu'ils étaient des Ampère et des Faraday, ignoraient aisément les sciences, ou les dédaignaient ; ou n'en retenaient que ce qui s'y trouve de fantastique. Leurs esprits se cherchaient un asile dans un moyen âge qu'ils se forgeaient ; fuyaient le chimiste dans l'alchimiste. Ils ne se plaisaient que dans la Légende ou dans l'Histoire, c'est-à-dire aux antipodes de la Physique. Ils se sauvaient de l'existence organisée dans la passion et les émotions, dont ils instituèrent une culture (et même une comédie).

Voici cependant une contradiction assez remarquable dans la conduite intellectuelle d'un grand homme de cette époque. Le même Edgar Poe, qui fut l'un des premiers à dénoncer la nouvelle barbarie et la superstition du moderne, est aussi le premier écrivain qui ait songé à introduire dans la production littéraire, dans l'art de former des fictions, et jusque dans la poésie, le même esprit d'analyse et de construction calculée dont il déplorait, d'autre part, les entreprises et les forfaits.

En somme, à l'idole du Progrès répondit l'idole de la malédiction du Progrès ; ce qui fit *deux lieux communs.*

Quant à nous, nous ne savons que penser des changements prodigieux qui se déclarent autour de nous et même en nous. Pouvoirs nouveaux, gênes nouvelles, le monde n'a jamais moins su où il allait.

∽

Comme je songeais à cette antipathie des artistes à l'égard du progrès, il me vint à l'esprit quelques idées accessoires qui valent ce qu'elles valent, et que je donne pour aussi vaines que l'on voudra.

Dans la première moitié du XIXe siècle, l'artiste découvre et définit son contraire, — le *bourgeois*. Le bourgeois est la figure symétrique du romantique. On lui impose d'ailleurs des propriétés contradictoires, car on le fait à la fois esclave de la routine et sectateur absurde du progrès. Le bourgeois aime le solide et croit au perfectionnement. Il incarne le sens commun, l'attachement à la réalité la plus sensible, — mais il a foi dans je ne sais quelle amélioration croissante et presque fatale des conditions de la vie. L'artiste se réserve le domaine du « Rêve ».

Or la suite du temps — ou si l'on veut, le démon des combinaisons inattendues, (celui qui tire et déduit de ce qui est les conséquences les plus surprenantes dont il compose ce qui sera) — s'est divertie à former une confusion tout admirable de deux notions jadis exactement opposées. Il arriva que le merveilleux et le positif ont contracté une étonnante alliance, et que ces deux anciens ennemis se sont conjurés pour engager nos existences dans une carrière de transformations et de surprises indéfinie. On peut dire que les hommes s'accoutument à considérer toute connaissance comme transitive, tout état de leur industrie et de leurs relations matérielles comme provisoire. Ceci est neuf. Le statut de la vie générale doit de plus en plus tenir compte de l'inattendu. Le réel n'est plus terminé nettement. Le lieu, le temps, la matière admettent des libertés dont on n'avait naguère aucun pressentiment. La rigueur engendre des rêves. Les rêves prennent corps. Le sens commun, cent fois confondu, bafoué par d'heureuses expériences, n'est plus invoqué que par l'ignorance. La valeur de l'évidence moyenne est tombée à rien. Le fait d'être communément reçus, qui donnait autrefois une force invincible aux jugements et aux opinions, les déprécie aujourd'hui. Ce qui fut cru par tous, toujours et partout, ne paraît plus peser grand'chose. A l'espèce de certitude qui émanait de la concordance des avis ou des témoignages d'un grand nombre de personnes, s'oppose l'objectivité des enregistrements contrôlés et interprétés par un petit nombre de spécialistes. Peut-être, le prix qui s'attachait au consentement général (sur lequel consentement reposent nos mœurs et nos lois civiles) n'était-il que l'effet du plaisir que la plupart éprouvent, à se trouver d'accord entre eux et semblables à leurs semblables.

Enfin presque tous les songes qu'avait faits l'humanité, et qui figurent dans nos fables de divers ordres, — le vol, la plongée, l'apparition des choses absentes, la parole fixée transportée, détachée de son époque et de sa source, — et maintes étrangetés qui n'avaient même été rêvées, — sont à présent sorties de l'impossible et de l'esprit. Le fabuleux est dans le commerce. La fabrication de machines à merveilles fait vivre des milliers d'individus. Mais l'artiste n'a pris nulle part à cette production de prodiges. Elle procède de la science et des capitaux. Le bourgeois a placé ses fonds dans les phantasmes et spécule sur la ruine du sens commun.

∽

Louis XIV, au faîte de la puissance, n'a pas possédé la centième partie du pouvoir sur la nature et des moyens de se divertir, de cultiver son esprit, ou de lui offrir des sensations, dont disposent aujourd'hui tant d'hommes de condition assez médiocre. Je ne compte pas, il est vrai, la volupté de commander, de faire plier, d'intimider, d'éblouir, de frapper ou d'absoudre, qui est une volupté divine et théâtrale. Mais le temps, la distance, la vitesse, la liberté, les images de toute la terre...

Un homme d'aujourd'hui, jeune, sain, assez fortuné, vole où il veut, traverse vivement le monde, couchant tous les soirs dans un palais. Il peut prendre cent formes de vie ; goûter un peu d'amour, un peu de certitude, un peu partout. S'il n'est pas sans esprit (mais cet esprit pas plus profond qu'il ne faut), il cueille le meilleur de ce qui est, il se transforme à chaque instant en homme heureux. Le plus grand monarque est moins enviable.

Le corps du grand roi était bien moins heureux que le sien peut l'être ; qu'il s'agisse du chaud ou du froid, de la peau ou des muscles. Que si le roi souffrait, on le secourait bien faiblement. Il fallait qu'il se tordît et gémît sur la plume, sous les panaches, sans l'espoir de la paix subite ou de cette absence insensible que la chimie accorde au moindre des modernes affligés.

Ainsi, pour le plaisir, contre le mal, contre l'ennui, et pour l'aliment des curiosités de toute espèce, quantité d'hommes sont mieux pourvus que ne l'était, il y a deux cent cinquante ans, l'homme le plus puissant d'Europe.

Supposé que l'immense transformation que nous voyons, que nous vivons et qui nous meut, se développe encore, achève d'altérer ce qui subsiste des coutumes, articule tout autrement les besoins et les moyens de la vie, bientôt l'ère toute nouvelle enfantera des hommes qui ne tiendront plus au passé par aucune habitude de l'esprit. L'histoire leur offrira des récits étranges, presque incompréhensibles ; car rien dans leur époque n'aura eu d'exemple dans le passé, ni rien du passé ne survivra dans leur présent. Tout ce qui n'est pas purement physiologique dans l'homme aura changé, puisque nos ambitions, notre politique, nos guerres, nos mœurs, nos arts, sont à présent soumis à un régime de substitutions très rapides ; ils dépendent de plus en plus étroitement des sciences positives, et donc, de moins en moins, de ce qui fut. Le *fait nouveau* tend à prendre toute l'importance que la tradition et le fait historique possédaient jusqu'ici.

Déjà quelque natif des pays neufs qui vient visiter Versailles, peut et doit regarder ces personnages chargés de vastes chevelures mortes, vêtus de broderies, noblement arrêtés dans des attitudes de parade, du même œil dont nous considérons au Musée d'Ethnographie les mannequins couverts de manteaux de plumes ou de peau qui figurent les prêtres et les chefs de peuplades éteintes.

L'un des effets les plus sûrs et les plus cruels du progrès est donc d'ajouter à la mort une peine accessoire, qui va s'aggravant d'elle-même à mesure que s'accuse et se précipite la révolution des coutumes et des idées. Ce n'était pas assez que de périr ; il faut devenir inintelligibles, presque ridicules ; et que l'on ait été Racine ou Bossuet, prendre place auprès des bizarres figures bariolées, tatouées, exposées aux sourires et quelque peu effrayantes, qui s'alignent dans les galeries et se raccordent insensiblement aux représentants naturalisés de la série animale...

Je me suis essayé autrefois à me faire une idée positive de ce que l'on nomme progrès. Éliminant donc toute considération d'ordre moral, politique ou esthétique, le progrès me parut se réduire à l'accroissement très rapide et très sensible de la *puissance* (mécanique) utilisable par les hommes, et à celui de la *précision* qu'ils peuvent atteindre dans leurs prévisions. Un nombre de chevaux-vapeur, un nombre de décimales vérifiables, voilà des indices dont on ne peut douter qu'ils n'aient grandement augmenté depuis un siècle. Songez à ce qui se consume chaque jour dans cette quantité de moteurs de toute espèce, à la destruction de réserves qui s'opère dans le monde. Une rue de Paris travaille et tremble comme une usine. Le soir, une fête de feu, des trésors de lumière expriment aux regards à demi éblouis un pouvoir de dissipation extraordinaire, une largesse presque coupable. Le gaspillage ne serait-il pas devenu une nécessité publique et permanente ? Qui sait ce que découvrirait une analyse assez prolongée de ces excès qui se font familiers ? Peut-être quelque observateur assez lointain, considérant notre état de civilisation, songerait-il que la grande guerre ne fut qu'une conséquence très funeste, mais directe et inévitable du développement de nos moyens ? L'étendue, la durée, l'intensité, et même l'atrocité de cette guerre répondirent à l'ordre de grandeur de nos puissances. Elle fut à l'échelle de nos ressources et de nos industries du temps de paix ; aussi différente par ses proportions des guerres antérieures que nos instruments d'action, nos ressources matérielles, notre surabondance l'*exigeaient*. Mais la différence ne fut pas seulement dans les proportions. Dans le monde physique, on ne peut agrandir quelque chose qu'elle ne se transforme bientôt jusque dans sa *qualité* ; ce n'est que dans la géométrie pure qu'il existe des figures semblables. La similitude n'est presque jamais que dans l'esprit. La dernière guerre ne peut se considérer comme un simple agrandissement des conflits d'autrefois. Ces guerres du passé s'achevaient bien avant l'épuisement réel des nations engagées. Ainsi, pour une seule pièce perdue, les bons joueurs d'échecs abandonnent la partie. C'était donc par une sorte de *convention* que se terminait le drame, et l'événement qui décidait de l'inégalité des forces était plus symbolique qu'effectif. Mais nous avons vu, au contraire, il y a fort peu d'années, la guerre toute moderne se poursuivre fatalement jusqu'à l'extrême épuisement des adversaires, dont toutes les ressources jusqu'aux plus lointaines venaient l'une après l'autre se consumer sur la ligne de feu. Le mot célèbre de Joseph de Maistre qu'une bataille est perdue parce que l'on croit l'avoir perdue, a lui-même perdu de son antique vérité. La bataille désormais est *réellement* perdue, parce que les hommes, le pain, l'or, le charbon, le pétrole manquent non seulement aux armées, mais dans la profondeur du pays.

Parmi tant de progrès accomplis, il n'en est pas de plus étonnant que celui qu'a fait la lumière. Elle n'était, il y a peu d'années, qu'un événement pour les yeux. Elle pouvait être ou ne pas être. Elle s'étendait dans l'espace où elle rencontrait une matière qui la modifiait plus ou moins, mais qui lui demeurait étrangère. La voici devenue la première énigme du monde. Sa vitesse exprime et limite quelque chose d'essentiel à l'univers. On pense qu'elle pèse. L'étude de son rayonnement ruine les idées que nous avions d'un espace vide et d'un temps pur. Elle offre avec la matière des ressemblances et des différences mystérieusement groupées. Enfin cette même lumière, qui était le symbole ordinaire d'une connaissance pleine, distincte et parfaite, se trouve engagée dans une manière de scandale intellectuel. Elle est compromise avec la matière sa complice, dans le procès qu'intente le discontinu au continu, la probabilité aux images, les unités aux grands nombres, l'analyse à la synthèse, le réel caché à l'intelligence qui le traque, — et pour tout dire, l'inintelligible à l'intelligible. La science trouverait ici son point critique. Mais l'affaire s'arrangera.

L'AVANT ET L'APRÈS-GUERRE

Quelle phase étrange de l'Histoire, que cette phase que l'on peut appeler l'ère de la paix armée, et dont je voudrais pouvoir dire, et ne le puis du tout, qu'elle n'est plus qu'un souvenir !

Pendant quarante ans, l'Europe est suspendue dans l'attente d'un conflit dont on sait qu'il sera d'une violence et d'un ordre de grandeur sans exemple. Nulle nation n'est sûre de ne pas s'y trouver engagée. Tout homme dans ses papiers conserve un ordre de rejoindre : La date seule y manque. Quelque jour inconnu, les accidents de la politique y pourvoiront. Pendant quarante années, le retour du printemps se fait craindre. Les bourgeons font songer les hommes d'une saison favorable aux combats. L'explosion, parfois, paraît inconcevable : on en démontre l'impossibilité. La paix armée pèse d'ailleurs si lourdement sur les peuples, grève à ce point les budgets, impose aux individus de si sensibles gênes dans un temps de liberté morale et politique croissante ; elle contraste si évidemment avec la multiplication des échanges, l'ubiquité des intérêts, le mélange des mœurs et des plaisirs internationaux, qu'il semble à bien des esprits tout à fait improbable que cette paix contradictoire, ce faux équilibre, ne se change insensiblement dans une véritable paix, une paix sans armes, et surtout *sans arrière-pensées*. On ne peut croire que l'édifice de la civilisation européenne, si riche de rapports internes si divers, si étroits, puisse jamais être brutalement disloqué et éclater en mêlée de nations furieuses.

La politique bien des fois a reculé devant la détestable échéance, qu'elle sait cependant devoir être la conséquence la plus probable de son activité fatale et de la naïve bestialité de ses mobiles. On vit, on crée, on prospère même, sous le régime pesant de la paix armée, sous le coup toujours imminent de cette fameuse *prochaine guerre*, qui doit être le jugement dernier des puissances et le règlement définitif des querelles historiques et des antagonismes d'intérêts. Dans l'ensemble, un système de tensions, de suspicions, de précautions ; un malaise toujours accru, composé de la persistance des amertumes, de l'inflexibilité des orgueils, de la férocité des concurrences, combiné à la crainte des horreurs que l'on imagine et des conséquences que l'on ne peut imaginer, constitue un équilibre instable et durable, qui est à la merci d'un souffle, et qui se conserve pendant près d'un demi-siècle.

Il y avait, certes, en Europe, quantité de situations explosives ; mais le nœud de cette vaste composition de dangers se trouvait dans l'état des relations franco-allemandes créé par le traité de Francfort. Ce traité de paix était le modèle de ceux qui n'ôtent point tout espoir à la guerre. Il plaçait la France sous une menace latente qui ne lui laissait, au fond, que le choix entre une vassalité perpétuelle à peine déguisée et quelque lutte désespérée.

En conséquence, de 1875 à 1914, des deux côtés de la nouvelle frontière, une concurrence de forces symétriques se déclare. Le préambule de toute histoire de la grande guerre est nécessairement l'histoire de cette guerre singulière des prévisions et des craintes : guerre des armements, des doctrines, des plans d'opérations ; guerre des espionnages, des alliances, des ententes ; guerre des budgets, des voies ferrées, des industries ; guerre constante et sourde. Des dieux côtés de la frontière, cependant que les créations de la culture, les arts, les sciences, les lettres composaient la brillante apparence d'une civilisation toujours plus ornée et plus éloignée de la violence, — des hommes profondément dévoués à leur devoir sévère, qui connaissent la fragilité des supports du splendide édifice de la paix, la charge énorme des antagonismes et des antipathies, — des hommes qui doivent, au jour critique, se trouver brusquement investis de pouvoirs et de responsabilités immenses, se préparent à ce jour solennel qui peut-être ne luira jamais. Ils travaillent parallèlement et jalousement. Les états-majors calculent, croisent leurs desseins opposés qu'ils devinent et pénètrent. Ils forment toutes les hypothèses ; répondent à toute amélioration du système rival, chacun cherchant à organiser à son profit l'inégalité décisive. Des deux côtés de la frontière, encore imperceptibles et bien éloignés de l'éclat et de l'importance capitale que les événements leur donneront, les Klück, les Falkenhayn, les Hindenburg, les Ludendorff, là-bas ; ici, les Joffre, les Castelnau, les Fayolle, les Foch, les Pétain, chacun selon sa nature, sa race, son arme ou son emploi, vivent dans l'avenir et se tiennent aux ordres du destin.

Jamais, dans aucun temps, rien de comparable à cette longue guerre, absente et présente, ardente et imaginaire, sorte de corps à corps technique et intellectuel, avec ses surprises et ses ripostes virtuelles, ses créations d'engins et de moyens, dont la nouveauté trouble parfois les théories en vogue, modifie un instant l'équilibre des forces, déconcerte les routines.

Toute une littérature spéciale, et toute une littérature de fantaisie, parfois plus heureuse que l'autre dans ses prévisions, donnent à imaginer ce que sera l'événement du cataclysme dont l'Europe est grosse. Quelle étrangeté, quel trait nouveau que cette extrême conscience, cette longue et lucide veille ! ...

La « guerre de demain » ne sera point une de ces catastrophes auxquelles on n'a jamais pensé.

Mais des deux côtés de la frontière les conditions de ce travail préparatoire sont bien différentes. Tout le favorise en Allemagne : la forme du gouvernement, d'essence militaire, et dont la victoire a fondé le prestige ; une population surabondante et naturellement disciplinée ; une sorte de mysticisme ethnique ; et chez de nombreux esprits, une foi dans le recours à la force, qu'ils estiment le seul fondement scientifique du droit.

Chez nous, rien de pareil. Un tempérament national à la fois critique et modéré ; une population moins que stationnaire dans un pays de vie facile et douce ; une nation politiquement des plus divisées ; un régime, dont la sensibilité aux moindres mouvements de l'opinion faisait le vice et la vertu. Ces conditions rendaient assez laborieuse toute préparation méthodique et continue à une guerre que nul ne voulait, ni ne pouvait vouloir ; et que chacun, quand il y pensait, ne concevait que comme un acte de défense, une réponse à quelque agression. On peut affirmer que l'idée de déclarer la guerre à quelqu'une des nations voisines ne s'est jamais présentée à un esprit français depuis 1870...

Cependant notre armée, souvent critiquée, exposée tantôt à des suspicions, tantôt à des tentations politiques, profondément troublée en quelques circonstances, sut, en dépit de toutes ces difficultés, accomplir un travail immense. Elle a pu se tromper quelquefois ; mais gardons-nous d'oublier qu'après tout ses erreurs comme sa valeur ne sont que les nôtres. Elle est indivisible de la nation qu'elle reflète exactement. Le pays peut se mirer dans son bouclier.

....

Le sang de l'archiduc a coulé. Les derniers moments de la paix sont venus.

Mais les peuples insouciants jouissent d'une splendide saison. Jamais le ciel plus beau, la vie plus désirable et le bonheur plus mûr. Une douzaine de personnages puissants échangent, sans doute, des télégrammes ou des visites. C'est leur métier. Le reste songe à la mer, à la chasse, aux campagnes.

Tout à coup, entre le soleil et la vie, passe je ne sais quelle nue d'une froideur mortelle. L'angoisse générale naît. Toute chose change de couleur et de valeur. Il y a de l'impossible et de l'incroyable dans l'air. Nul ne peut fixement et solitairement considérer ce qui existe, et l'avenir immédiat s'est altéré comme par magie. Le règne de la mort violente est partout décrété. Les vivants se précipitent, se séparent, se reclassent ; l'Europe, en quelques heures désorganisée, aussitôt réorganisée ; transfigurée, équipée, ordonnée à la guerre, entre tout armée dans l'imprévu.

Là-bas, la guerre est accueillie dans l'ensemble comme une opération grandiose, nécessaire pour briser un système inquiétant de nations hostiles, et pour permettre à la prospérité prodigieuse de l'empire de nouveaux développements. Il règne une confiance immense. Il semble impossible qu'une telle préparation, un tel matériel, une telle volonté de victoire n'emportent point toute résistance. La guerre sera brève. On dictera la paix à Paris dans six semaines. Le ciel lavé par l'orage inévitable ; l'Europe émerveillée, domptée, disciplinée ; l'Angleterre réduite ; l'Amérique contenue dans son progrès ; la Russie et l'Extrême-Orient dominés... Quelles perspectives, et que de chances pour soi ! Observons qu'il n'y avait rien dans tout ceci qui fût tout à fait impossible, et que ces vues d'apparence déraisonnable se pouvaient fort bien raisonner.

Chez nous... Mais est-il besoin que l'on nous rappelle la suprême simplicité de nos sentiments ? Il ne s'agit pour nous que d'être ou de ne plus être. Nous savons trop le sort qui nous attend. On nous a assez dit que nous étions un peuple en décadence, qui ne fait plus d'enfants, qui n'a plus de foi en soi-même ; qui se décompose assez voluptueusement sur le territoire admirable dont il jouit depuis trop de siècles.

Mais cette nation énervée est aussi une nation mystérieuse. Elle est logique dans le discours ; mais parfois surprenante dans l'acte.

La guerre ? dit la France. — *Soit !*

Et c'est alors le moment le plus poignant, le plus significatif, — disons, — le plus adorable de son histoire. Jamais la France frappée à la même heure du même coup de foudre, apparue, convertie à elle-même, n'avait connu, ni pu connaître une telle illumination de sa profonde unité. Notre nation, la plus diverse, et d'ailleurs, l'une des plus divisées qui soit, se figure à chaque Français tout une dans l'instant même. Nos dissensions s'évanouissent, et nous nous réveillons des images monstrueuses qui nous représentent les uns aux autres. Partis, classes, croyances, toutes les idées fort dissemblables que l'on se forme du passé ou de l'avenir se composent. Tout se résout en France pure. Il naît pour quelque temps une sorte d'amitié inattendue, de familiarité générale et sacrée, d'une douceur étrange et toute nouvelle, comme doit l'être celle d'une initiation. Beaucoup s'étonnaient dans leur cœur d'aimer à ce point leur pays ; et, comme il arrive qu'une douleur surprenante nous éveille une connaissance profonde de notre corps et nous éclaire une réalité qui était naturellement insensible, ainsi la fulgurante sensation de l'existence de la guerre fit apparaître et reconnaître à tous la présence réelle de cette patrie, chose indicible, entité impossible à définir à froid, que ni la race, ni la langue, ni la terre, ni les intérêts, ni l'histoire même ne déterminent ; que l'analyse peut nier ; mais qui ressemble par là même, comme par sa toute-puissance démontrée, à l'amour passionné, à la foi, à quelqu'une de ces possessions mystérieuses qui mènent l'homme où il ne savait point qu'il pouvait aller, — au delà de soi-même. Le sentiment de la patrie est peut-être de la nature d'une douleur, d'une sensation rare et singulière, dont nous avons vu, en 1914, les plus froids, les plus philosophes, les plus libres d'esprit être saisis et bouleversés.

Mais encore, ce sentiment national s'accommode aisément chez nous d'un sentiment de l'humanité. Tout Français se sent homme ; c'est peut-être par là qu'il se distingue le plus des autres hommes. Beaucoup rêvaient que l'on allait en finir une bonne fois avec la coutume sanglante et primitive, avec l'atrocité des solutions par les armes. On marchait à la dernière des guerres.

. . . .

Hélas ! il faut bien confesser que tous les buts de guerre n'ont pas été atteints.

L'espoir essentiel de voir s'évanouir l'état de contrainte anxieuse qui pesait sur l'Europe depuis tant d'années n'a pas été rempli. Mais peut-être ne faut-il pas demander à la guerre — ni même à la politique — de pouvoir jamais instaurer une véritable paix !

Le ciel, treize ans après, est fort loin d'être pur.

. . . .

Les uns nous trouvent trop d'or ; les autres, trop de canons ; les autres, trop de territoires ; et nous voici provocateurs de l'univers, non, certes, par la parole, moins encore par l'intention ; mais pour être ce que nous sommes, et pour avoir ce que nous avons.

Mais comment, sans avoir perdu l'esprit, peut-on songer encore à la guerre, entretenir quelque illusion sur ses effets, et penser à lui demander ce que la paix ne peut obtenir ?

Ne parlons que raison. Une guerre jadis pouvait, après tout, se justifier par ses résultats. Elle pouvait se considérer, quoique d'un œil atroce, comme le passage, par la voie des armes, d'une situation définie à une situation définie. Elle pouvait faire l'objet d'un calcul. Elle était entre deux partis une affaire qui se réglait entre deux armées. Le débat était limité ; les pièces du jeu, dénombrables ; et le vainqueur enfin prenait son gain, s'agrandissait, s'enrichissait, jouissait longtemps de son avantage.

Mais l'univers politique a bien changé ; et la froide raison qui, dans le passé, pouvait spéculer sur les bénéfices d'une sanglante entreprise, doit admettre aujourd'hui qu'elle ne peut que s'égarer dans ses prévisions. C'est qu'il ne peut plus être de conflits localisés, de duels circonscrits, de systèmes belligérants fermés. Celui qui entre en guerre ne peut plus prévoir contre qui, avec qui, il l'achèvera. Il s'engage dans une aventure incalculable, contre des forces indéterminées, pour un temps indéfini. Que si même l'issue lui est favorable, à peine la victoire saisie, il devra en disputer les fruits avec le reste du monde, et subir peut-être la loi de ceux qui n'auront pas combattu. Ce dont il est assuré, ce sont des pertes immenses en vies humaines et en biens, qu'il devra éprouver sans compensation, car dans une époque dont les puissants moyens de production se changent en quelques jours en puissants moyens de destruction, dans un siècle où chaque découverte, chaque invention vient menacer le genre humain aussi bien que le servir, les dommages seront tels que tout ce qu'on pourra exiger du vaincu épuisé ne rendra qu'une infime fraction des énormes ressources consumées. Voilà des certitudes. Il s'y ajoute une forte et redoutable probabilité qui est celle de désordres et de bouleversements intérieurs incalculables.

Je crois que je n'ai rien dit que nous ne venions de voir : deux groupes de nations essayer de se dévorer l'un l'autre jusqu'à l'extrême épuisement des principaux adversaires ; toutes les prévisions économiques et militaires en défaut ; des peuples qui se croyaient par leur situation et leurs intentions fort éloignés de prendre part à la lutte, contraints de s'y engager ; des dynasties antiques et puissantes détrônées ; le primat de l'Europe dans le monde compromis, son prestige dissipé ; la valeur de l'esprit et des choses de l'esprit profondément atteinte ; la vie bien plus dure et plus désordonnée ; l'inquiétude et l'amertume un peu partout ; des régimes violents ou exceptionnels s'imposer en divers pays.

Que personne ne croie qu'une nouvelle guerre puisse mieux faire et radoucir le sort du genre humain.

Il semble cependant que l'expérience n'est pas suffisante. Quelques-uns placent leurs espoirs dans une reprise du carnage. On trouve qu'il n'y eut pas assez de détresse, de déceptions, pas assez de ruines ni de larmes ; pas assez de mutilés, d'aveugles, de veuves et d'orphelins. Il paraît que les difficultés de la paix font pâlir l'atrocité de la guerre, dont on voit cependant interdire çà et là les effrayantes images.

Mais est-il une seule nation, de celles qui ont désespérément combattu, qui ne consentirait que la grande mêlée n'eût été qu'un horrible rêve, qui ne voudrait se réveiller frémissante, mais intacte ; hagarde, mais assagie ? Est-il une seule nation, de celles que peut tenter encore la sanglante aventure, qui ose fermement considérer son vœu, peser le risque inconnu, entrevoir, non même la défaite toujours possible, mais toutes les conséquences réelles d'une victoire, — si l'on peut parler de victoire réelle dans une époque où la guerre, s'élevant à la puissance des cataclysmes naturels, saura poursuivre la destruction indistincte de toute vie, des deux côtés d'une frontière, sur l'entière étendue de territoires surpeuplés.

Quelle étrange époque ! ... ou plutôt, quels étranges esprits que les esprits responsables de ces pensées ! . .. En pleine conscience, en pleine lucidité, en présence de terrifiants souvenirs, auprès de tombes innombrables, au sortir de l'épreuve même, à côté des laboratoires où les énigmes de la tuberculose et du cancer sont passionnément attaquées, des hommes peuvent encore songer à essayer de jouer au jeu de la mort...

Balzac, il y a juste cent ans, écrivait : » Sans se donner le temps d'essuyer ses pieds qui trempent dans le sang jusqu'à la cheville, l'Europe n'a-t-elle pas sans cesse recommencé la guerre ?

Ne dirait-on pas que l'humanité, toute lucide et raisonnante qu'elle est, incapable de sacrifier ses impulsions à la connaissance et ses haines à ses douleurs, se comporte comme un essaim d'absurdes et misérables insectes invinciblement attirés par la flamme ?

GEORGES BERNANOS : LA FRANCE CONTRE LES ROBOTS

1946

PRÉFACE

Mon cher ami, c'est à vous et à votre chère et vaillante femme que je veux dédier ces pages, les dernières que j'écrirai au Brésil, après sept années d'exil. Je dis sept années parce que – mieux vaut peut-être le rappeler tout de suite – c'est en 1938 que j'ai quitté mon pays ; je dis sept années d'exil, car, après Munich, fussé-je resté en France, j'y aurais été aussi un exilé.

Voilà longtemps que nous nous connaissons, Rendu, et c'est pourtant aujourd'hui la première fois qu'il m'arrive de dire publiquement ce que je pense de vous. Dans les quatre volumes du Chemin de la Croix-des-Ames, votre nom n'est pas cité une fois. Je n'avais jamais pensé jusqu'ici à cette anomalie, et il est probable que vous n'y aviez pas pensé davantage. Lorsque deux bons ouvriers travaillent côte à côte, chacun d'eux ne pense qu'à sa propre besogne, parce qu'il sait que celle du voisin sera faite aussi consciencieusement que la sienne. Eh bien, Rendu, voilà le témoignage que je veux vous rendre d'abord. Je sais ce que c'est que le travail, le vrai, pas le travail d'amateur. Vous êtes un bon ouvrier, Rendu. Et votre chère femme est aussi une bonne ouvrière ; vous faites, à vous deux, comme aurait dit Péguy, un rude ménage ouvrier. Voilà précisément ce qui n'est pas du goût de tout le monde. On vous aurait pardonné de donner à notre pays de la camelote, de l'article de bazar, et vous lui avez fourni, au contraire, ce que les braves gens de chez nous appellent du bon, du solide, fait avec de vrais outils, de forts et loyaux outils, et qui pesaient le poids qu'il faut. Évidemment, lorsqu'un malheureux atteint de cette curieuse espèce d'anémie morale qui porte le nom de pétainisme, de cette bizarre décoloration de la conscience – la maladie des consciences pâles – vient vous déranger dans votre travail, s'approche trop près de l'établi, et que Mme Rendu lui laisse malicieusement tomber l'outil sur les pieds, le pauvre diable s'en va furieux. Tant pis pour le pauvre diable ! Tant pis pour les décolorés ! Nous trouvons que leur décoloration chronique a déjà coûté très cher à la France. C'est pour eux, pour leur santé, qu'elle est allée jadis à Munich. Elle aurait pu d'ailleurs s'épargner le voyage, car, deux ans plus tard, les décolorés étaient plus décolorés que jamais, la honte de l'armistice ne leur a même pas rendu de couleurs. La France s'occupera d'eux plus tard. Certes, nous ne doutons pas que notre pays reprenne un jour sa place traditionnelle à la tête de la civilisation – ou de ce qu'il en restera, de ce que les conférences en auront laissé ; mais elle a encore beaucoup de chemin à faire, et, lorsqu'on part pour une longue étape, on ne s'embarrasse pas de traînards et de mal fichus.

Cher ami, en m'adressant à vous, je pense à tous ceux qui ont fait, dans cette Amérique du Sud que je vais quitter, le même travail que vous. Je les salue de tout mon cœur. Vous étiez pour la plupart des hommes tranquilles et laborieux, attachés à leur métier, à leur négoce, à leur famille, et généralement peu soucieux de politique. La nouvelle de l'armistice vous a tous frappés de stupeur avant de vous enflammer de colère. Vous n'avez pas discuté l'armistice, vous avez refusé d'entrer dans les prétendues raisons de l'armistice. Vos adversaires en profitent pour vous accuser d'intransigeance, et même de fanatisme. Ils ont ainsi dupé un certain nombre de naïfs qui, dans le but de rassurer leur propre conscience, ne demandaient pas mieux que de vous croire aveuglés par la passion. Car vos pires ennemis, les pires ennemis de votre œuvre, n'étaient pas ceux qui mettaient en doute votre désintéressement, votre sincérité, c'étaient ceux qui feignaient de rendre hommage à « vos illusions généreuses ». Les « illusions généreuses » ! Tout le monde sait ce que ces deux mots signifient aujourd'hui, traduits en patois yankee. On ne pouvait pas dire plus clairement que nous étions des imbéciles. Eh bien, Rendu, lorsque vous et vos amis refusiez d'entrer dans les raisons de l'armistice, ce n'était nullement parce que vous redoutiez d'être convaincus. Vous refusiez d'entrer dans ces raisons parce qu'elles ne valaient rien. Ce que vous opposiez au déshonneur, c'était d'abord, et avant tout, le bon sens – un jugement droit. Mais ce mot de droit n'en suggère-t-il pas un autre ? On ne saurait être à la fois droit et tordu. Qui dit droit, n'est-ce pas, dit aussi inflexible. Vous étiez le bon sens inflexible. Alors que la plupart des valeurs brillantes révélaient brusquement leur impuissance et leur malfaisance, nous menaçant ainsi d'une faillite spirituelle mille fois plus désastreuse que la faillite militaire, la France s'est repliée sur vous, sur le bon sens populaire, comme un homme pressé de toutes parts s'adosse à un mur pour faire face. Vous opposiez le Bon Sens au Réalisme. S'il n'y avait que des salauds dans le monde, le Réalisme serait aussi le Bon Sens, car le Réalisme est précisément le bon sens des salauds. Lorsque, au temps de Munich, Jean Cocteau criait : « Vive la Paix honteuse ! », il prouvait une fois de plus que le Réalisme n'est qu'une exploitation, une déformation du réel, un idéalisme à rebours. Car il n'y a pas de paix honteuse, il n'y a pas de véritable paix dans la honte. Une paix injuste peut, momentanément du moins, produire des fruits utiles, au lieu qu'une paix honteuse restera toujours par définition une paix stérile. Le bon sens et l'honneur sont d'accord sur ce point, quoi de plus naturel ? L'honneur n'est-il pas un peu au bon sens ce que la Sainteté est à la Vertu, l'honneur n'est-il pas le bon sens au degré le plus éminent ? Le bon sens et l'honneur ensemble, voilà sur quoi s'est toujours fondée la grandeur française, voilà le principe de toute union nationale. Les imbéciles de Vichy ont cru très malin d'opposer le bon sens à l'honneur, mais l'honneur et le bon sens ont fini par se rejoindre pour former ce mélange détonant qui a explosé sous leurs derrières. Ils s'en frottent encore les fesses.

Cher ami, à l'heure où j'écris ces lignes, notre Gouvernement vient de vous honorer, honorant dans votre personne tous ceux qui, à travers cette immense Amérique latine, ont tenu bon comme vous. La décoration que vous avez reçue a un immense avantage sur les autres : c'est que, instituée depuis peu de temps, elle n'a pas encore beaucoup servi. Mais vous, Rendu, si l'on veut bien me permettre de risquer cette espèce de calembour, vous avez beaucoup servi, vous avez bien servi, vous avez bien servi la France. Je dis la France, celle d'hier et celle de demain, la France immortelle. Car cette France d'aujourd'hui à laquelle nous appartenons premièrement par la chair, puisque nous y sommes nés, que nous n'avons pas encore achevé d'y mourir, elle est la France, certes, mais une France où se trouvent étroitement mêlés le bon et le mauvais, le périssable et l'impérissable. De la France d'aujourd'hui, vous vous êtes efforcé de servir la part impérissable. Ce service ne va pas sans déceptions. Vous aviez accepté ces déceptions par avance. La France périssable, celle des combinaisons politiques et des partis, destinée à disparaître en même temps que les générations qui la constituent, vous aurait demandé beaucoup moins de sacrifices, pour de considérables profits, n'importe ! Les événements vous ont donné raison, ils ont donné raison à vous et à l'honneur. Cela devrait clore le débat. Malheureusement ce n'est ni à vous ni à l'honneur que se sont ralliés vos anciens adversaires ; ils ne se sont ralliés qu'au succès, afin d'en tirer parti. Nous les voyons déjà exploiter cyniquement vos idées et vos formules. Ils en déforment le sens, ils en faussent l'esprit. Oh ! certes, nous souhaitons autant que personne l'union des Français ; je ne voudrais pas la retarder d'un jour, d'une heure. Mais, il y a quelque chose de plus précieux que l'union, ce sont les principes au nom desquels on s'unit.

Cher Rendu, ni vous, ni vos amis, n'avez jamais refusé d'accueillir ceux qui, reconnaissant leurs erreurs et la nécessité de les réparer, sont venus à vous franchement. Mais vous devez continuer à repousser l'insolente prétention des traîtres, des lâches ou des imbéciles qui n'ont jamais réclamé l'union que pour essayer de la confisquer à leur profit, afin de vous en exclure. Car ils ne vous demandent pas d'oublier ou d'excuser leurs fautes. Ils exigeraient bien plutôt que vous justifiiez ces fautes à vos dépens, aux dépens de la vérité. Voilà précisément ce que vous ne pourriez faire sans trahir la mission que vous avez reçue. L'esprit de l'armistice est inséparable de l'esprit de collaboration, le drame de l'armistice et celui de la collaboration ne font qu'un seul et même drame, celui de la conscience nationale, obscurcie par les équivoques. La loyauté inflexible d'hommes tels que vous a dissipé ces équivoques. Il ne faut pas qu'elles se retrouvent un jour, sous une forme ou sous une autre, dans la conscience des futurs petits Français.

Georges Bernanos.
5 janvier 1945

CHAPITRE UN

Si le monde de demain ressemble à celui d'hier, l'attitude de la France sera révolutionnaire. Lorsqu'on s'en tient à certains aspects de la situation actuelle, cette affirmation peut paraître très audacieuse. Dans le moment même où j'écris ces lignes, les puissants rivaux qui se disputent, sur le cadavre des petites nations, le futur empire économique universel, croient déjà pouvoir abandonner, vis-à-vis de nous, cette ancienne politique expectative, qui a d'ailleurs toujours été celle des régimes conservateurs en face des révolutions commençantes. On dirait qu'une France libérée de l'ennemi les inquiète beaucoup moins que la France prisonnière, mystérieuse, incommunicable, sans regard et sans voix. Ils s'efforcent, ils se hâtent de nous faire rentrer dans le jeu – c'est-à-dire dans le jeu politique traditionnel dont ils connaissent toutes les ressources, et où ils se croient sûrs de l'emporter tôt ou tard, calculant les atouts qui leur restent et ceux que nous avons perdus. Il est très possible que cette manœuvre retarde un assez long temps les événements que j'annonce. Il est très possible que nous rentrions dans une nouvelle période d'apaisement, de recueillement, de travail, en faveur de laquelle sera remis à contribution le ridicule vocabulaire, à la fois cynique et sentimental, de Vichy. Il y a beaucoup de manières, en effet, d'accepter le risque de la grandeur, il n'y en a malheureusement qu'une de le refuser. Mais qu'importe ! Les événements que j'annonce peuvent être retardés sans dommage. Nous devons même prévoir avec beaucoup de calme un nouveau déplacement de cette masse informe, de ce poids mort, que fut la Révolution prétendue nationale de Vichy. Les forces révolutionnaires n'en continueront pas moins à s'accumuler, comme les gaz dans le cylindre, sous une pression considérable. Leur détente, au moment de la déflagration, sera énorme.

Le mot de Révolution n'est pas pour nous, Français, un mot vague. Nous savons que la Révolution est une rupture, la Révolution est un absolu. Il n'y a pas de révolution modérée, il n'y a pas de révolution dirigée – comme on dit l'Économie dirigée. Celle que nous annonçons se fera contre le système actuel tout entier, ou elle ne se fera pas. Si nous pensions que ce système est capable de se réformer, qu'il peut rompre de lui-même le cours de sa fatale évolution vers la Dictature – la Dictature de l'argent, de la race, de la classe ou de la Nation – nous nous refuserions certainement à courir le risque d'une explosion capable de détruire des choses précieuses qui ne se reconstruiront qu'avec beaucoup de temps, de persévérance, de désintéressement et d'amour. Mais le système ne changera pas le cours de son évolution, pour la bonne raison qu'il n'évolue déjà plus ; il s'organise seulement en vue de durer encore un moment, de survivre. Loin de prétendre résoudre ses propres contradictions, d'ailleurs probablement insolubles, il paraît de plus en plus disposé à les imposer par la force, grâce à une réglementation chaque jour plus minutieuse et plus stricte des activités particulières, faite au nom d'une espèce de socialisme d'État, forme démocratique de la dictature. Chaque jour, en effet, nous apporte la preuve que la période idéologique est depuis longtemps dépassée, à New York comme à Moscou ou à Londres. Nous voyons la Démocratie impériale anglaise, la Démocratie ploutocratique américaine et l'Empire marxiste des Dominions Soviétiques sinon marcher la main dans la main – il s'en faut ! – du moins poursuivre le même but, c'est-à-dire maintenir coûte que coûte, fût-ce en ayant l'air de le combattre, le système à l'intérieur duquel ils ont tous acquis richesse et puissance. Car, à la fin du compte, la Russie n'a pas moins tiré profit du système capitaliste que l'Amérique ou l'Angleterre ; elle y a joué le rôle classique du parlementaire qui fait fortune dans l'opposition. Bref, les régimes jadis opposés par l'idéologie sont maintenant étroitement unis par la technique. Le dernier des imbéciles, en effet, peut comprendre que les techniques des gouvernements en guerre ne diffèrent que par de négligeables particularités, justifiées par les habitudes, les mœurs. Il s'agit toujours d'assurer la mobilisation totale pour la guerre totale, en attendant la mobilisation totale pour la paix totale. Un monde gagné pour la Technique est perdu pour la Liberté.

En parlant ainsi, je me moque de scandaliser les esprits faibles qui opposent aux réalités des mots déjà dangereusement vidés de leur substance, comme par exemple celui de Démocratie. Qu'importe ! Si vous êtes trop lâches pour regarder ce monde en face afin de le voir tel qu'il est, détournez les yeux, tendez les mains à ses chaînes. Ne vous rendez pas ridicules en prétendant y voir ce qui n'existe que dans votre imagination ou dans le bavardage des avocats. Ne commettez pas surtout l'infamie de lui prostituer le mot de révolution, ce mot religieux, ce mot sacré, tout ruisselant à travers les siècles du sang des hommes. Ne lui prostituez pas non plus le mot de progrès. Jamais un système n'a été plus fermé que celui-ci, n'a offert moins de perspectives de transformations, de changements, et les catastrophes qui s'y succèdent, avec une régularité monotone, n'ont précisément ce caractère de gravité que parce qu'elles s'y passent en vase clos. Qu'il s'intitule capitaliste ou socialiste, ce monde s'est fondé sur une certaine conception de l'homme, commune aux économistes anglais du XVIIIe siècle, comme à Marx ou à Lénine. On a dit parfois de l'homme qu'il était un animal religieux. Le système l'a défini une fois pour toutes un animal économique, non seulement l'esclave mais l'objet, la matière presque inerte, irresponsable, du déterminisme économique, et sans espoir de s'en affranchir, puisqu'il ne connaît d'autre mobile certain que l'intérêt, le profit. Rivé à lui-même par l'égoïsme, l'individu n'apparaît plus que comme une quantité négligeable, soumise à la loi des grands nombres ; on ne saurait prétendre l'employer que par masses, grâce à la connaissance des lois qui le régissent. Ainsi, le progrès n'est plus dans l'homme, il est dans la technique, dans le perfectionnement des méthodes capables de permettre une utilisation chaque jour plus efficace du matériel humain.

Cette conception, je le répète, est à la base de tout le système, et elle a énormément facilité l'établissement du régime en justifiant les hideux profits de ses premiers bénéficiaires. Il y a cent cinquante ans, tous ces marchands de coton de Manchester – Mecque du capitalisme universel – qui faisaient travailler dans leurs usines, seize heures par jour, des enfants de douze ans que les contremaîtres devaient, la nuit venue, tenir éveillés à coups de baguette, couchaient tout de même avec la Bible sous leur oreiller. Lorsqu'il leur arrivait de penser à ces milliers de misérables que la spéculation sur les salaires condamnait à une mort lente et sûre, ils se disaient qu'on ne peut rien contre les lois du déterminisme économique voulues par la Sainte Providence, et ils glorifiaient le Bon Dieu qui les faisait riches... Les marchands de coton de Manchester sont morts depuis longtemps, mais le monde moderne ne peut les renier, car ils l'ont engendré matériellement et spirituellement, ils l'ont engendré au Réalisme – dans le sens où saint Paul écrit à son disciple Timothée qu'il l'a engendré dans la grâce. Leur réalisme biblique, devenu athée, a maintenant des méthodes plus rationnelles. Le génie américain résout autrement qu'eux la question des salaires ; mais il faut avouer qu'en leur temps le matériel humain ne risquait pas de manquer, on n'avait, si j'ose dire, qu'à se baisser pour ramasser un affamé prêt à travailler à n'importe quel prix. La politique de production à outrance ménage aujourd'hui sa main-d'œuvre, mais la furie de spéculation qu'elle provoque déchaîne périodiquement des crises économiques ou des guerres qui jettent à la rue des millions de chômeurs, ou des millions de soldats au charnier... Oh ! je sais bien que des journalistes, peu respectueux de leur public, prétendent distinguer entre ces deux sortes de catastrophes, mettant les crises économiques au compte du Système, et les guerres à celui des dictateurs. Mais le déterminisme économique est aussi bon pour justifier les crises que les guerres, la destruction d'immenses stocks de produits alimentaires en vue seulement de maintenir les prix comme le sacrifice de troupeaux d'hommes. N'est-ce pas le propre vice-président des États-Unis, M. Wallace, qui citait dernièrement, au tribunal de l'Histoire, les maîtres de la spéculation universelle, les chefs des grands trusts internationaux, les contrôleurs de marchés auxquels il faut une guerre tous les vingt ans ?

Ce qui fait l'unité de la civilisation capitaliste, c'est l'esprit qui l'anime, c'est l'homme qu'elle a formé. Il est ridicule de parler des dictatures comme de monstruosités tombées de la lune, ou d'une planète plus éloignée encore, dans le paisible univers démocratique. Si le climat du monde moderne n'était pas favorable à ces monstres, on n'aurait pas vu en Italie, en Allemagne, en Russie, en Espagne des millions et des millions d'hommes s'offrir corps et âme aux demi-dieux, et partout ailleurs dans le monde – en France, en Angleterre, aux États-Unis – d'autres millions d'hommes partager publiquement ou en secret la nouvelle idolâtrie. On n'observerait pas aujourd'hui encore ce curieux complexe d'infériorité qui, même sur le chemin de la victoire, semble frapper d'inhibition les Démocraties en face des régimes déjà déchus – ceux de Salazar ou de Franco – comme au temps honteux, inexpiable, de la guerre d'Éthiopie, ou à celui, plus abject encore, de la non-intervention espagnole.

Il est possible que ces vérités déplaisent. Lorsque, en vue de cet entretien, je commençais à les mettre en ordre sur le papier, la tentation m'est venue plus d'une fois de leur substituer quelques autres vérités incapables de choquer personne, inoffensives. Pour dominer cette tentation, ce n'est pas à mon pays que j'ai pensé d'abord – j'ai pensé aux amis de mon pays. Je dois ces vérités françaises aux amis de mon pays. En les leur donnant, je n'ai pas la prétention de les détacher dès maintenant de certains préjugés faciles. Je leur demande de garder ces vérités dans quelque coin de leur cerveau, dans quelque repli de leur cœur, pour le jour où la France, écartant amis et ennemis, se montrera de nouveau telle qu'elle est, fera face ! Ils verront alors que je ne leur ai pas menti.

CHAPITRE DEUX

Notre peuple a le droit de se dire quitte envers les Démocraties. De 1914 à 1918, il leur a sacrifié deux millions de morts et les trois quarts de la fortune nationale. En 1939, elles lui ont demandé le sacrifice total. Je dis que les Démocraties ont demandé à notre peuple le sacrifice total, parce qu'il n'y a pas aujourd'hui, au Brésil comme ailleurs, un homme sensé pour refuser d'admettre que nous n'aurions pu attendre deux ans l'Angleterre, quatre ans l'Amérique, ayant sur les bras toute la machine de guerre allemande, et sans le concours de la Russie. Nos divisions auraient fondu l'une après l'autre, comme de la cire, dans ce Verdun colossal. Le rôle réservé à la France était d'ailleurs précisément celui d'une troupe qui se fait tuer pour donner aux réserves le temps d'arriver. Après quoi, quelques années plus tard, comme en 1925, nous aurions reçu la note des fournitures.

Notre peuple a le droit de se dire matériellement et moralement quitte envers les Démocraties, mais il sait aussi qu'un grand peuple chargé d'histoire n'est jamais quitte envers personne. Un grand peuple ne saurait se proclamer isolationniste sans se renier lui-même. Ce que notre peuple, ce que le peuple de la Résistance exige, ce qu'il a conquis par ses sacrifices et par ses martyrs, c'est le droit de reprendre les idées qu'il a jadis répandues largement dans le monde et que l'intérêt, la mauvaise foi, l'ignorance et la sottise ont exploitées, déformées, usées, au point qu'il ne les reconnaît plus lui-même. Les reprendre, comme jadis on renvoyait à la fonte les monnaies d'or et d'argent. Les reprendre, les renvoyer à la fonte et à la frappe, pour qu'elles puissent encore servir, servir à tous. Ou encore, s'il m'est permis d'exprimer ma pensée par une autre image, un peu oratoire en apparence mais profondément, douloureusement juste, reprendre notre Révolution à un monde cynique et âpre qui ne l'a jamais comprise, qui ne peut plus que la trahir. Je dis « Notre Révolution » avec une assurance tranquille. En le disant, je me sens d'accord avec ce que je me suis toujours efforcé de servir : la tradition, l'esprit, l'âme de notre peuple. Plus que jamais je crois avec Michelet, mais aussi avec Mgr le Comte de Chambord – le dernier de nos rois Bourbons – que le plus grand malheur des Français fut assurément de se diviser sur une Révolution qui aurait dû les unir, qui les a unis réellement, nobles, prêtres et bourgeois, à certaines heures sublimes, le jour de la Fédération par exemple, ou dans la nuit du Quatre Août. L'étranger n'a pas seulement exploité notre tragique malentendu, il l'a provoqué, il l'a entretenu, il l'entretient encore. Lorsqu'elles soutenaient contre de Gaulle cette poignée de nobles dégénérés, de militaires sans cervelle et sans cœur, d'intellectuels à la solde des spéculateurs, d'académiciens sans vergogne, de prélats serviles, bref le syndicat des rancunes et des impuissances, présidé par le maréchal Pétain, les Démocraties, incurablement réactionnaires, pratiquaient exactement, à l'égard de notre pays, la politique inaugurée jadis par Pitt et Cobourg. Mais du moins Pitt et Cobourg ne prétendaient pas parler au nom des Démocraties. Nous voyons au contraire se former plus ou moins secrètement, en vue des luttes futures pour la stabilité de la Paix, c'est-à-dire pour le partage des marchés, une coalition d'ignorance et d'intérêts qui s'autorise précisément contre nous des traditions de la Démocratie. Le moment me paraît venu de lui opposer notre tradition de la Liberté.

Il y a une tradition française de la Liberté. En 1789, tous les Français, pour un moment du moins, ont communié dans cette tradition, chacun selon l'étendue de ses connaissances ou la force de son esprit, mais avec une foi simple, unanime. Pour un moment, pour un petit nombre de jours d'un été radieux, la liberté fut une et indivisible. Reprendre notre Révolution, c'est remonter à la racine, au principe, au cœur enflammé de notre union nationale. Quelle était, avant nos discordes civiles, à l'heure où la France prenait, sinon le plus clairement, du moins le plus passionnément, conscience d'elle-même, en pleine explosion du traditionnel humanisme français, l'idée que la France se faisait de la liberté ? Est-il donc une idée de la liberté qui réconcilie tous les Français ? Estelle capable de réconcilier tous les hommes ?

Ce sont là des questions simples. Nous ne prétendons nullement confisquer ce mot de liberté à notre usage, mais nous avons cependant quelque droit sur lui. Plus qu'un autre peuple, notre peuple l'a incarné, l'a fait sang et chair. Pendant tout le dix-neuvième siècle, si l'on eût demandé à un homme cultivé d'Europe ou d'Amérique quels souvenirs historiques réveillait dans son esprit le mot de liberté, il aurait sans doute répondu par le nom de la Bastille, de Valmy, ou une strophe de La Marseillaise.

Aujourd'hui encore, pour les lecteurs innombrables de notre histoire révolutionnaire, pour tous ceux qui dans leur jeunesse se sont enivrés de cette aventure merveilleuse, devenue tout de suite, on ne sait comment ni pourquoi, légendaire, de ces grandes images d'Épinal aux couleurs joyeuses et violentes, le mot peuple – la Justice du Peuple, la Volonté du Peuple – évoque aisément le peuple des barricades. Mais le peuple des barricades n'est pas le Peuple tout court, c'est le peuple français – ou plutôt c'est l'Histoire de France insurgée. En le rappelant, nous ne prétendons humilier personne. Nous voudrions seulement que cette pure figure, pour le bien de tous, fût gardée intacte, comme nous voudrions aussi, poux le bien de tous, que ne risquât plus d'être altérée, au bénéfice de n'importe quel démagogue totalitaire, notre tradition nationale de la liberté. Car enfin – à la fin des fins – l'ouvrier du faubourg Saint-Antoine, immortalisé par le génie de l'auteur des Misérables – le vieux travailleur idéaliste à cheveux gris, au regard d'enfant et d'apôtre, mille fois plus chrétien sans le savoir que les chrétiens qui le maudissaient, le rêveur incorrigible mourant content sur la barricade pour le bonheur du genre humain, ressemblait certainement encore plus au garde national bourgeois, lecteur de Rousseau et de Voltaire, qui l'ajustait de l'autre côté de la rue, qu'à l'opulent gaillard américain, bien logé, bien vêtu, bien nourri, bourré de vitamines, touchant un salaire énorme et décidé à toucher plus encore, à la faveur de la guerre. Il est possible que nous ne soyons plus dignes de l'ouvrier du faubourg Saint-Antoine, mais nous sommes tout de même, lui et nous, de la même terre et de la même histoire. Nous ne le comparons pas à l'ouvrier de Detroit ou de Chicago, dans l'intention de savoir lequel des deux appartient à un type d'humanité supérieure. Mais il doit être de plus en plus clair pour tous que, dans la construction du monde de demain, on ne saurait utiliser indifféremment l'un ou l'autre de ces deux types. Qui, dès maintenant, parle au nom de l'un, ne peut se vanter de parler toujours au nom de l'autre. Pour m'exprimer plus clairement et plus loyalement encore, leurs conceptions de la vie ne se contredisent peut-être pas ; elles ne se juxtaposent pas non plus. Et si elles ne se contredisent pas aujourd'hui, elles peuvent se contredire demain.

Lorsqu'un homme crie : « Vive la Liberté ! » il pense évidemment à la sienne. Mais il est extrêmement important de savoir s'il pense à celle des autres. Car un homme peut servir la liberté par calcul, ainsi qu'une simple garantie de la sienne. En ce cas, lorsque cette garantie ne lui paraît pas nécessaire, qui l'empêcherait de faire bon marché de la liberté du voisin, ou même de s'en servir comme d'un objet d'échange et de compromis ? Telle fut la politique de l'isolationnisme américain, comme aussi celle de Munich. Telle est encore la politique de cette guerre. Elle s'est engagée au nom de la Liberté, mais on la définirait bien mieux une guerre pour la conservation de ce qui restait de liberté. Malheureusement le système en avait laissé si peu que chaque nation se réserve aujourd'hui jalousement sa part avec la crainte que la nation voisine en ait demain une part trop grande. C'est ce qui explique, par exemple, l'extraordinaire méfiance, pour ne pas dire la secrète répulsion, des Démocraties à l'égard des Italiens républicains qui refusent très justement leur obéissance à un roi dont il n'y a pas un royaliste au monde qui ne souhaite la déchéance et le châtiment, ne serait-ce que pour l'honneur de la Monarchie. L'isolationnisme yankee a poussé cette politique jusqu'à l'absurde, avec ce cynisme qui ressemble à la candeur. Il aurait volontiers fait de l'Amérique du Nord l'unique démocratie de l'univers, continuant à pratiquer tranquillement ses deux sports nationaux, l'élection présidentielle et le base-ball, tandis que les Dictatures auraient assuré l'ordre, à son profit, sur tout le reste de la planète. Tous ces gens-là croient aussi peu à la Liberté qu'ils se vantent d'avoir sauvée, que nous-mêmes, il y a vingt-cinq ans, à la Paix de 1918... Ils ne pensent qu'à mettre d'avance au point les projets, les plans destinés à la protéger, du moins pour quelque temps, à l'intérieur de leur propre frontière, et sans grand souci de ce qui va se passer à l'intérieur de la frontière d'autrui. On peut dire, à ce point de vue, que leurs fameux plans sont aussi compliqués, aussi coûteux, aussi inutiles que la Ligne Maginot.

Cette obsession du « Plan », cette conception uniquement défensive, égoïste, légaliste et conservatrice, de la Liberté, est véritablement une tare de l'esprit anglo-saxon. L'erreur traditionnelle du peuple anglais a toujours été de croire que les institutions l'ont fait libre, alors que c'est le peuple anglais lui-même qui jadis, au temps de sa jeunesse, a marqué ses institutions du signe de la liberté, comme d'une marque au fer rouge. Ce sont les démocrates qui font les Démocraties, c'est le citoyen qui fait la République. Une Démocratie sans démocrates, une République sans citoyens, c'est déjà une dictature, c'est la dictature de l'intrigue et de la corruption. La Liberté ne sera pas sauvée par les institutions, elle ne sera pas sauvée par la guerre. Quiconque observe les événements, a très bien compris que la guerre continue de déplacer les questions sans les résoudre. Son explosion a détruit l'équilibre des dictatures, mais on peut craindre qu'elles ne se regroupent entre elles, sous d'autres noms, pour un nouveau système d'équilibre plus stable que l'ancien, car s'il réussissait à se constituer, les faibles n'auraient plus rien à espérer de la rivalité des forts. Une Paix injuste régnerait sur un monde si totalement épuisé qu'elle y aurait les apparences de l'ordre.

Qui ne défend la liberté de penser que pour soi-même, en effet, est déjà disposé à la trahir. Il ne s'agit pas de savoir si cette liberté rend les hommes heureux, ou si même elle les rend moraux. Il ne s'agit pas de savoir si elle favorise plutôt le mal que le bien, car Dieu est maître du Mal comme du Bien. Il me suffit qu'elle rende l'homme plus homme, plus digne de sa redoutable vocation d'homme, de sa vocation selon la nature, mais aussi de sa vocation surnaturelle, car celui que la Liturgie de la Messe invite à la participation de la Divinité – *divinitatis consortes* – ne saurait rien renoncer de son risque sublime. En parlant comme je viens de le faire, je parle en chrétien et aussi en Français, je parle le langage de ma vieille chrétienté. Je comprends très bien qu'un incrédule m'objecte avec ironie la guerre d'Espagne. Je n'ai jamais nié le scandale, je puis même dire que je l'ai dénoncé, mais je reconnais volontiers qu'il subsiste toujours. L'affaire d'Espagne ne sera pas oubliée, l'affaire d'Espagne sera réglée en temps et lieu, je le jure. J'ai vu à Majorque, au cours de la Semaine Sainte de 1937, tandis que les équipes chargées de l'épuration parcouraient les villages pour y liquider les Mal-Pensants, à la moyenne de dix victimes par jour, la population terrorisée se presser aux tables saintes, afin d'obtenir le précieux certificat de communion pascale. Je comprends très bien qu'un incrédule mette ces hideuses entreprises de sacrilège au compte d'un catholicisme exalté ! Lorsque j'étais jeune, j'aurais moi-même, dans l'innocence de mon âge, pris leurs auteurs pour des fanatiques que le zèle emportait au-delà du bon sens. L'expérience de la vie m'a depuis convaincu que le fanatisme n'est chez eux que la marque de leur impuissance à rien croire, à rien croire d'un cœur simple et sincère, d'un cœur viril. Au lieu de demander à Dieu la foi qui leur manque, ils préfèrent se venger sur les incrédules des angoisses dont l'humble acceptation leur vaudrait le salut, et lorsqu'ils rêvent de voir rallumer les bûchers, c'est avec l'espoir d'y venir réchauffer leur tiédeur – cette tiédeur que le Seigneur vomit. Non ! l'opinion cléricale qui a justifié et glorifié la farce sanglante du franquisme n'était nullement exaltée. Elle était lâche et servile. Engagés dans une aventure abominable, ces évêques, ces prêtres, ces millions d'imbéciles, n'auraient eu pour en sortir qu'à rendre hommage à la liberté ; mais la vérité leur faisait plus peur que le crime.

Capitalistes, fascistes, marxistes, tous ces gens-là se ressemblent. Les uns nient la liberté, les autres font encore semblant d'y croire, mais qu'ils y croient ou n'y croient pas, cela n'a malheureusement plus beaucoup d'importance, puisqu'ils ne savent plus s'en servir. Hélas ! le monde risque de perdre la liberté, de la perdre irréparablement, faute d'avoir gardé l'habitude de s'en servir... Je voudrais avoir un moment le contrôle de tous les postes de radio de la planète pour dire aux hommes : « Attention ! Prenez garde ! La Liberté est là, sur le bord de la route, mais vous passez devant elle sans tourner la tête ; personne ne reconnaît l'instrument sacré, les grandes orgues tour à tour furieuses ou tendres. On vous fait croire qu'elles sont hors d'usage. Ne le croyez pas ! Si vous frôliez seulement du bout des doigts le clavier magique, la voix sublime remplirait de nouveau la terre... Ah ! n'attendez pas trop longtemps, ne laissez pas trop longtemps la machine merveilleuse exposée au vent, à la pluie, à la risée des passants ! Mais, surtout, ne la confiez pas aux mécaniciens, aux techniciens, aux accordeurs, qui vous assurent qu'elle a besoin d'une mise au point, qu'ils vont la démonter. Ils la démonteront jusqu'à la dernière pièce et ils ne la remonteront jamais ! »

Oui, voilà l'appel que je voudrais lancer à travers l'espace ; mais vous-même qui lisez ces lignes, je le crains, vous l'entendriez sans le comprendre. Oui, cher lecteur, je crains que vous ne vous imaginiez pas la Liberté comme de grandes orgues, qu'elle ne soit déjà pour vous qu'un mot grandiose, tel que ceux de Vie, de Mort, de Morale, ce palais désert où vous n'entrez que par hasard, et dont vous sortez bien vite, parce qu'il retentit de vos pas solitaires. Lorsqu'on prononce devant vous le mot d'ordre, vous savez tout de suite ce que c'est, vous vous représentez un contrôleur, un policier, une file de gens auxquels le règlement impose de se tenir bien sagement les uns derrière les autres, en attendant que le même règlement les entasse pêle-mêle cinq minutes plus tard dans un restaurant à la cuisine assassine, dans un vieil autobus sans vitres ou dans un wagon sale et puant. Si vous êtes sincère, vous avouerez peut-être même que le mot de liberté vous suggère vaguement l'idée du désordre – la cohue, la bagarre, les prix montant d'heure en heure chez l'épicier, le boucher, le cultivateur stockant son maïs, les tonnes de poissons jetées à la mer pour maintenir les prix. Ou peut-être ne vous suggérerait-il rien du tout, qu'un vide à remplir – comme celui, par exemple, de l'espace... Tel est le résultat de la propagande incessante faite depuis tant d'années par tout ce qui dans le monde se trouve intéressé à la formation en série d'une humanité docile, de plus en plus docile, à mesure que l'organisation économique, les concurrences et les guerres exigent une réglementation plus minutieuse. Ce que vos ancêtres appelaient des libertés, vous l'appelez déjà des désordres, des fantaisies. « Pas de fantaisies ! disent les gens d'affaires et les fonctionnaires également soucieux d'aller vite, le règlement est le règlement, nous n'avons pas de temps à perdre pour des originaux qui prétendent ne pas faire comme tout le monde... » Cela va vite, en effet, cher lecteur, cela va très vite. J'ai vécu à une époque où la formalité du passeport semblait abolie à jamais. N'importe quel honnête homme, pour se rendre d'Europe en Amérique, n'avait que la peine d'aller payer son passage à la Compagnie transatlantique. Il pouvait faire le tour du monde avec une simple carte de visite dans son portefeuille. Les philosophes du XVIIIe siècle protestaient avec indignation contre l'impôt sur le sel – la gabelle – qui leur paraissait immoral, le sel étant un don de la Nature au genre humain. Il y a vingt ans, le petit bourgeois français refusait de laisser prendre ses empreintes digitales, formalité jusqu'alors réservée aux forçats. Oh ! oui, je sais, vous vous dites que ce sont là des bagatelles. Mais en protestant contre ces bagatelles le petit bourgeois engageait sans le savoir un héritage immense, toute une civilisation dont l'évanouissement progressif a passé presque inaperçu, parce que l'État Moderne, le Moloch

Technique, en posant solidement les bases de sa future tyrannie, restait fidèle à l'ancien vocabulaire libéral, couvrait ou justifiait du vocabulaire libéral ses innombrables usurpations. Au petit bourgeois français refusant de laisser prendre ses empreintes digitales, l'intellectuel de profession, le parasite intellectuel, toujours complice du pouvoir, même quand il paraît le combattre, ripostait avec dédain que ce préjugé contre la Science risquait de mettre obstacle à une admirable réforme des méthodes d'identification, qu'on ne pouvait sacrifier le Progrès à la crainte ridicule de se salir les doigts. Erreur profonde ! Ce n'était pas ses doigts que le petit bourgeois français, l'immortel La Brige de Courteline, craignait de salir, c'était sa dignité, c'était son âme. Oh ! peut-être ne s'en doutait-il pas » ou ne s'en doutait-il qu'à demi, peut-être sa révolte était-elle beaucoup moins celle de la prévoyance que celle de l'instinct. N'importe ! On avait beau lui dire : « Que risquez-vous ? Que vous importe d'être instantanément reconnu, grâce au moyen le plus simple et le plus infaillible ? Le criminel seul trouve avantage à se cacher... » Il reconnaissait bien que le raisonnement n'était pas sans valeur, mais il ne se sentait pas convaincu. En ce temps-là, le procédé de M. Bertillon n'était en effet redoutable qu'au criminel, et il en est de même encore maintenant. C'est le mot de criminel dont le sens s'est prodigieusement élargi, jusqu'à désigner tout citoyen peu favorable au Régime, au Système, au Parti, ou à l'homme qui les incarne. Le petit bourgeois français n'avait certainement pas assez d'imagination pour se représenter un monde comme le nôtre si différent du sien, un monde où à chaque carrefour la Police d'État guetterait les suspects, filtrerait les passants, ferait du moindre portier d'hôtel, responsable de ses fiches, son auxiliaire bénévole et public. Mais tout en se félicitant de voir la Justice tirer parti, contre les récidivistes, de la nouvelle méthode, il pressentait qu'une arme si perfectionnée, aux mains de l'État, ne resterait pas longtemps inoffensive pour les simples citoyens. C'était sa dignité qu'il croyait seulement défendre, et il défendait avec elle nos sécurités et nos vies. Depuis vingt ans, combien de millions d'hommes, en Russie, en Italie, en Allemagne, en Espagne, ont été ainsi, grâce aux empreintes digitales, mis dans l'impossibilité non pas seulement de nuire aux Tyrans, mais de s'en cacher ou de les fuir ? Et ce système ingénieux a encore détruit quelque chose de plus précieux que des millions de vies humaines. L'idée qu'un citoyen, qui n'a jamais eu affaire à la Justice de son pays, devrait rester parfaitement libre de dissimuler son identité à qui il lui plaît, pour des motifs dont il est seul juge, ou simplement pour son plaisir, que toute indiscrétion d'un policier sur ce chapitre ne saurait être tolérée sans les raisons les plus graves, cette idée ne vient plus à l'esprit de personne. Le jour n'est pas loin peut-être où il nous semblera aussi naturel de laisser notre clef dans la serrure, afin que la police puisse entrer chez nous nuit et jour, que d'ouvrir notre portefeuille à toute réquisition. Et lorsque l'État jugera plus pratique, afin d'épargner le temps de ses innombrables contrôleurs, de nous imposer une marque extérieure, pourquoi hésiterions-nous à nous laisser marquer au fer, à la joue ou à la fesse, comme le bétail ? L'épuration des Mal-Pensants, si chère aux régimes totalitaires, en serait grandement facilitée.

CHAPITRE TROIS

Une civilisation ne s'écroule pas comme un édifice ; on dirait beaucoup plus exactement qu'elle se vide peu à peu de sa substance, jusqu'à ce qu'il n'en reste plus que l'écorce. On pourrait dire plus exactement encore qu'une civilisation disparaît avec l'espèce d'homme, le type d'humanité, sorti d'elle. L'homme de notre civilisation, de la civilisation française – qui fut l'expression la plus vive et la plus nuancée, la plus hellénique, de la civilisation européenne, a disparu pratiquement de la scène de l'Histoire le jour où fut décrétée la conscription. Du moins n'a-t-il plus fait depuis que se survivre.

Cette déclaration surprendra beaucoup d'imbéciles. Mais je n'écris pas pour les imbéciles. L'idée de la conscription obligatoire paraît si bien inspirée de l'esprit napoléonien qu'on l'attribue volontiers à l'Empereur. Elle a pourtant été votée par la Convention, mais l'idée des hommes de la Convention sur le droit absolu de l'État était déjà celle de Napoléon, comme elle était aussi celle de Richelieu, ou de Charles Quint, de Henri VIII ou du pape Jules II. Pour cette raison très simple que Robespierre et Richelieu, Charles Quint ou Henri VIII appartenaient tous ensemble à cette tradition romaine si puissante chez nous, particulièrement depuis la Renaissance.

L'institution du service militaire obligatoire, idée totalitaire s'il en fut jamais, au point qu'on en pourrait déduire le système tout entier comme des axiomes d'Euclide la géométrie, a marqué un recul immense de la civilisation. Supposons, par exemple, que la Monarchie ait osé jadis, par impossible, décréter la mobilisation générale des Français, elle aurait dû briser d'un seul coup toutes les libertés individuelles, familiales, provinciales, professionnelles, religieuses, porter ce coup terrible à la Patrie, car la Patrie, c'était précisément ces libertés. Je sais bien que formulé ainsi mon raisonnement semble paradoxal ; on jugerait aujourd'hui très difficile d'opposer la Patrie à l'État. Cette opposition eût paru pourtant naturelle à nos pères. Ils auraient même probablement très bien compris qu'un auteur tragique portât le conflit sur la scène. « En face du grave péril qui me menace, aurait dit, par exemple, le personnage tenant le rôle de l'État, mon salut – ce salut qui est la Loi suprême, suprema Lex – exige la suppression immédiate de toutes les libertés civiques pour tous les citoyens, de dix-huit à cinquante ans, qui devront obéir aveuglément aux chefs nommés par moi. J'ajoute que ces millions de Français, pour un temps indéterminé, cesseront de jouir des garanties de la loi, et relèveront exclusivement des rigueurs du Code militaire. N'importe lequel d'entre eux, fût-il le plus brillant élève de l'Université de Paris, un artiste de génie, ou un futur saint Vincent de Paul, s'il a eu le malheur d'effleurer des doigts le bout du nez d'un adjudant ivrogne qui venait de l'insulter, sera condamné à mort et fusillé. » – « Je doute fort, répondrait la Patrie, que mon salut exige une telle monstruosité, je ne reçois vos raisons qu'avec méfiance, je sais que toute occasion vous est bonne pour usurper sur les personnes, les biens et les droits dont j'ai la charge. N'importe ! Si vous en êtes au point que vous dites, c'est que vous aurez négligé une fois de plus l'intérêt de mes fils pour ne vous préoccuper que des vôtres, c'est-à-dire de votre propre sécurité, car vous oubliez volontiers jusqu'à la dernière minute l'ennemi du dehors ; il vous a toujours paru moins redoutable que le mécontent du dedans, vous ne rêvez du matin au soir que police et complots... N'importe ! Je suis la liberté des Français, leur héritage, la Maison, le Refuge, le Foyer.

Ils m'ont appelée d'un nom qui évoque d'abord à l'oreille le mot de paternité, mais ils ont fait ce mot féminin, parce qu'ils pensent naturellement à moi comme à leur mère, et c'est vrai qu'ils m'aiment comme les enfants aiment leur mère, lorsqu'ils brutalisent de leurs petites mains, de leur bouche avide et sifflante, le beau sein mûr qui les nourrit. Non ! il ne me déplaît pas du tout que leur amour soit violent et égoïste ! Certes, je crois que beaucoup d'entre eux donneraient leur vie pour ma défense, mais je ne l'exigerai pas, l'idée seule d'une telle exigence est cruelle et sacrilège, je vous défends d'exiger quoi que ce soit de pareil en mon nom, et d'ailleurs à quel autre titre l'exigeriez-vous ? Certainement pas au nom de l'autorité paternelle, car l'État est un régisseur, un administrateur, un intendant, et s'il pousse plus loin ses avantages, il peut devenir un Tyran ou même un dieu, jamais un père. Devenez un Tyran si vous voulez, moi je reste une Mère. Tout ce que je puis vous permettre, c'est de proclamer que je suis en danger, moi, leur Mère. Ira rejoindre alors mes Armées qui voudra, qui pourra, comme cela s'est fait depuis des siècles, car personne n'avait sérieusement pensé jusqu'ici à rafler, d'un seul coup, comme avec la main, tous les hommes, ceux des champs comme ceux des villes. Vous aurez beau me dire que mon scrupule est absurde, que votre salut sera le mien, votre perte la mienne. Et d'abord, ce n'est pas vrai. L'Histoire donne beaucoup d'exemples de Patries qui se sont maintenues, même sous la puissance de l'Étranger, pour une nouvelle Renaissance. Vous m'objecterez que le risque est terrible à courir. Je suis d'accord avec vous ; c'est pourquoi j'espère que mes armées se grossiront d'un grand nombre de jeunes volontaires. Dieu veuille que mes fils sauvent ainsi librement ma liberté ! Comment saurais-je les contraindre sans me renier moi-même et porter irréparablement atteinte au caractère sacré dont ils m'ont revêtue ? Vous me dites que, en me sauvant, ils se sauvent eux-mêmes. Oui, pourvu qu'ils restent libres ! Non, s'ils souffrent que vous brisiez, par une mesure inouïe, le pacte national, car dès que vous aurez fait, par simple décret, des millions de Français soldats, il sera démontré que vous disposez souverainement des personnes et des biens de tous, qu'il n'y a pas de droit au-dessus du vôtre, et dès lors où s'arrêteront vos usurpations ? N'en arriverez-vous pas à prétendre décider du juste et de l'injuste, du Mal et du Bien ? S'il en était ainsi un jour, que serais-je ? Vous auriez fait de cette vieille Chrétienté une espèce de Tyrannie analogue à celle des Barbares d'Orient. Notre nation ainsi humiliée ne saurait plus être une Patrie. Oh ! sans doute, vous n'userez d'un moyen si extrême qu'en dernier ressort. Du moins vous le dites, et peut-être même vous le pensez. Mais l'État rival, tôt ou tard, fera la même chose que vous, et l'exception deviendra la règle, au consentement de tous, car je connais les hommes, moi qui suis une Patrie d'hommes. Ils trouvent la liberté belle, ils l'aiment, mais ils sont toujours prêts à lui préférer la servitude qu'ils méprisent, exactement comme ils trompent leur femme avec des gourgandines. Le vice de la servitude va aussi profond dans l'homme que celui de la luxure, et peut-être que les deux ne font qu'un. Peut-être sont-ils une expression différente et conjointe de ce principe de désespoir qui porte l'homme à se dégrader, à s'avilir, comme pour se venger de lui-même, se venger de son âme immortelle. La mesure que vous me proposez d'approuver ouvrira une brèche énorme au flanc de la Cité Chrétienne. Toutes les libertés, une à une, s'en iront par là, car elles tiennent toutes les unes aux autres, elles sont liées les unes aux autres comme les grains du chapelet. Un jour viendra où il vous sera devenu impossible d'appeler le peuple à la guerre pour la défense de sa liberté contre l'envahisseur, car il n'aura plus de liberté, votre formule ne signifiera donc plus rien. L'envahisseur lui-même ne sera pas plus libre que l'envahi. Aujourd'hui les États se battent entre eux pour une province, une ville ; la guerre est le jeu des Princes comme la diplomatie celui des Ministres. C'est un mal, certes, un grand mal, mais d'une espèce, en somme, peu différente du jeu ou de la prostitution. Vous allez étendre ce mal à l'ensemble du corps social, ce sera comme si, non contents de tolérer le jeu ou la prostitution, vous faisiez du pays tout entier un colossal tripot ou un gigantesque lupanar. Alors, les États ne seront plus maîtres de la guerre, ils ne la décideront ni ne la contrôleront, les peuples se battront entre eux sans savoir précisément pourquoi ; ils le sauront de moins en moins, et ils se battront de plus en plus, avec plus de rage, à mesure que disparaîtront inutilement, sous les bombes, les richesses qu'ils convoitaient ; ils ne se battront plus pour devenir riches, mais pour ne pas crever de faim ; ils crèveront de faim tout de même, la commune misère engendrera des haines dont personne ne peut se faire une idée, dont personne ne peut imaginer les destructions, car la misère et la haine enflammeront les cerveaux, provoqueront des découvertes fabuleuses, exécrables. La guerre ne reculera devant rien. Je dis même que, en réclamant pour vous le droit de sacrifier tous les mâles, vous avez rendu possible, à l'avenir, ou même inévitable, le sacrifice des femmes et des enfants. Lorsque tout le monde fera la guerre, on fera aussi la guerre par tous les moyens, car la logique personnelle du diable est plus inflexible que l'enfer. L'idée que les nécessités de la guerre justifient tout en inspire immédiatement une autre : la préparation à la guerre, étant la guerre elle-même, ne saurait bénéficier d'une moindre tolérance, la Morale se trouve ainsi exclue de la paix comme de la guerre. En ces temps-là, s'ils viennent jamais, le nom même de la Patrie sera effacé de la mémoire des hommes, car les Patries appartiennent à l'ordre de la Charité du Christ, la Sainte Charité du Christ est la Patrie des Patries ; et qui osera les reconnaître dans ces bêtes enragées se disputant comme des chiennes les dépouilles du monde ? »

L'égalité absolue des citoyens devant la Loi est une idée romaine. À l'égalité absolue des citoyens devant la Loi doit correspondre, tôt ou tard, l'autorité absolue et sans contrôle de l'État sur les citoyens. Car l'État est parfaitement capable d'imposer l'égalité absolue des citoyens devant la Loi, jusqu'à leur prendre tout ce qui leur appartient, tout ce qui permet de les distinguer les uns des autres, mais qui défendra la Loi contre les usurpations de l'État ? Ce rôle était jadis chez nous celui des Parlements. Il y avait treize Parlements dans le Royaume, et même dix-sept si l'on compte les quatre Conseils supérieurs – Paris, Toulouse, Grenoble, Bordeaux, Dijon, Rouen, Aix, Rennes, Pau, Metz, Besançon, Douai, Nancy, Roussillon, Artois, Alsace et Corse. Le pouvoir de chacun de ces Parlements était égal à celui du Roi. Ils jugeaient en dernier ressort et recevaient l'appel de toutes les juridictions royales, municipales, seigneuriales, ecclésiastiques. Ils avaient le droit d'examen, d'amendement et de remontrance sur tous les actes publics. Les traités faits avec les puissances étrangères leur étaient soumis. « Telle est la loi du Royaume, écrit La Roche-Flavin, président au Parlement de Toulouse, que nul édit ou ordonnance royale n'est tenu pour édit ou ordonnance s'ils ne sont d'abord vérifiés aux Cours souveraines par délibération d'icelles. » En son édit de 1770, Louis XV s'exprime en ces termes : « Nos Parlements élèvent leur autorité au-dessus de la nôtre, puisqu'ils nous réduisent à la simple faculté de leur proposer nos volontés, se réservant d'en empêcher l'exécution. » Le gouvernement devait transmettre au Parlement les nominations faites par lui à la plupart des fonctions, et l'on vit plus d'une fois ces assemblées en refuser l'enregistrement, c'est-à-dire briser les promotions du roi. Pour plier cette magistrature indépendante, l'État ne disposait que d'un petit nombre de moyens si compliqués qu'il n'y avait recours que rarement, et même alors les magistrats pouvaient recourir à un procédé infaillible : ils négligeaient la loi enregistrée contre leur plaisir, n'en tenaient pas compte dans leurs arrêts, ou encore suspendaient l'administration de la Justice, ce qui risquait de jeter le royaume dans le chaos.

Si les Parlements disposaient d'un tel pouvoir de résistance à l'État, les magistrats qui les composaient et ne dépendaient de personne, puisqu'ils avaient la propriété de leur charge, pouvaient passer pour des privilégiés. Chaque citoyen bénéficiait pourtant de ce privilège, non qu'il fût tenu de soutenir le Parlement contre le Roi, ou le Roi contre le Parlement, mais tout simplement parce que cette rivalité donnait aux institutions ce que les mécaniciens appellent « du jeu ». L'homme d'autrefois ne ressemblait pas à celui d'aujourd'hui. Il n'eût jamais fait partie de ce bétail que les démocraties ploutocratiques, marxistes ou racistes nourrissent pour l'usine et le charnier. Il n'eût jamais appartenu aux troupeaux que nous voyons s'avancer tristement les uns contre les autres, en masses immenses derrière leurs machines, chacun avec ses consignes, son idéologie, ses slogans, décidés à tuer, résignés à mourir, et répétant jusqu'à la fin, avec la même résignation imbécile, la même conviction mécanique : « C'est pour mon bien… c'est pour mon bien… » Loin de penser comme nous à faire de l'État son nourricier, son tuteur, son assureur, l'homme d'autrefois n'était pas loin de le considérer comme un adversaire contre lequel n'importe quel moyen de défense est bon, parce qu'il triche toujours. C'est pourquoi les privilèges ne froissaient nullement son sens de la justice ; il les considérait comme autant d'obstacles à la tyrannie, et, si humble que fût le sien, il le tenait – non sans raison d'ailleurs – pour solidaire des plus grands, des plus illustres. Je sais parfaitement que ce point de vue nous est devenu étranger, parce qu'on nous a perfidement dressés à confondre la justice et l'égalité. Ce préjugé est même poussé si loin que nous supporterions volontiers d'être esclaves, pourvu que personne ne puisse se vanter de l'être moins que nous. Les privilèges nous font peur, parce qu'il en est de plus ou moins précieux. Mais l'homme d'autrefois les eût volontiers comparés aux vêtements qui nous préservent du froid. Chaque privilège était une protection contre l'État. Un vêtement peut être plus ou moins élégant, plus ou moins chaud, mais il est encore préférable d'être vêtu de haillons que d'aller tout nu. Le citoyen moderne, lorsque ses privilèges auront été confisqués jusqu'au dernier, y compris le plus bas, le plus vulgaire, le moins utile de tous, celui de l'argent, ira tout nu devant ses maîtres.

CHAPITRE QUATRE

Notre Révolution de 89, ou plutôt ce que nous devrions continuer d'appeler le Grand Mouvement de 89, car c'est le nom que lui donnèrent les contemporains – et cette Révolution de 89 était bien, en effet, un mouvement, la Révolution n'est venue qu'après pour lui barrer la route – la Révolution réaliste et nationaliste qui, par-dessus l'idéalisme à la Rousseau de la Déclaration des Droits, renoue avec l'absolutisme d'État des légistes italiens ou espagnols, la tradition centralisatrice et unitaire, pour aboutir logiquement au régime napoléonien, aux premières grandes guerres économiques – le blocus continental – à l'égalité absolue, c'est-à-dire à l'impuissance absolue des citoyens devant la Loi – la loi de l'État – rendant ainsi possible l'avènement des systèmes totalitaires.

Pour comprendre quelque chose à ce grand Mouvement de 89, qui fut surtout un grand mouvement prématuré d'espérance, et comme une illumination prophétique, il faut aussi tâcher de comprendre l'homme de ce temps-là. L'homme du XVIIIe siècle a vécu dans un pays tout hérissé de libertés. Les étrangers ne s'y trompaient pas. L'Anglais Dallington définit la France de 1772 : une vaste démocratie. « Toute ville chez nous, disait amèrement, deux cents ans plus tôt, Richelieu, non moins centralisateur que Robespierre, est une capitale. Chaque communauté française, en effet, ressemble à une famille qui se gouverne elle-même, le moindre village élit ses syndics, ses collecteurs, son maître d'école, décide la construction des pont, l'ouverture des chemins, plaide contre le seigneur, contre le curé, contre un village voisin » – car nos paysans furent toujours terriblement procéduriers. À l'exemple des villages, les villes élisent leur maire, leurs échevins, entretiennent leurs milices, décident souverainement des questions municipales. En 1670, sous le règne de Louis XIV, le prince de Condé, gouverneur de Bourgogne, convoque en assemblée générale les habitants de Chalon-sur-Saône, et, prenant la parole, sollicite pour les Jésuites la permission de s'établir dans la ville. Après quoi, il se retire pour laisser à l'assemblée toute liberté de discussion. Sa requête est rejetée à une énorme majorité : les habitants de Chalon-sur-Saône n'aimaient pas les Jésuites.

Je répète que, en défendant l'homme du passé, c'est notre tradition révolutionnaire que je défends. Veut-on qu'il n'ait jamais été qu'un esclave dressé depuis des siècles à se coucher aux pieds de maîtres impitoyables et à leur lécher les mains ?

Faut-il que la fameuse page de La Bruyère, qui exprime surtout l'horreur et le dégoût d'un habitant raffiné des villes pour les grossiers campagnards, l'emporte éternellement sur tant de travaux et de recherches désintéressés d'admirables historiens ? Il y a une tradition française de la Révolution, une tradition humaniste de la Révolution Universelle, une Révolution de la Déclaration des Droits de l'Homme qui se distingue d'une manière absolue – idéologiquement et historiquement – de la tradition allemande. De ces deux traditions, ce n'est pas ici le lieu de dire quelle est la bonne, je prétends seulement qu'on ne les confonde pas ou que, faute de pouvoir les confondre, on ne diffame pas plus ou moins sournoisement la première en calomniant l'homme français jusqu'à faire de cette communion héroïque de toute une nation, en pleine force, en pleine gloire, une sorte d'insurrection sans caractère propre, une insurrection de serfs croupissant depuis des siècles dans l'ignorance, la saleté, la misère, et profitant de quelques circonstances favorables pour anéantir mille ans d'Histoire, comme un mendiant, la nuit, incendie la ferme où on lui a refusé l'aumône. Je répète que la Révolution de 89 a été la révolution de l'Homme, inspirée par une foi religieuse dans l'homme, au lieu que la Révolution allemande du type marxiste est la Révolution des masses, inspirée non par la foi dans l'homme, mais dans le déterminisme inflexible des lois économiques qui règlent son activité, elle-même orientée par son intérêt. Encore une fois, je n'oppose pas ici deux idéologies, je les distingue. Si la Révolution de 89 est devenue tout de suite une des plus belles légendes humaines, c'est parce qu'elle a commencé dans la foi, l'enthousiasme, qu'elle n'a pas été une explosion de colère, mais celle d'une immense espérance accumulée. Pourquoi dès lors essayer de nous faire croire qu'elle est sortie des enfers de la misère ? L'Allemand Wahl conclut ainsi son livre : « Les cinquante années qui précédèrent la Révolution furent une époque de formidables progrès. » Dans ses « Recherches sur la population de la France », Menance écrit, en 1788 : « Depuis quarante ans le prix du blé a diminué et les salaires augmentent. » De 1763 à 1789, les chiffres du commerce intérieur avaient doublé. De 1737 à 1787, cinquante mille kilomètres de routes avaient été tracés. « On peut compter, disait

Necker, que le produit de tous les droits de consommation augmente de deux millions par an. » La France compte des savants comme Lavoisier, Guyton de Morveau, Berthollet, Monge, Laplace, Lagrange, Daubenton, Lamarck, Jussieu ; le bateau à vapeur de Jouffroy d'Abbans navigue sur le Doubs, Philippe Lebon découvre le gaz d'éclairage, les frères Montgolfier l'aérostat. Turgot fait décréter le libre commerce des grains, en 1774. En 1777, la liberté des cultes est proclamée. En 1776, on crée le Mont-de-piété, pour le prêt sur gage, au taux le plus modéré, trois pour cent. Un peu plus tard, le Roi réorganise entièrement le service des postes, et décide que le secret des lettres sera respecté, même par les officiers de justice – réforme que la Convention nationale ne put et n'osa pas maintenir... Encore une fois, le Français du XVIIIe siècle n'est pas un chien qui brise sa chaîne, un mouton devenu enragé, mais un homme fier du travail de ses aïeux, conscient de la grandeur de son histoire, et qui se croit au seuil d'une civilisation nouvelle, sortie de son esprit et de ses mains, faite à son image, un Âge d'Or. N'est-ce pas en ce moment que l'Académie de Berlin choisit comme sujet de concours : Raisons de la supériorité de la langue française ? À Berlin comme ailleurs, cette supériorité de notre langue – et aussi celle de nos arts, de nos mœurs – n'était plus discutée ; on en discutait seulement les raisons. Oh ! sans doute, quelque lecteur pensera ici que le paysan français se souciait peu alors du choix de l'Académie de Berlin, choix que d'ailleurs il ignorait. Mais il n'ignorait pas la place que la France occupait en Europe, et que cette place était la première. Du moins savait-il vaguement qu'il appartenait au peuple le plus civilisé du monde ; et ce peuple méritait, en effet, plus qu'aucun autre, le nom de civilisé, car la conscience de sa supériorité ne lui inspirait rien qui ressemblât au hideux nationalisme moderne, il était vraiment sans haine, il rêvait vraiment à la liberté et au bonheur du genre humain ; Jean-Jacques était réellement son prophète. On objectera que le peuple ne savait pas lire. Mais d'abord, le nombre des illettrés était beaucoup moins grand qu'on ne le pense généralement car sur cinq cents communes, vingt-deux seulement n'avaient pas de maître d'école. C'était même le bas clergé qui en ce temps-là se montrait le plus ardent propagandiste de l'instruction obligatoire ; la bourgeoisie – particulièrement la bourgeoisie intellectuelle – jugeait cette réforme dangereuse : « Une seule plume suffit pour cent habitants », disait Voltaire. N'importe ! Quiconque a quelque notion de l'Histoire sait parfaitement que le Sermon du Vicaire Savoyard eût été alors compris et acclamé dans la plus humble chaire de village. Les jeunes généraux de la République, Hoche, Marceau, Bonaparte lui-même, ne parlaient-ils pas à leurs soldats, chaque fois qu'ils en trouvaient l'occasion, le langage de Rousseau ?

Il serait bien hardi de proclamer Rousseau père de la Révolution de 89, car elle a été portée dix siècles dans les entrailles de la France, mais on pourrait dire qu'il en a été le parrain. Elle eût d'ailleurs mérité un parrainage plus illustre. Une prière du IXe siècle appelle la céleste lumière sur les fils des Francs « afin que, voyant ce qu'il importerait de faire pour établir le royaume de Dieu en ce monde, ils aient le courage d'accomplir avec une générosité et une charité que rien ne lasse... » Évidemment l'auteur oublié de ces paroles admirables donnait au mot de Royaume de Dieu un autre sens que celui d'un paradis terrestre à la Jean-Jacques, d'une Cité harmonieuse où l'homme réconcilié avec l'Être Suprême, avec lui-même, avec ses frères, avec les bêtes innocentes, les arbres, les sources, travaillerait à l'avancement de la Philosophie, des Sciences Naturelles et des Arts, pour une humanité régénérée. Mais enfin, une civilisation de ce type peut être une image affaiblie, affadie, presque méconnaissable du Royaume de Dieu ; elle ne s'oppose pas à lui comme la société capitaliste, par exemple. L'Église du XIIe siècle avait continué de protéger maternellement la Chrétienté, son œuvre. Si la corruption romaine du XIVe et du XVe, la terreur inspirée par Luther, le réalisme impie de la Renaissance et tout l'or des Espagnes n'avaient incliné l'Église à la Politique, lié son sort, du moins en apparence, au Capitalisme dont les racines s'enfoncent si profondément dans le passé, la Révolution de 89 eût été faite beaucoup plus tôt, et elle aurait eu l'Église pour marraine... On ne comprend rien à notre Révolution si l'on refuse de tenir compte d'un fait historique d'une importance incalculable : depuis le XVe siècle, la Chrétienté française subsistait, je veux dire la Société chrétienne avec ses institutions, ses mœurs, sa conception traditionnelle de la vie, de la mort, de l'honneur et du bonheur, mais la Politique se paganisait de plus en plus... Au sommet de la Chrétienté, la Politique restaurait secrètement les divinités païennes, l'État, la Nation, la Propriété, le jus utendi et abutendi du Droit romain... Ah! oui, certes, la Révolution de 89 est venue trop tard ! Entre la société nouvelle en formation et la Politique dont je viens de parler, il existait – pour employer l'expression leibnizienne – une espèce « d'harmonie préétablie ». À l'État selon Machiavel, qui ne connaît d'autre loi que l'efficience, comment ne s'accorderait pas une société qui ne connaît d'autre mobile que le Profit ? La Révolution de 89 est venue trop tard ou trop tôt. Ce n'était pas contre les oppressions du passé que se levait un peuple qui d'ailleurs, par la volonté de ses mandataires, allait bientôt jeter au feu, dans la nuit du Quatre Août, les titres de ses privilèges – son pressentiment sublime le dressait devant la menace des oppressions futures. Cette menace était-elle d'ailleurs si lointaine ? Qu'on y songe ! Je ne suis pas encore un vieillard et pourtant, lorsque je suis né, la Déclaration des Droits n'avait pas encore cent ans. Elle a aujourd'hui cent cinquante-six ans, deux vies humaines, pas davantage. Oh ! je sais bien que ce sont là des réflexions que le lecteur n'aime pas faire. Permettez-moi d'y insister cependant. Cent cinquante ans après la Déclaration des Droits, Hitler dominait l'Europe et des millions d'hommes – des millions d'hommes dans le monde, dans toutes les parties du monde

– car les Démocraties, vous le savez, les démocraties elles-mêmes, comptaient beaucoup d'amis des fascismes – des millions et des millions d'hommes acclamaient une doctrine qui non seulement reconnaît à la Collectivité, tout pouvoir sur les corps et les âmes, mais encore fait de cette sujétion totale de l'individu – pour ne pas dire son absorption – la fin la plus noble de l'espèce. Car il n'est pas vrai que des millions et des millions d'hommes se soient contentés d'abandonner volontairement leur liberté, ainsi qu'on se dépouille d'un privilège légitime. Ils ne reconnaissaient pas la légitimité de ce privilège, ils ne se reconnaissaient pas le droit à la liberté. Bien plus ! Par un renversement inouï des valeurs, ils mettaient leur orgueil à la mépriser. Ils faisaient leur – ils jetaient comme un défi à la civilisation dont ils étaient pourtant issus – le mot atroce, le mot sanglant de Lénine : « La liberté ? Pour quoi faire ?... » Pour quoi faire ? C'est-à-dire à quoi bon ? À quoi sert d'être libre ? Et, en effet, cela ne sert pas à grand'-chose, ni la liberté ni l'honneur ne sauraient justifier les immenses sacrifices faits en leur nom, qu'importe ! On convainc aisément les naïfs que nous sommes attachés à la liberté par l'espèce d'orgueil qu'exprime le *non serviam* de l'Ange, et de pauvres prêtres vont répétant cette niaiserie qui plaît à leur sottise. Or, précisément, un fils de nos vieilles races laborieuses et fidèles sait que la dignité de l'homme est de servir. « Il n'y a pas de privilège, il n'y a que des services », telle était l'une des maximes fondamentales de notre ancien Droit. Mais un homme libre seul est capable de servir, le service est par sa nature même un acte volontaire, l'hommage qu'un homme libre fait de sa liberté à qui lui plaît, à ce qu'il juge au-dessus de lui, à ce qu'il aime. Car, si les prêtres dont je viens de parler n'étaient pas des imposteurs ou des imbéciles, ils sauraient que le *non serviam* n'est pas un refus de servir, mais d'aimer.

CHAPITRE CINQ

Cent cinquante ans après la Déclaration des Droits, les Dictateurs ont failli se partager le monde, mais ce n'est pas assez dire. Ils se vantaient d'y établir un nouveau type de civilisation, et nous voyons maintenant que cette promesse n'était pas vaine, nous jugeons mieux chaque jour l'étendue et la profondeur de la crise intellectuelle et morale que la victoire ne saurait résoudre, qu'elle aggravera peut-être. Car l'idée de liberté, déjà si dangereusement affaiblie dans les consciences, ne résisterait probablement pas à la déception d'une paix manquée, au scandaleux spectacle de l'impuissance des Démocraties. C'est déjà trop que la guerre de la liberté ait été faite selon les méthodes totalitaires ; le désastre irréparable serait que la paix de demain fût faite, non seulement selon les méthodes, mais selon les principes de la dictature.

Cent cinquante ans après cette explosion d'espérance... oh ! sans doute, plus d'un lecteur pensera que j'insiste trop là-dessus ; mais c'est que ma chronologie ébranle peut-être à la longue, par une agaçante répétition, la sécurité intérieure où il trouve ordinairement son repos, comme les poissons dans l'eau profonde. Car il supporte bien que les idées en troublent parfois la surface, mais, dès qu'une image un peu pressante risque de pénétrer plus avant, il éprouve de l'angoisse. Et par exemple, il lui déplaît de penser que le Totalitarisme n'a pas été plus inventé par M. Hitler ou par M. Mussolini que le Protestantisme par Luther, que les dictateurs, comme Luther lui-même, ont mérité de donner leur nom à une crise déjà ancienne parce que, si la malfaisance en était répandue dans tout l'organisme, ce sont eux qui l'ont fixée, au sens que les médecins donnent à ce mot lorsqu'ils parlent d'un abcès de fixation qui localise l'infection, collecte le pus.

Des millions et des millions d'hommes ne croyaient plus à la liberté, c'est-à-dire qu'ils ne l'aimaient plus, ils ne la sentaient plus nécessaire, ils y avaient seulement leurs habitudes, et il leur suffisait d'en parler le langage. Depuis longtemps, l'État se fortifiait de tout ce qu'ils abandonnaient de plein gré. Ils n'avaient que le mot de révolution à la bouche, mais ce mot de révolution, par une comique chinoiserie du vocabulaire, signifiait la Révolution Socialiste, c'est-à-dire le triomphal et définitif avènement de l'État, la Raison d'État couronnant aussi l'édifice économique, la Raison d'État faisant face au Monopole d'État, comme en une de ces allégories pyrotechniques qui précédaient jadis le « bouquet » des feux d'artifice. Ils n'avaient que le mot de Révolution dans leur gueule pourrie, mais ce n'était pas la leur, qui se préparait – imbéciles ! – c'était celle de l'État qui allait faire sa propre Révolution à leurs dépens, aux dépens de ce qui leur restait de liberté. Ils le savaient bien, ils souhaitaient en finir le plus tôt possible avec leur conscience, ils souhaitaient, au fond d'eux-mêmes, que l'État les débarrassât de ce reste de liberté, car ils n'osaient pas s'avouer qu'ils en étaient arrivés à la haïr. Oh ! ce mot de haine doit paraître un peu gros, qu'importe ! Ils haïssaient la liberté comme un homme hait la femme dont il n'est plus digne, je veux dire qu'ils se cherchaient des raisons de la haïr. Ils haïssaient ce qui leur restait de liberté, précisément parce qu'il ne leur en restait pas assez pour être des hommes libres, mais assez pour en porter le nom, pour être parfois tenus d'agir comme tels. Vous pensez que j'exagère ? C'est donc que vous n'avez pas connu les hommes de 1920, c'est donc que vous ne les avez jamais regardés. Rien qu'à les voir, on comprenait parfaitement ce qu'ils étaient, les fils d'une race dont le sang, depuis un siècle, s'était prodigieusement appauvri de ces substances mystérieuses, de ces hormones inconnues que les chimistes découvriront peut-être un jour dans les veines du dernier homme libre, avant que la médecine totalitaire l'ait rendu inoffensif par quelque futur ingénieux procédé de stérilisation... Je vous parle ici, comme on disait au temps du roman réaliste, d'une expérience vécue. En 1920, je venais de faire la guerre comme tout le monde, j'avais trente-deux ans, je savais écouter, je savais voir. Oh ! sans doute, je ne me faisais pas beaucoup plus d'illusion qu'aujourd'hui sur les prétendues Croisades de la Liberté, je ne pensais pas que « la porte du Paradis sur la terre s'appellerait Verdun », comme l'écrivait alors je ne sais quel rédacteur de L'Écho de Paris. Oui, j'étais loin de m'attendre, croyez-le, à une période de prospérité, d'abondance, et surtout de sécurité. Je me disais : « Cette guerre ne sera certainement pas la dernière des guerres, mais, avant bien des siècles, sûrement, on ne reverra plus une telle imposture. Les hommes qu'on essaie de duper par une paix d'avoués véreux et de gangsters qui ne serait, en somme, qu'une liquidation, entre complices, de la plus colossale faillite qu'on ait jamais vue, ne se laisseront évidemment pas faire, ils jetteront bas tout le système. Nous allons connaître des temps difficiles, mais l'humanité n'est tout de même pas au bout de ses ressources, elle se renouvellera une fois encore dans le chaos ; c'est toujours par les plus grandes convulsions que s'annoncent les plus grandes restaurations de l'Histoire »... et patati et patata... Paris était à ce moment-là une sorte de foire universelle où la canaille internationale des palaces et des wagons-lits venait cuver son or à Montmartre, comme un ivrogne cuve son vin. La température ambiante était, même sous la pluie de février, celle d'un salon de bordel ; mais le franc, lui, tombait au-dessous de zéro et les éditeurs, rendus hystériques par leur propre réclame, à la manière d'un badaud qui voit son image reproduite à l'infini dans un jeu de glaces, découvraient un génie par jour. Qui n'a pas vécu en ce temps-là ne sait pas ce que c'est que le dégoût. Rien qu'en humant l'air des boulevards, vous auriez pu sentir l'odeur des charniers qui ne devaient pourtant s'ouvrir que dix-neuf ans plus tard. Il y a ainsi parfois, au plus profond de l'hiver, des jours où vient on ne sait d'où le parfum des haies d'aubépines, encore nues pourtant sous la neige. J'allais et venais, tantôt heureux, tantôt malheureux, mais toujours avec, à la poitrine, le creux de l'angoisse. Oh ! cela non plus n'est pas une image littéraire ! Ceux qui m'ont connu alors savent que je ne mens pas. J'allais et venais, je regardais dans les rues, à la terrasse des cafés, au seuil des usines et des chantiers, ces hommes qui avaient été cinq ans mes égaux, mes camarades, ces visages durcis par la guerre, ces mains de soldat. On les avait démobilisés classe par classe comme on rangerait sur une étagère des grenades encore amorcées ; mais c'était visiblement des soins superflus. Ils n'avaient jamais été, ils ne seraient jamais dangereux que pour l'Ennemi, c'est-à-dire pour ce que le Règlement du Service en Campagne autorise à désigner sous ce nom. Ils avaient combattu en citoyens, ils s'étaient acquittés en masse de ce devoir civique, ils étaient allés là-bas comme aux urnes – beaucoup plus tranquillement, d'ailleurs, qu'ils allaient aux urnes, car ils sentaient bien que c'était une besogne sérieuse, et qu'elle durerait longtemps. Bien loin que la guerre ait fait d'eux des révoltés, elle n'a jamais seulement réussi à en faire des aventuriers. Ces hommes, qui semblaient avoir tant de fois joué leur vie pile ou face, étaient les moins joueurs des hommes. Car ils n'avaient jamais réellement joué leur vie pile ou face, ils l'avaient engagée tout entière dans une besogne – qui était d'ailleurs réellement un métier, un métier qu'ils avaient appris comme n'importe quel métier, où ils avaient d'abord été des apprentis – c'est-à-dire des « bleus » – puis des anciens – et ils ne boudaient pas à la besogne, ils finissaient toujours par en venir à bout, sans rien faire de trop, mais aussi sans rien bâcler, avec leur prodigieuse conscience ouvrière. Ils ne jouaient pas leur vie pile ou face, ils ne la risquaient pas, au sens exact du mot ; on la risquait pour eux, et ils trouvaient ça parfaitement légitime ou du moins inévitable. Aussi longtemps que l'entreprise n'était pas achevée, ils eussent rougi de discuter là-dessus avec l'entrepreneur, mais ils se promettaient bien de vivre tranquilles dès qu'ils auraient quitté le chantier. Naturellement, cette peinture ne ressemble pas à celle des calendriers de la guerre... Oh! si Van Gogh avait pu les peindre! Ils étaient devenus des héros, et ils l'étaient devenus à leur insu, puisque leur héroïsme était précisément de s'oublier eux-mêmes. Ils ne voulaient pas se voir tels qu'ils étaient, ils se voyaient de moins en moins à mesure qu'ils s'élevaient plus haut; leur sainteté ne pouvait survivre à la guerre, elle était liée à leur guerre, elle était cette guerre même, je ne sais comment exprimer cela, je ne suis pas sûr encore de comprendre, après tant d'années. Certes, lorsque, il y a un quart de siècle, je les observais d'un cœur amer, je ne leur rendais pas justice. Je m'irritais de les voir s'installer avec déférence dans un monde qui reniait ouvertement leur grandeur et leur misère, mais il n'en coûtait rien à leur humilité de renier eux-mêmes leur grandeur, et, quant à leur ancienne misère, ils en avaient honte, ils n'en parlaient à personne, ils craignaient d'avoir l'air de tendre la main. Quand je leur disais : « Pour supporter que la France tombe de la guerre dans le carnaval, il faut que nous soyons de rudes salauds! » ils me regardaient de leur regard inflexible, de ce regard d'acier dont ils mesuraient la distance d'un trou d'obus à un autre trou d'obus, ou la trajectoire de la grenade, et ils me répondaient en rigolant : « T'en fais pas pour la France, mon gars! » Ils aimaient la France, ils l'aimaient autant qu'aucune autre génération l'avait aimée, mais ils ne se sentaient aucun droit sur elle, et réellement ils n'en avaient aucun. Depuis cent cinquante ans, le mot Patrie n'appartenait plus qu'au vocabulaire sentimental, les théoriciens du Droit public lui avaient substitué celui de Nation, et ce mot lui-même ne se distinguait guère plus de celui d'État – ce que l'État prétendait obtenir du citoyen, il l'exigeait au nom de la Nation, la Nation était le pseudonyme de la Raison d'État. Pour l'homme de 89, la Patrie c'était sans doute, selon l'étymologie, la Terre des Pères, mais c'était plus naturellement, plus réellement, tout ce qu'il avait reçu, tout ce qu'il pouvait transmettre à sa famille, tout ce qui assurait cette transmission – c'était sa famille elle-même, immensément agrandie, mais toujours reconnaissable. Et s'il ne possédait en propre ni un arpent de terre ni un écu, c'étaient les droits, les privilèges, dont le plus pauvre avait sa part, si nombreux, si divers, si bien enchevêtrés les uns dans les autres, que, à la lecture des anciens traités de Droit public ou privé, ils évoquent irrésistiblement l'image de ces profonds, de ces impénétrables halliers où les bêtes libres de la forêt peuvent défier le chasseur. Privilège de la personne, de la famille, du village, de la paroisse, du métier – que sais-je? Au XVIIe siècle les ramoneurs et commissionnaires savoyards de Paris formaient une espèce de confédération qui avait ses lois, qui défendait jalousement non seulement ses intérêts, mais son honneur, qui faisait elle-même sa justice, car les commissionnaires qui transportent des lettres ou des marchandises, les ramoneurs dont le métier est d'entrer ou de sortir librement par la cheminée, doivent, naturellement, rester au-dessus de tout soupçon. Un d'entre eux, convaincu de vol, fut jugé par ses pairs et pendu. Pour de tels hommes, et pour tous ceux qui leur ressemblaient, si misérables qu'ils fussent, la Patrie était ceci ou cela, mais c'était encore l'honneur de leur modeste profession. Ainsi, la Patrie garantissait à chaque Français tout ce qui les distinguait les uns des autres, les enrichissait ou les honorait, et elle ne demandait rien, du moins en apparence, car les impôts n'étaient pas prélevés en son nom, et il ne serait d'autre part venu à l'esprit de personne qu'elle pût exiger indistinctement de chaque Français mâle le sacrifice du sang. La noblesse militaire était bien soumise à cette exigence mais elle jouissait » en revanche, de privilèges particuliers – donnant donnant, son héroïsme était d'ailleurs moins fait de patriotisme que d'honneur. Oh ! sans doute, un Français d'autrefois tenait parfaitement qu'il est beau de donner à la Patrie ce témoignage que l'Église demande parfois à ses fils ; mais dans l'un ou l'autre cas, le martyre lui paraissait d'autant plus sublime qu'il était un acte exceptionnel et volontaire. Si au temps de Jeanne Hachette toutes les femmes avaient dû, comme elles y seront sans doute contraintes demain, accomplir leur service militaire, comment le nom de cette héroïne serait-il venu jusqu'à nous ? Lorsque l'État totalitaire exigera de n'importe qui, sous peine de mort, des risques dont l'acceptation volontaire eût jadis suffi à perpétuer le nom d'un homme, qui distinguera les braves des lâches ?

À un Français de 1914, au contraire, le mot de Patrie évoquait instantanément la strophe fameuse : « Mourir pour la Patrie, c'est le sort le plus beau, le plus digne d'envie !... » Je le dis sans aucune exagération, pour un homme de cette époque, cependant si platement bourgeoise, la Patrie était d'abord et avant tout, non pas ce qui rend la vie plus facile et plus noble, mais cet Absolu pour quoi l'on meurt. À qui lui eût demandé, par exemple, quel est le symbole de la Patrie, un petit garçon de 1900 n'eût pas hésité une seconde à répondre : le Drapeau. Et, prononçant ce mot de drapeau, croyez bien qu'il n'eût pas pensé aux joyeux drapeaux des Quatorze Juillet, flambant sur l'azur, mais à un haillon déchiré, trempé du sang des braves. Rien ne pouvait symboliser la Patrie à ses yeux que ce symbole purement militaire. On l'aurait fait sourire en lui proposant une cathédrale, une route, un fleuve tranquille ou une vieille maison paternelle, avec son champ et son verger. Plus l'idée de Patrie prenait ce caractère implacable, si contraire à notre tradition, à notre tempérament, à notre génie, plus elle devenait étrangère à la majorité des Français, particulièrement à ceux de la classe ouvrière, qui n'étaient pas loin d'y voir, non sans raison, un fanatisme religieux et comme une sorte de cléricalisme tricolore.

Pour juger l'homme de 1914, le combattant des Éparges et de Verdun, il faut absolument tenir compte de cette conception de la Patrie, qu'on peut dire héritée de la Convention, car la Convention fut la première à oser la formuler, et que les Français n'ont jamais comprise qu'à travers leurs souvenirs de collège, car elle appartient à l'Histoire romaine et non pas à l'Histoire de France. Mais l'immense majorité des ouvriers et des paysans mobilisés en 1914 n'avaient aucun souvenir de l'Histoire romaine, pour la raison qu'ils ne l'avaient jamais apprise. Ils se rappelaient les définitions du Manuel d'instruction civique, ou du moins ils en avaient retenu l'essentiel, qui pourrait se résumer ainsi : « Le citoyen doit tout à sa Patrie, jusqu'à la dernière goutte de son sang, mais la Patrie ne lui doit rien. » Ils ne prenaient évidemment pas ces définitions au pied de la lettre, car, en ce cas, ils eussent été déjà mûrs pour n'importe quelle sorte de fascisme. La Patrie n'en était pas moins devenue pour eux cet impératif auquel, pour le repos de l'esprit et du corps, il est préférable de penser le plus rarement possible. Y pensaient-ils beaucoup le jour de la mobilisation ? Je ne le crois pas. Non, je ne le crois pas. En prenant le train à la gare de l'Est, dans leurs wagons fleuris, voulez-vous que j'essaie de vous dire à quoi ils pensaient ? Eh bien, ils pensaient à Guillaume, au Kronprinz, aux hobereaux poméraniens à monocle, au militarisme prussien. Au militarisme prussien surtout, car ils reportaient sur lui » sur les hobereaux à monocle, leurs vieilles rancunes contre l'adjudant. Ils croyaient aussi à la paix universelle, parce qu'ils étaient de braves gens, de vieux civilisés, auxquels la guerre faisait honte... Si vous leur parliez de la France, ils prenaient tout de suite l'air têtu et sournois du mauvais élève qui écoute le Sermon de l'aumônier. Et quand vous leur aviez joué cet air du répertoire, ils rigolaient de vous, derrière votre dos, sans malice, à moins qu'ils ne vous soupçonnassent de vous payer leur tête... Cela vous gêne de m'entendre parler si franchement ? N'importe ! Ils faisaient bien mieux que de penser à la France, ce qui, d'ailleurs, était devenu, grâce aux controverses des gens de droite et des gens de gauche, un travail difficile, à la portée seulement des instituteurs ou des curés. Ils faisaient mieux que de penser à la France, ils vivaient ces grandes heures comme leurs ancêtres les auraient vécues, avec simplicité, avec bonhomie, avec une tendresse humaine aussi, car ils partaient sans haine. Voyons, encore un coup, soyez francs ! Ils ne pouvaient penser à la France de l'Ancien Régime, à une France ténébreuse qu'on leur avait peinte comme un bagne. Ils eussent plutôt rougi d'elle, rougi de leurs pères qui y avaient été, paraît-il, rossés tant de siècles, et leurs femmes engrossées à la bonne franquette par le seigneur. Non seulement on avait diffamé cette France à leurs yeux, mais on avait pris grand soin de ne rien leur laisser d'elle qui fût réellement à leur portée – pas un costume, pas un patois, pas une chanson. Quand ces braves gens regardaient une cathédrale, ils n'osaient pas l'admirer, ils calculaient la hauteur des tours en se représentant les malheureux serfs grimpant jusque là, sous le fouet des contremaîtres. Et il ne leur semblait pas trop exaltant non plus de penser à l'autre France – celle de la Révolution, bien entendu, mais aussi celle de Napoléon le Grand, de Napoléon le Petit, de Louis-Philippe, de l'oppression capitaliste, des grèves sanglantes, et des bas salaires. En sorte qu'ils préféraient qu'on les laissât tranquilles au sujet de la Patrie, qu'on ne leur fît pas de phrases sur cette Patrie à propos de laquelle ils auraient pu dire ce qu'ils disaient si souvent à propos du Bon Dieu : « Nous ne croyons qu'à ce que nous voyons. » Oui, oui, je sais ce que vous allez me répondre, vous allez me répondre que cette France était sous leurs yeux, qu'ils n'avaient qu'à la regarder par la portière du wagon qui les emportait vers leur destin. Je vous répondrai d'abord que ce wagon n'avait pas de portières, c'était un wagon à bestiaux, avec un peu de paille dedans. N'importe ! Si je vous entends bien, vous auriez voulu que s'étant fait, par la faute de leurs maîtres, une idée trop abstraite de la France, ils la reconnussent, ils prissent conscience d'elle à la vue de ses paysages. Mais rien n'est plus difficile que de prendre conscience d'un pays, de son ciel et de ses horizons, il y faut énormément de littérature ! Ces champs, ces prés, ces vignes ne leur représentaient pas la France parce qu'ils ne pouvaient y faire revivre, comme nous, un passé qu'ils ne connaissaient pas. Les vieux paysages nous parlent à travers la vieille histoire. Pour eux, pour ces braves types qui regardaient à travers l'étroite fenêtre grillagée de leur wagon sans vitres, il n'y avait devant eux que de bornes ou de mauvaises terres, des terres à blé ou des terres à vigne, qui seraient toujours de bonnes ou de mauvaises terres, quel qu'en fût le maître, allemand ou français. Pour qu'elles leur représentassent la France, il fallut des mois et des mois d'une patience et d'un héroïsme jamais égalés. Mais, quand ils eurent sauvé cette France-là de la seule manière dont ils fussent capables, quand ils l'eurent reprise à l'ennemi, et furent rentrés tranquillement chez eux, comment aurait-on pu les persuader de la sauver de nouveau ? Ils n'avaient plus rien à reprendre, du moins plus rien à reprendre qu'ils pussent voir de leurs yeux, toucher de leurs mains. Les pieds enracinés dans l'argile gluante, le dos gelé par la pluie, la paume de la main brûlée par le canon du fusil, l'épaule meurtrie par la crosse, avec en face d'eux un coin de bois quelconque, couronné d'une vapeur bleue, et qui crache du feu par tous ses trous d'ombre, ils n'eussent, pour rien au monde, boudé à la besogne. Mais, six semaines après l'armistice, ils ne comprenaient pas que la France pût encore avoir besoin d'eux. Il ne prenaient déjà pas la paix au sérieux ; je crois qu'ils ne l'ont jamais respectée. Ils étaient aussi dégoûtés que moi du carnaval de l'après-guerre, ils regardaient avec le même dégoût les gorilles d'affaires américains liquidant les stocks, les ogresses internationales escortées de leurs gigolos, mais ils n'éprouvaient nullement le besoin de délivrer la France de cette ordure, ils n'en avaient nullement envie, voilà le malheur. Leur dégoût pour ces millions de jeunes cyniques, avides de jouir, et qui mettaient le pays à l'encan, était plutôt jovial, sans colère et sans haine ; on aurait même cru volontiers qu'il ne leur déplaisait pas de voir l'Arrière, ce fameux « Arrière » dont le Bulletin des Armées leur avait si souvent vanté « le Moral » – l'Arrière tiendra ! – donner ainsi la mesure de sa profonde et secrète dégradation. Car un gouffre s'était creusé peu à peu, au cours de ces quatre années, entre l'Arrière et l'Avant, un gouffre que le temps ne devait pas combler, ou ne devait combler qu'en apparence. Oh ! c'est là une remarque que je serai peut-être le seul à faire ; personne ne m'en disputera le mérite, elle est trop simple, qu'importe ! Aux jours de Munich, qui rappelaient si cruellement les jours maudits de 1920 par une égale ignominie dans l'égoïsme et l'évasion – l'esprit de l'Avant et celui de l'Arrière demeuraient aussi inconciliables qu'autrefois, bien que la politique eût depuis longtemps perverti le premier. Cette opposition des deux Esprits, qui aurait pu être vingt ans plus tôt un principe de salut, n'a servi qu'à rendre impossible toute véritable union des Français devant l'ennemi. L'Arrière et l'Avant, méconnaissables sous le nom de Gauche ou de Droite, de Front Populaire ou de Front National, ne se sont réconciliés qu'en deux occasions, pour une égale abdication de l'honneur, pour un égal reniement de l'ancienne Victoire, à Munich et à Rethondes.

J'ai été injuste envers l'homme de 1920 ; on ne saurait être déçu sans être injuste. La déception m'a d'ailleurs jeté dans la littérature, je suis entré dans « le Soleil de Satan » – je m'excuse d'une telle comparaison – un peu comme l'abbé de Rancé résolut de se faire trappiste devant le visage de sa maîtresse tout grouillant de vers, et ses nobles cheveux blonds collés au front par l'écume de la pourriture. Puis-je ici faire remarquer à ceux de mes lecteurs qui me font l'honneur de leur amitié, que j'ai déjà écrit cela en 1926, l'année même de la publication de mon premier livre ? Ce n'est pas une idée venue sur le tard, pour les besoins de la cause, comme à tant d'autres écrivains désireux de faciliter la tâche de leurs biographes futurs. J'ai été injuste envers mes anciens camarades, je les imaginais capables de reconstruire, de restaurer, alors que la guerre ne leur avait appris qu'à détruire, et non pas à détruire au hasard, selon l'inspiration du moment, la révolte de la conscience, le cri des entrailles, mais posément, méthodiquement, patiemment, sans colère et selon le plan tracé. Si on leur avait demandé de se jeter au milieu de ce carnaval avec des grenades dans leurs poches, ils auraient peut-être fait tout sauter, c'est entendu, mais ils n'étaient rien moins qu'anarchistes, et, en se retrouvant côte à côte, coude à coude, ils auraient repris rapidement les vieilles habitudes, ils auraient été de nouveau une armée, avec ses chefs, sa discipline, son argot, sa camaraderie inflexible, capable de tout le bien comme de tout le mal, ils auraient donné à cette Armée un nom de Parti ou plutôt on le lui eût donné pour eux, et l'Europe aurait compté un fascisme de plus. Car, voilà précisément ce que nous n'avions pas compris : les guerres d'autrefois, les guerres politiques, les guerres de soldats, formaient des héros ou des bandits, la plupart héros et bandits tout ensemble. Mais la guerre moderne, la guerre totale, travaille pour l'État totalitaire, elle lui fournit son matériel humain. Elle forme une nouvelle espèce d'hommes, assouplis et brisés par l'épreuve, résignés à ne pas comprendre, à ne pas « chercher à comprendre », selon leur mot fameux, raisonneurs et sceptiques en apparence, mais terriblement mal à l'aise dans les libertés de la vie civile qu'ils ont désapprises une fois pour toutes, qu'ils ne réapprendront plus jamais, ou du moins qui ne leur seront plus jamais familières – respectueux de la vie civile, du confort de la vie civile, comme s'ils n'y avaient pas droit, comme s'ils avaient une fausse permission dans leur poche. Oh ! plus d'un lecteur, s'il est jeune surtout, s'émerveillera de cette espèce de timidité. Il s'imagine volontiers qu'un citoyen mobilisé sorti vivant de la guerre devrait être plutôt enclin à présumer de lui-même, de son adresse, de son courage, de ses forces. Il en était certainement ainsi jadis, au temps de l'ancienne guerre, de la guerre des hommes. Mais la guerre totalitaire ne saurait vraiment exalter l'orgueil de personne. Qui sort sain et sauf de cette prodigieuse machinerie n'en saurait rendre grâces qu'à Dieu. « Sortir vivant de la guerre » n'a pas beaucoup plus de sens que « sortir vivant d'une épidémie de choléra ». À cette différence près que les grandes épidémies ont généralement coïncidé avec un non moins grand relâchement des mœurs, les hommes se consolant de leurs terreurs comme ils pouvaient, au lieu que la guerre totale resserre toutes les disciplines, impose à l'homme, non seulement le sacrifice de sa vie, mais des dernières joies qui lui restent à vivre, l'exerce à passer stoïquement ses derniers jours dans la privation de tous les plaisirs, lui interdit jusqu'à ces grossières revanches, ces détentes bestiales qui étaient jadis le pillage des villes forcées... Car la guerre totale est cruelle et puritaine comme elle est anonyme, elle forme, par des méthodes qui ne sont pas loin d'être comme une transposition sacrilège et ironique des Exercices de saint Ignace, une sorte d'hommes – *perinde ac cadaver* – capables de toutes les formes de la soumission et de la violence, passant indifféremment des unes aux autres, une espèce d'hommes où le Totalitarisme puise au hasard des milliers de badauds en uniforme pour son cérémonial religieux, des bêtes intelligentes et féroces pour sa police, et des bourreaux pour ses camps de concentration. Je ne dis pas que la Société moderne n'eût pas réussi à former dans la paix, grâce à ses admirables méthodes de déformation des consciences, un homme totalitaire ; il n'en est pas moins vrai qu'elle en a prodigieusement hâté la maturité dans la guerre. Et d'ailleurs il est sans doute vain de distinguer la Société Moderne de la Guerre Totale : la Guerre Totale est la Société Moderne elle-même, à son plus haut degré d'efficience.

CHAPITRE SIX

S i l'on compare l'homme de 1939 à celui de 1914, et ces deux hommes à leur commun ancêtre de 1789, il semble que notre matière humaine nationale – pour employer le mot à la mode – se soit grandement appauvrie. Mais si c'était le monde, la vie, qui fût plus misérable encore ? Si la matière humaine française était restée trop riche, trop vivante pour un monde égalitaire, où l'uniformité tient lieu d'ordre ?...

En 1789, notre prestige spirituel était immense, on ne lui aurait trouvé rien de comparable depuis Athènes et Rome. L'étranger qui nous est resté fidèle nous aime exactement pour les mêmes raisons qu'il nous eût aimés cent cinquante ans plus tôt. La France de 1789 est encore présente partout – oui, partout présente, jusque dans les dernières villes brésiliennes, perdues dans la forêt naine et tordue, grouillante d'insectes ou de reptiles, le désert végétal que la saison sèche recouvre d'une espèce de toison grise et fauve qui a la même odeur que la bête... Je parle de ce que je sais. La France qu'on aime, c'est la France de Rousseau, la même France qui faisait l'orgueil de cette société dont Watteau est le peintre – à la fois si naturelle et si raffinée, si violente et si facile, d'esprit si lucide, de nerfs si fermes et pourtant si aisée à émouvoir de pitié ou de colère, à « toucher aux entrailles » – comme on disait en ce temps-là – aux entrailles seulement, car le cœur était alors presque aussi lucide que l'esprit. La France qu'on aime, c'est toujours celle que nous dépeint dans ses Mémoires le jeune Ségur, la France des idées nouvelles, de ces idées qui ont tant servi aux hommes depuis deux siècles, tant passé et repassé de main en main et qu'on imagine toujours aussi brillantes, aussi pures, diamants, rubis, saphirs, à la couleur du drapeau. La France qu'on aime, c'est toujours la

France révolutionnaire de La Fayette et de Rochambeau, qui est très exactement l'opposée de la France de 1920. La France de la guerre d'Amérique, toujours si profondément enracinée dans le peuple, tenant au peuple par toutes ses racines, mais dont les plus hautes branches ployaient et craquaient dans le vent. Un peuple beaucoup plus proche du peuple chrétien du XIIIe siècle par la solidité, la simplicité, la dignité de ses mœurs que ne le sera de lui, quelques années seulement plus tard, par exemple, le peuple de la Monarchie de Juillet. Car, en ce temps-là, c'était le peuple qui « conservait », notamment le peuple paysan, dont on ne saurait exclure le petit seigneur rural souvent plus pauvre que son fermier – tandis que les élites impatientes brûlaient de se jeter vers l'avenir par n'importe quelle brèche, dans une de ces charges folles et sublimes qui furent toujours, précisément, la méthode préférée de combat des élites françaises. Car ce sont bien les jeunesses aristocratiques et bourgeoises qui s'enivrent des idées nouvelles comme d'un vin nouveau, non seulement à Paris, mais au fond des lointaines provinces, ce sont elles qui sourient de tout, non par vaine insolence mais pour s'encourager à tout remettre en question, à tout risquer, à tout oser. On dirait qu'elles veulent tout revoir d'un regard sans parti pris, d'un regard neuf et d'une conscience aussi neuve que le regard, d'une conscience nette et droite, comme une grande route royale lavée et nivelée par l'averse. Je crois qu'il est presque impossible aujourd'hui de se faire une idée de la prodigieuse disponibilité de ces esprits que rien ne surprend. Lorsque j'écris disponibilité, je ne prétends nullement faire allusion à M. Gide. M. Gide n'est pas un homme de l'ancienne France. La disponibilité de M. Gide est celle d'un homme formé par le moralisme le plus étroit, et qui finit par se trouver vis-à-vis de lui dans la situation paradoxale d'un athée qui injurie Dieu, prouvant par là qu'il n'a pas cessé d'y croire. Le moins qu'on puisse dire est qu'on voit sur M. Gide la marque douloureuse des chaînes qu'il a portées. Les gens dont je viens d'écrire avaient été élevés, sans doute, dans une société fortement hiérarchisée, mais dont le principal et l'unique Code était le Savoir-Vivre, c'est-à-dire beaucoup moins un Code qu'un Art, l'art de rendre à chacun ce qui lui est dû, et même un peu plus, avec toute la bonne grâce possible. Le Savoir-Vivre, disait la marquise de Créquy, c'est donner de l'esprit aux sots. L'extraordinaire sociabilité des hommes de ce siècle, pourtant si peu dévot, si libertin, semble comme un dernier reflet de l'antique fraternité des Chrétiens. Leur indulgence est merveilleuse. Piron, soupçonné d'être l'auteur de son obscène Ode à Priape, est convoqué par le Magistrat – je crois que c'était l'imposant président d'Aligre. « Jeune homme, dit-il, vous avez beaucoup de talent, mais vous êtes allé un peu loin, cet enfantillage pourrait nuire à votre carrière. Laissez-moi dire que la pièce est de ma façon... »

En 1789, les élites sont à leur place, c'est-à-dire à l'avant-garde. Cent cinquante ans plus tard, les élites seront à l'arrière, à la traîne, et elles trouveront la chose parfaitement naturelle ; c'est au peuple qu'elles prétendront laisser le risque, la recherche. Des classes dirigeantes qui refusent de bouger d'un pouce, que pourrait-on imaginer de plus absurde ? Comment diriger sans guides ? Les classes dirigeantes refusent de bouger, mais le monde bouge sans elles.

La France qu'on aime, c'est toujours la France de 1789, la France des idées nouvelles. Auprès de cette France-là, comme celle du XIXe siècle paraît triste ! Oh ! je ne veux nullement diffamer ce siècle, comme l'a fait jadis Léon Daudet dans un livre malheureusement destiné à réjouir une espèce particulière d'imbéciles que d'ailleurs il méprisait, je dis seulement que, avec toutes ses inventions et ses grands hommes, la France du XIXe siècle est triste. La France du XIXe a l'air de porter le deuil de sa révolution manquée. Elle a commencé par habiller les Français de noir. Jamais, en aucun temps de notre histoire, les Français n'ont été si funèbrement emplumés ; le coq gaulois s'est changé en corbeau. Le vêtement est triste et laid, l'architecture est laide et triste. L'homme du XIXe a bâti des maisons qui lui ressemblent, et il a logé le Bon Dieu aussi mal que lui. Les églises du XIXe sont tristes et laides. Mon Dieu, je sais bien, il y a la peinture, la poésie, la musique ; le génie de la France n'a pas subi d'éclipse. C'est précisément ce qui fait la valeur et l'intérêt des signes que je viens de noter. Lorsqu'un homme est accablé par la tristesse, les gens du peuple disent dans leur langage qu'il « se néglige ». Le souci des choses familières qui tiennent de plus près à la vie quotidienne est un souci d'homme heureux.

On dira que cette altération du goût, cette triple décadence de l'architecture, du mobilier, du vêtement a été générale en Europe au cours du dernier siècle. Mais quoi de plus naturel puisque, en tout ce qui concerne le vêtement, la mode, l'architecture, c'était la France qui donnait le ton ? La France du XIXe porte le deuil de sa Révolution manquée, l'Europe l'imite par habitude. Oh ! sans doute, ma manière d'écrire l'histoire vous surprend ou vous irrite ! Il vous plairait plutôt de m'entendre dire que la France était triste avant 1789 et n'a pas dès lors cessé de rire et de danser, mais j'aime mieux être d'accord avec les faits qu'avec vous. C'est la France que je m'efforce de comprendre, et non pas vous. Réfléchissez un peu cependant. Vous ne refusez jamais de vous attendrir sur Waterloo. La Révolution manquée de 1789 est un désastre qui devrait frapper beaucoup plus cruellement vos imaginations, ou, pour mieux dire, le désastre de Waterloo n'est qu'un épisode, parmi beaucoup d'autres, du désastre national de la Révolution manquée. L'Empire s'est comme englouti dans Waterloo, s'y est perdu corps et biens, mais l'Empire n'avait pas quinze ans. Au lieu que dans ce court espace de temps qui va des fêtes de la Fédération au 9 Thermidor, en passant par la mort des Girondins, on pourrait écrire que les expériences et les espérances de plusieurs siècles coulèrent à pic, il est vrai pavillon haut et tirant par tous les sabords. Car on peut penser ce qu'on veut de Robespierre, il est parfaitement permis de croire que la terrible répression de l'incorruptible fut, en partie, justifiée. La Révolution était certainement déjà pourrie, bien avant que le 9 Thermidor fît gicler partout cette pourriture. Aucune époque de l'Histoire de France n'a été aussi pourrie que le Directoire. Mais, quoi qu'on pense de Robespierre, il est malheureusement certain que les braves gens qui dansèrent trois nuits de suite sur la place de la Fédération et vidèrent tant de bouteilles en l'honneur du Paradis de la Fraternité dont ils croyaient franchir le seuil étaient, pour employer l'expression alors à la mode, « bougrement » loin de prévoir qu'un peu plus tard ils se retrouveraient ruinés par la banqueroute, décimés par la guerre civile, leurs familles dispersés par la conscription, en attendant le blocus continental et l'Empire... Vingt-cinq ans de guerre, que voulez-vous, c'est long, quand on a cru à l'avènement de la Raison et à la Paix Universelle ! Il est certainement difficile de croire que la France ne serait devenue la plus riche, la plus peuplée, la plus cultivée, la plus renommée, la plus enviée de toutes les nations que dans le but d'aboutir finalement à un système social et économique absolument contraire à la Déclaration des Droits de l'Homme, et qui n'a cessé de favoriser les impérialismes – ces impérialismes dont sa mission historique était de protéger l'Europe – au point qu'elle a perdu, en un siècle, sa fortune et sa puissance – jusqu'à sa puissance militaire – sa puissance et son prestige militaires, événement incroyable, imprévisible ! Je ne cesserai de le répéter sous autant de formes qu'il sera utile dans l'espoir d'ébranler quelques consciences : les hommes de 89 croyaient sincèrement la France parvenue à un si haut degré de culture qu'il ne dépendait plus que de sa volonté, de son génie, d'affranchir le genre humain, non seulement des tyrannies, mais – en un délai plus ou moins court – des disciplines sociales elles-mêmes, le citoyen n'agissant plus que selon la Raison, sans aucune nécessité de contrainte. On peut sourire aujourd'hui de ces illusions, mais elles sont évidemment celles d'un peuple débordant de confiance en lui-même. J'ajoute qu'elles ne semblent pas avoir paru ridicules ou très présomptueuses aux contemporains. En Allemagne, en Autriche, en Russie, les esprits éclairés ne sont pas loin de croire en effet à cet Âge d'Or. Du moins jugent-ils le peuple français plus capable qu'aucun autre de démontrer dans un avenir prochain qu'une nation réellement civilisée peut se passer de tribunaux et de gendarmes. Voilà précisément pourquoi on ne saurait comparer la Révolution française à la Révolution russe de 1917, par exemple. Le peuple russe de 1917 était un peuple opprimé depuis des siècles et à peine sorti du servage. Je ne prétends pas que la masse eût conscience de sa condition misérable par rapport aux autres peuples d'Europe, mais on ne saurait dire qu'après trois ans de guerre, trahie par les généraux, vendue par les ministres, elle fût capable d'un autre sentiment que le désespoir, ce désespoir que le génie de Lénine, le dévouement et la volonté de quelques milliers de véritables marxistes – d'ailleurs presque tous juifs, c'est-à-dire très différents des moujiks tels que nous les a peints Gorki, dans ses inoubliables souvenirs d'enfance – ont exploité au profit d'une politique révolutionnaire réaliste, lucide, inflexible. Notre Révolution de 89 a commencé dans la poussière et les chansons d'un joyeux été – le plus ensoleillé qu'on ait vu depuis cinquante ans, écrira plus tard Varangeville, avec le litre de vin pour deux sols. La Révolution russe a pris naissance dans la boue d'une déroute totale. Il est possible, et même probablement exact, que les fils des moujiks qui, en 1917, jetaient leurs équipements, par milliers, par centaines de milliers, sur les routes sans fin, soient maintenant persuadés, comme les hommes de 89, qu'ils vont délivrer le genre humain. Une telle conviction ne leur en a pas moins été imposée peu à peu par la propagande. Elle a été la conséquence – et la conséquence lointaine – de leur révolution, au lieu qu'une foi analogue fut jadis la cause de la nôtre. Il est malheureusement certain que la plupart des lecteurs ne tireront aujourd'hui pas grand profit de ces distinctions nécessaires.

On se moque des gras amples qui parlent volontiers des nations comme de personnes, mais ce sont les gens simples qui ont raison. Les gens simples simplifient, quoi de mieux ? Ils ne simplifient pas évidemment de la même manière que le génie, mais qu'importe ? Oh ! sans doute, la vie d'un peuple n'est pas moins pleine de contradictions que celle du premier venu, et les curieux gaspillent beaucoup de temps et d'ingéniosité à en faire le compte, ou même à en découvrir d'imaginaires. Les curieux sont toujours dupes de leur curiosité. Ils expliquent tout et ne comprennent rien. Ces beaux esprits n'aiment pas s'entendre dire que la France a été déçue, ils trouvent l'image sommaire, grossière, ils voudraient plus de nuances. Tant pis ! Supposez qu'on eût posé à un homme cultivé du XIIe, du XVe ou du XVIIe la question suivante : « Quelle idée vous faites-vous de la société future ? » il aurait pensé aussitôt à une civilisation pacifique, à la fois très près de la nature et prodigieusement raffinée. C'est du moins à une civilisation de ce type que la France s'est préparée tout au long de sa longue histoire. Des millions d'esprits dans le monde s'y préparaient avec elle. On comprend très bien maintenant leur erreur. L'invasion de la Machinerie a pris cette société de surprise, elle s'est comme effondrée brusquement sous son poids, d'une manière surprenante. C'est qu'elle n'avait jamais prévu l'invasion de la Machine ; l'invasion de la machine était pour elle un phénomène entièrement nouveau. Le monde n'avait guère connu jusqu'alors que des instruments, des outils, plus ou moins perfectionnés sans doute, mais qui étaient comme le prolongement des membres. La première vraie machine, le premier robot, fut cette machine à tisser le coton qui commença de fonctionner en Angleterre aux environs de 1760. Les ouvriers anglais la démolirent, et quelques années plus tard les tisserands de Lyon firent subir le même sort à d'autres semblables machines. Lorsque nous étions jeunes, nos pions s'efforçaient de nous faire rire de ces naïfs ennemis du progrès. Je ne suis pas loin de croire, pour ma part, qu'ils obéissaient à l'instinct divinatoire des femmes et des enfants. Oh ! sans doute, je sais que plus d'un lecteur accueillera en souriant un tel aveu. Que voulez-vous ? C'est très embêtant de réfléchir sur certains problèmes qu'on a pris l'habitude de croire résolus. On trouverait préférable de me classer tout de suite parmi les maniaques qui protestaient jadis, au nom du pittoresque, contre la disparition du fameux ruisseau boueux de la rue du Bac... Or, je ne suis nullement « passéiste », je déteste toutes les espèces de bigoteries superstitieuses qui trahissent l'Esprit pour la Lettre. Il est vrai que j'aime profondément le passé, mais parce qu'il me permet de mieux comprendre le présent – de mieux le comprendre, c'est-à-dire de mieux l'aimer, de l'aimer plus utilement, de l'aimer en dépit de ses contradictions et de ses bêtises qui, vues à travers l'Histoire, ont presque toujours une signification émouvante, qui désarment la colère ou le mépris, nous animent d'une compassion fraternelle. Bref, j'aime le passé précisément pour ne pas être un « passéiste ». Je défie qu'on trouve dans mes livres aucune de ces écœurantes mièvreries sentimentales dont sont prodigues les dévots du « Bon Vieux Temps ». Cette expression de Bon Vieux Temps est d'ailleurs une expression anglaise, elle répond parfaitement à une certaine niaiserie de ces insulaires qui s'attendrissent sur n'importe quelle relique, comme une poule couve indifféremment un œuf de poule, de dinde, de cane ou de casoar, à seule fin d'apaiser une certaine démangeaison qu'elle ressent dans le fondement. Je n'ai jamais pensé que la question de la Machinerie fût un simple épisode de la querelle des Anciens et des Modernes. Entre le Français du XVIIe et un Athénien de l'époque de Périclès, ou un Romain du temps d'Auguste, il y a mille traits communs, au lieu que la Machinerie nous prépare un type d'homme... Mais à quoi bon vous dire quel type d'homme elle prépare. Imbéciles ! n'êtes-vous pas les fils ou les petits-fils d'autres imbéciles qui, au temps de ma jeunesse, face à ce colossal Bazar que fut la prétendue Exposition Universelle de 1900, s'attendrissaient sur la noble émulation des concurrences commerciales, sur les luttes pacifiques de l'Industrie ?... À quoi bon, puisque l'expérience de 1914 ne vous a pas suffi ? Celle de 1940 ne vous servira d'ailleurs pas davantage. Oh ! ce n'est pas pour vous, non ce n'est pas pour vous que je parle ! Trente, soixante, cent millions de morts ne vous détourneraient pas de votre idée fixe : « Aller plus vite, par n'importe quel moyen. » Aller vite ? Mais aller où ? Comme cela vous importe peu, imbéciles ! Dans le moment même où vous lisez ces deux mots : Aller vite, j'ai beau vous traiter d'imbéciles, vous ne me suivez plus. Déjà votre regard vacille, prend l'expression vague et têtue de l'enfant vicieux pressé de retourner à sa rêverie solitaire... « Le café au lait à Paris, l'apéritif à

Chandernagor et le dîner à San Francisco », vous vous rendez compte !...
Oh ! dans la prochaine inévitable guerre, les tanks lance-flammes pourront cracher leur jet à deux mille mètres au lieu de cinquante, le visage de vos fils bouillir instantanément et leurs yeux sauter hors de l'orbite, chiens que vous êtes ! La paix venue vous recommencerez à vous féliciter du progrès mécanique. « Paris-Marseille en un quart d'heure, c'est formidable ! » Car vos fils et vos filles peuvent crever : le grand problème à résoudre sera toujours de transporter vos viandes à la vitesse de l'éclair. Que fuyez-vous donc ainsi, imbéciles ? Hélas ! c'est vous que vous fuyez, vous-mêmes – chacun de vous se fuit soi-même, comme s'il espérait courir assez vite pour sortir enfin de sa gaine de peau... On ne comprend absolument rien à la civilisation moderne si l'on n'admet pas d'abord qu'elle est une conspiration universelle contre toute espèce de vie intérieure. Hélas ! la liberté n'est pourtant qu'en vous, imbéciles !

Lorsque j'écris que les destructeurs de la machine à tisser ont probablement obéi à un instinct divinatoire, je veux dire qu'ils auraient sans doute agi de la même manière s'ils avaient pu se faire alors, par miracle, une idée nette de l'avenir. L'objection qui vient aux lèvres du premier venu, dès qu'on met en cause la Machinerie, c'est que son avènement marque un stade de l'évolution naturelle de l'Humanité ! Mon Dieu, oui, je l'avoue, cette explication est très simple, très rassurante. Mais la Machinerie est-elle une étape ou le symptôme d'une crise, d'une rupture d'équilibre, d'une défaillance des hautes facultés désintéressées de l'homme, au bénéfice de ses appétits ? Voilà une question que personne n'aime encore à se poser. Je ne parle pas de l'invention des Machines, je parle de leur multiplication prodigieuse, à quoi rien ne semble devoir mettre fin, car la Machinerie ne crée pas seulement les machines, elle a aussi les moyens de créer artificiellement de nouveaux besoins qui assureront la vente de nouvelles machines. Chacune de ces machines, d'une manière ou d'une autre, ajoute à la puissance matérielle de l'homme, c'est-à-dire à sa capacité dans le bien comme dans le mal. Devenant chaque jour plus fort, plus redoutable, il serait nécessaire qu'il devînt chaque jour meilleur. Or, si effronté qu'il soit, aucun apologiste de la Machinerie n'oserait prétendre que la Machinerie moralise. La seule Machine qui n'intéresse pas la Machine, c'est la Machine à dégoûter l'homme des Machines, c'est-à-dire d'une vie tout entière orientée par la notion de rendement, d'efficience et finalement de profit.

Arrêtons-nous sur ce mot de profit, il nous donnera peut-être la clef de l'énigme. Si les ouvriers de Manchester avaient été doués du don de seconde vue, on imagine très bien le dialogue entre ces hommes libres et le propriétaire de la Machine : « Quoi ! misérables, vous venez de briser une machine qui m'a coûté très cher, sous le vain prétexte qu'elle vous condamne au chômage, c'est-à-dire à la misère, et par la misère à la mort. Hélas ! la loi du Progrès est celle de la Nature. Il est évidemment regrettable que vous perdiez la vie, ou du moins toutes les raisons qui font préférer la vie à la mort, mais que voulez-vous ? Je ne suis que l'instrument irresponsable d'un sacrifice nécessaire, autant dire, n'est-ce pas, l'instrument de la Providence. Vous ne voudriez tout de même pas que je remplisse ce rôle pour rien ? Si élevés qu'ils soient, mes bénéfices seront toujours légitimes. Quant à vous, consentez à disparaître. Cet assemblage un peu bizarre de fer et de bois qui achève de brûler dans un coin de la cour fait votre métier mieux que vous-mêmes. Résignez-vous ! Il est honteux de ne penser qu'à son ventre. Tâchez plutôt de vous représenter l'avenir. Nous sommes en 1745. J'admets que la révolution économique, aux débuts de laquelle nous assistons ensemble, provoquera d'abord quelque désordre. J'admets la nécessité d'une période d'adaptation. Celle-ci durera dix ans, vingt ans, cinquante ans peut-être. Nous sommes en 1792, époque bénie ! Depuis cinquante longues années, les fortes têtes d'Europe, au lieu de se livrer comme jadis à des travaux de luxe où l'essentiel est sacrifié au superflu, c'est-à-dire l'Utile au Vrai, au Juste, au Beau – sur lesquels, d'ailleurs, personne n'est d'accord – auront consacré tout leur génie à des inventions pratiques et pacifiques... La Paix ! Songez, mes amis, que la guerre est aujourd'hui déjà le fait d'un petit nombre de soldats de métier (c'est-à-dire d'aventuriers ou de paresseux peu capables d'une profession honnête) et d'un bien plus petit nombre encore de nobles élevés dans le préjugé de l'honneur. Vous pouvez bien penser que le premier soin d'une société vouée au commerce et à l'industrie sera de détourner les citoyens de ce métier. Quel plus grand ennemi du commerce et de l'industrie que la guerre ? En 1792, il sera vraisemblablement très difficile d'obtenir la permission d'être soldat. Dès lors qu'il n'est d'autre valeur au monde que le travail et la richesse, quand Mars a été détrôné par Mercure, qui accepterait de voir enlever un paysan à sa charrue, un ouvrier à son établi ? La guerre a été inventée par les nobles, et doit disparaître avec eux. Je dois avouer cependant que certains astrologues de mes amis prédisent, pour la fin de ce siècle, quelques conflits ou plutôt, je suppose, quelques rencontres de bandes armées, sans doute facilement maîtrisées par la police. Cinquante ans plus tard, à ce que prétendent ces astrologues – c'est-à-dire vers 1870 – on observera les mêmes troubles qui se reproduiront vers 1914 et même vers 1940. Dix-neuf cent quarante ! Nul doute que cette guerre – si toutefois elle mérite ce nom – remplira d'horreur une humanité composée, dans sa presque totalité, d'hommes pacifiques et laborieux. Elle ne nous en paraîtrait pas moins sans doute, aujourd'hui, un jeu d'enfants, une de ces disputes fraternelles qui se terminent par des coups dont l'amitié fraternelle retient la violence. Ceux qui connaîtront une telle guerre atténuée, humanisée, pourront à peine imaginer, par exemple, des batailles comme celle de Fontenoy, à peine digne des loups et des ours. Voyons, mes amis, est-ce acheter trop cher, par quelques années de chômage ou de bas salaires, la réhabilitation, la rédemption de notre espèce ? Car cette rédemption est certaine. Il n'est sans doute pas interdit aux esprits malveillants de prévoir l'invention de quelques mécaniques capables de nuire aux hommes. Mais, le simple bon sens nous l'annonce, elles ne seront jamais qu'un petit nombre. L'Humanité peut souffrir des crises violentes, perdre un instant le contrôle de ses hautes facultés, mais l'invention et la construction des machines exigent beaucoup de temps, de réflexion, de labeur. Elle exige aussi beaucoup d'or. Est-il permis de croire, sans être fou, que l'Humanité laborieuse mette un jour en commun ses travaux et ses capitaux dans l'intention de se détruire ? Est-il permis de croire que les Savants et les Riches – l'élite des Nations – s'associeront dans cette œuvre perverse ? »

Nous ignorerons toujours si de telles paroles eussent été comprises des ouvriers révoltés. Du moins auraient-elles probablement convaincu le commissaire de police et les gendarmes. N'importe ! Après avoir ainsi fait parler l'industriel – sans grands égards pour la vraisemblance, je l'avoue – qu'on me permette de pousser plus loin encore la fantaisie en supposant qu'un pauvre diable de tisserand ait reçu tout à coup le don d'éloquence et de prophétie, comme l'ânesse du prophète Balaam. – « Des clous, aurait dit cet Anglais dans sa langue. Vous venez de raisonner comme si vos machines allaient être conçues dans le même esprit où furent jadis inventés les outils. Nos ancêtres se sont servis d'une pierre tenue au creux de la main en guise de marteau, jusqu'au jour où, de perfectionnement en perfectionnement, l'un d'entre eux imagina de fixer la pierre au bout d'un bâton. Il est certain que cet homme de génie, dont le nom n'est malheureusement pas venu jusqu'à nous, inventa le marteau pour s'en servir lui-même, et non pour en vendre le brevet à quelque société anonyme. Ne prenez pas ce distinguo à la légère. Car vos futures mécaniques fabriqueront ceci ou cela, mais elles seront d'abord et avant tout, elles seront naturellement, essentiellement, des mécaniques à faire de l'or. Bien avant d'être au service de l'Humanité, elles serviront les vendeurs et les revendeurs d'or, c'est-à-dire les spéculateurs, elles seront des instruments de spéculation. Or, il est beaucoup moins avantageux de spéculer sur les besoins de l'homme que sur ses vices, et, parmi ces vices, la cupidité n'est-elle pas le plus impitoyable ? L'argent tient plus étroitement à nous que notre propre chair. Combien donnent volontiers leur fils au Prince, et tirent honneur du trépas de leur enfant, qui refuseraient à l'État leur fortune tout entière, ou même une part de leur fortune ! Je prédis que la multiplication des machines développera d'une manière presque inimaginable l'esprit de cupidité. De quoi cet esprit ne sera-t-il pas capable ? Pour nous parler d'une République pacifique composée de commerçants, il faut vraiment que vous vous croyiez le droit de vous payer nos têtes ! Si les boutiquiers d'aujourd'hui sont plus experts à manier l'aune que l'épée, c'est qu'ils n'ont point d'intérêt dans les guerres. Que leur importe une province de plus ou de moins dans le Royaume ? Lorsqu'ils trouveront devant eux des concurrents, vous les verrez contempler d'un œil sec les plus effroyables carnages ; l'odeur des charniers ne les empêchera pas de dormir. Bref, le jour où la superproduction menacera d'étouffer la spéculation sous le poids sans cesse accru des marchandises invendables, vos machines à fabriquer deviendront des machines à tuer, voilà ce qu'il est très facile de prévoir. Vous me direz peut-être qu'un certain nombre d'expériences malheureuses finira par convaincre les spéculateurs, au point de les rendre philanthropes. Hélas ! il est pourtant d'expérience universelle qu'aucune perte n'a jamais guéri un vrai joueur de son vice ; le joueur vit plus de ses déceptions que de ses gains. Ne répondez pas que les gros spéculateurs seront tôt ou tard mis à la raison par la foule des petites gens. L'esprit de spéculation gagnera toutes les classes. Ce n'est pas la spéculation qui va mettre ce monde à bas, mais la corruption qu'elle engendre. Pour nous guérir de nos vices, ou du moins pour nous aider à les combattre, la crainte de Dieu est moins puissante que celle du jugement de notre prochain, et, dans la société qui va naître, la cupidité ne fera rougir personne. Lorsque l'argent est honoré, le spéculateur l'est aussi. Il aura donc beaucoup plus à craindre l'envie que le mépris ; n'espérons donc pas le réveil des consciences. Quant à la révolte des intérêts, on a tout lieu de prévoir qu'elle ne pourra éclater qu'après un grand nombre de crises et de guerres si effroyables qu'elles auront usé à l'avance les énergies, endurci les cœurs, détruit chez la plupart des hommes les sentiments et les traditions de la liberté. Les spéculateurs seront alors si nombreux, si puissants, que les peuples désespérés ne sauront plus qu'opposer un seul Tyran à cent mille. Disposant des mécaniques, le Tyran, aussi longtemps que durera sa puissance, paraîtra moins un homme qu'un demi-dieu. Mais il faudra que, tôt ou tard, l'or le corrompe à son tour. Car, dans les circonstances les plus favorables, un homme ne saurait être plus qu'un demi-dieu. Mais l'or, lui, sera Dieu. »

Évidemment, aucun Européen du XVIIIe n'aurait tenu ce langage, et c'est précisément ce qui me serre le cœur en écrivant ces lignes, aujourd'hui sans intérêt. Ceux qui voient dans la civilisation des Machines une étape normale de l'Humanité en marche vers son inéluctable destin devraient tout de même réfléchir au caractère suspect d'une civilisation qui semble bien n'avoir été sérieusement prévue ni désirée, qui s'est développée avec une rapidité si effrayante qu'elle fait moins penser à la croissance d'un être vivant qu'à l'évolution d'un cancer. Pour le répéter une fois de plus, l'hypothèse est-elle définitivement à rejeter d'une crise profonde, d'une déviation, d'une perversion de l'énergie humaine ? Oh ! mon Dieu, les faits les plus simples nous échappent toujours, passent au travers de notre attention comme au travers d'un crible ; ils n'éveillent rien en nous.

Si j'écris que, en un très petit nombre d'années, en une ridicule fraction de temps, le rythme de la vie s'est accéléré d'une manière prodigieuse, on me répondra que ce n'est là qu'un lieu commun, que le fait n'échappe à personne. Il n'en a pas moins échappé à ceux qui en furent les premiers témoins. La société où ils étaient entrés le jour de leur naissance a passé presque sans transition de la vitesse d'une paisible diligence à celle d'un rapide, et lorsqu'ils ont regardé par la portière, il était trop tard : on ne saute pas d'un train lancé à 120 km/h sur une ligne droite.

Le rythme de la vie s'est accéléré d'une manière prodigieuse. Pour la plupart des lecteurs, cela signifie simplement que le premier venu peut voyager rapidement. Il s'agit de bien autre chose. L'avion-éclair n'est qu'un symbole. Voilà par exemple un Français né vers 1770. Le mot de fortune évoque à son esprit un certain nombre d'idées traditionnelles. Des étendues de terre fertile, peu à peu rassemblées par le travail des générations successives, des héritages et des alliances. N'est-ce pas ainsi que les rois de trois dynasties ont rassemblé la France ? Oh ! j'attends ici votre objection, il me semble que je la lis dans vos yeux. Vous croyez que je prétends vous imposer, en passant, une image attendrissante et bucolique de l'ancien régime. Nullement. J'accorde, avant d'aller plus loin, que ces fortunes avaient, elles aussi, leur part d'injustices, ou même de crimes. Mais ces injustices et ces crimes étaient des injustices particulières commises contre tel ou tel. Leurs plus lointains bénéficiaires pouvaient en ressentir du remords ou de la honte et d'une manière ou d'une autre être au moins tentés de les réparer. Ce n'étaient pas des injustices et des crimes indéterminés, anonymes, auxquels s'associent secrètement, honteusement, des milliers d'obligataires ou d'actionnaires... Mais laissons cela, revenons à notre compatriote de 1770. Je voulais dire que ce Français a dû passer presque sans transition du monde où la richesse se constituait lentement, selon des règles immémoriales, à un autre monde.

C'est là un fait unique dans l'Histoire. Les civilisations qui ont précédé celle des Machines ont certainement été elles aussi, à bien des égards, la conséquence d'un certain nombre de transformations morales, sociales ou politiques ; mais d'abord ces transformations s'opéraient très lentement, et comme à l'intérieur d'un certain cadre immuable. L'homme pouvait bénéficier ainsi des expériences ultérieures, même s'il en avait pratiquement oublié les leçons. À chaque nouvelle crise, il retrouvait les réflexes de défense ou d'adaptation qui avaient, en des cas presque semblables, servi à ses aïeux. Lorsque la civilisation nouvelle était à point, l'homme destiné à y vivre était à point lui aussi, on pourrait presque dire qu'il s'était formé avant elle. Au lieu que la Civilisation des Machines a pris l'homme au dépourvu. Elle s'est servie d'un matériel humain qui n'était pas fait pour elle. La tragédie de l'Europe au XIXe siècle et d'abord, sans doute, la tragédie de la France, c'est précisément l'inadaptation de l'homme et du rythme de la vie qui ne se mesure plus au battement de son propre cœur, mais à la rotation vertigineuse des turbines, et qui d'ailleurs s'accélère sans cesse. L'homme du XIXe ne s'est pas adapté à la civilisation des Machines et l'homme du XXe pas davantage. Que m'importe le ricanement des imbéciles ? Tirai plus loin, je dirai que cette adaptation me paraît de moins en moins possible. Car les machines ne s'arrêtent pas de tourner, elles tournent de plus en plus vite et l'homme moderne, même au prix de grimaces et de contorsions effroyables, ne réussit plus à garder l'équilibre. Pour moi, j'estime que l'expérience est faite. – « Quoi ? en un temps si court ? Deux siècles ? » – Oh ! pardon. Lorsqu'au début de quelque traitement un malade présente de fortes réactions qui vont diminuant peu à peu de gravité, il est permis de garder l'espoir d'une accoutumance plus ou moins tardive. Mais si les symptômes, loin de s'atténuer, se font de plus en plus inquiétants, au point de menacer la vie du patient, est-ce que vous trouverez convenable de poursuivre l'expérience, imbéciles ! Vous me répondrez qu'il ne faut pas perdre patience, que tout le mal vient de ce que les machines se sont perfectionnées trop vite pour que l'homme ait eu le temps de devenir meilleur et qu'il s'agit maintenant de combler ce retard. Une machine fait indifféremment le bien ou le mal. À une machine plus parfaite – c'est-à-dire de plus d'efficience – devrait correspondre une humanité plus raisonnable, plus humaine. La civilisation des Machines a-t-elle amélioré l'homme ? Ont-elles rendu l'homme plus humain ? Je pourrais me dispenser de répondre, mais il me semble cependant plus convenable de préciser ma pensée. Les machines n'ont, jusqu'ici du moins, probablement rien changé à la méchanceté foncière des hommes, mais elles ont exercé cette méchanceté, elles leur en ont révélé la puissance et que l'exercice de cette puissance n'avait, pour ainsi dire, pas de bornes. Car les limites qu'on a pu lui donner au cours des siècles sont principalement imaginaires, elles sont moins dans la conscience que dans l'imagination de l'homme. C'est le dégoût qui nous préserve souvent d'aller au-delà d'une certaine cruauté – la lassitude, le dégoût, la honte, le fléchissement du système nerveux – et il nous arrive plus souvent que nous le pensons de donner à ce dégoût le nom de la pitié. L'entraînement permet de surmonter ce dégoût. Méfions-nous d'une pitié que Dieu n'a pas bénie, et qui n'est qu'un mouvement des entrailles. Les nerfs de l'homme ont leurs contradictions, leurs faiblesses, mais la logique du mal est stricte comme l'Enfer ; le diable est le plus grand des Logiciens – ou peut-être, qui sait ? – la Logique même. Lorsque nous lisions, en 1920, par exemple, l'histoire de la guerre de 1870, nous nous étonnions de l'indignation soulevée alors dans le monde entier par l'inoffensif bombardement de Paris ou de Strasbourg, l'enlèvement des pendules et le fusillement de quelques francs-tireurs. Mais, en 1945, nous pourrions aussi bien sourire des articles enflammés parus trente ans plus tôt sur le bombardement de Reims ou la mort d'Édith Cavell. En 1950... à quoi bon ?

Vous resterez bouche bée, imbéciles, devant des destructions encore inconcevables à l'instant où j'écris ces lignes, et vous direz exactement ce que vous dites aujourd'hui, vous lirez dans les journaux les mêmes slogans mis définitivement au point pour les gens de votre sorte, car la dernière catastrophe a comme cristallisé l'imbécile ; l'imbécile n'évoluera plus désormais, voilà ce que je pense ; nous sommes désormais en possession d'une certaine espèce d'imbécile capable de résister à toutes les catastrophes jusqu'à ce que cette malheureuse planète soit volatilisée, elle aussi, par quelque feu mystérieux dont le futur inventeur est probablement un enfant au maillot. N'importe ! Parce que l'homme de 1870 dénonçait à la conscience universelle le vol des pendules, nous n'avons nullement le droit de conclure qu'il n'était pas capable de lâcher SUIT les villes endormies des fleurs de dix mille kilos. Il ne croyait pas une pareille saloperie possible, voilà tout. Et si l'idée lui en était venue par hasard, il n'y aurait pas arrêté son esprit. « Ce sont, eût-il dit, des choses qui ne se font pas. » Au cours de plusieurs millénaires le nombre des choses qui ne se font pas n'a guère varié. Mais depuis cinquante ans, la liste en a presque été réduite à rien... Mon Dieu, je veux bien que l'homme reste semblable à lui-même, à travers les siècles, que ce dicton : « Il y a des choses qui ne se font pas », bien qu'ayant l'air de s'inspirer de la Morale, ait une signification beaucoup moins respectable, celle-ci par exemple : « Il y a des abominations que je ne me sens pas capable de faire. » Mais ne vous hâtez pas de tirer d'une telle hypothèse des conclusions trop rassurantes. Les routiers de la guerre de Cent Ans, ou, pis encore, les compagnons de Pizarre, étaient assurément des bêtes féroces. L'heure du pillage était, en ce temps-là, pour le soldat, l'heure privilégiée où « toutes les choses peuvent se faire ». Quand toutes les choses peuvent se faire, il n'est pas nécessairement vrai qu'elles sont toutes possibles. Vous auriez demandé à un compagnon de Pizarre, ou à Pizarre lui-même, s'il se sentait capable d'égorger dix petits enfants, il aurait peut-être répondu par l'affirmative. Mais vingt ? Mais cent ? À défaut d'attendrir leur cœur, cette boucherie aurait probablement révolté leur estomac ; ils auraient fini par vomir sur leurs mains rouges. Ce vomissement plus ou moins tardif aurait marqué, pour eux, la limite de cruauté qu'on ne saurait dépasser sous peine de devenir un monstre irresponsable, un fou. Le premier venu, aujourd'hui, du haut des airs, peut liquider en vingt minutes des milliers de petits enfants avec le maximum de confort, et il n'éprouve de nausées qu'en cas de mauvais temps, s'il est, par malheur, sujet au mal d'avion... Oh ! chère lectrice, inutile de vous agiter ! Sans doute votre mari ou votre amant – l'homme de votre vie – appartient-il à ce corps de bombardiers, en porte le martial uniforme. Je devine qu'il a toujours pour vous, même dans les moments de plus grande intimité, les égards et les délicatesses d'un être d'élite, et vous n'admettez pas que je le compare à un lansquenet allemand du XVIe siècle, à quelque égorgeur qui vous aurait certainement, le cas échéant, violée au premier coin d'une rue en flammes, sur le trottoir, sans même prendre la peine de s'essuyer les mains. Mais voulez-vous que je vous dise ? Ce qui me fait précisément désespérer de l'avenir, c'est que l'écartèlement, l'écorchement, la dilacération de plusieurs milliers d'innocents soient une besogne dont un gentleman peut venir à bout sans salir ses manchettes, ni même son imagination. N'eût-il éventré dans sa vie qu'une seule femme grosse et cette femme fût-elle une Indienne, le compagnon de Pizarre la voyait sans doute parfois reparaître désagréablement dans ses rêves. Le gentleman, lui, n'a rien vu, rien entendu, il n'a touché à rien – c'est la Machine qui a tout fait ; la conscience du gentleman est correcte, sa mémoire s'est seulement enrichie de quelques souvenirs sportifs, dont il régalera, au dodo, « la femme de sa vie », ou celle avec laquelle il trompe « la femme de sa vie ». Comprenez-vous maintenant, imbéciles ? Comprenez-vous que ce n'est pas le massacre de milliers d'innocente qui nous invite à désespérer de l'avenir, mais c'est que de telles horreurs invitent à désespérer de vous, mais c'est que de telles abominations ne posent déjà même plus de cas de conscience individuel. Seraient-elles dix fois plus atroces encore, elles n'en pèseraient pas davantage, ou pis : leur croissante énormité déborderait de plus en plus, si j'ose dire, les limites relativement étroites de la conscience personnelle. Quant au cas de conscience collectif, épargnez-moi cette plaisanterie, ne me faites pas rigoler ! Il n'y a pas de conscience collective. Une collectivité n'a pas de conscience. Lorsqu'elle paraît en avoir une, c'est qu'il y subsiste le nombre indispensable de consciences réfractaires, c'est-à-dire d'hommes assez indisciplinés pour ne pas reconnaître à l'État-Dieu le droit de définir le Bien et le Mal. Chère Madame, je doute que l'être d'élite auquel vous consacrez vos ardeurs appartienne à cette dernière catégorie. Je le devine trop homme du monde pour ne pas se faire une loi d'être « comme tout le monde » ; il ne se sent donc nullement sans doute la vocation d'un réfractaire. Soyons justes, d'ailleurs ! Sur le problème de la guerre totale, au fond, il n'y a pas de réfractaires, tout le monde est d'accord. Depuis quelques mois, je remarque même qu'on se croit désormais dispensé des ah ! des oh ! et des regards au plafond par lesquels un certain nombre de femmes sensibles ou d'ecclésiastiques croyaient devoir accueillir la lecture des comptes rendus de bombardements. Oui, la vieille dame qui recueille les chats errants, le bon chanoine qui dote ses nièces, pense maintenant là-dessus exactement comme un nazi ou un marxiste. Pardonnez-moi, Madame, de mettre sous vos yeux ces deux noms désormais condamnés. L'objet de vos soins, le témoin de vos délires, ne peut être qu'un soldat de la Liberté. Mais si votre soldat de la Liberté est un ancien élève des R. P. Jésuites – un catholique moyen – il ne résoudra évidemment pas ce problème de conscience à la manière d'un disciple de Hitler ou de Staline, il refusera seulement de le poser, puisque le Souverain Pontife n'a pas encore exactement défini ce point de casuistique. Pourquoi voudrait-on que ce brave garçon ne dorme pas tranquille, en effet ? Depuis la guerre d'Éthiopie et celle d'Espagne, on trouverait peu de choses que le citoyen catholique revêtu d'un uniforme n'ait le droit de se croire permis. En tout ce qui regarde la guerre, l'Église a de plus en plus tendance à mettre au compte de la collectivité – à inscrire au compte des profits et pertes – tout ce qu'elle ne peut ni approuver ni condamner. Me sera-t-il permis de remarquer en passant que ces prudents distinguos destinés à faciliter le travail des nonces aboutissent à favoriser le prestige des idées totalitaires ? Si la Collectivité, le Chef, l'État ou le Parti, sont reconnus capables d'assumer la responsabilité des actes les plus atroces, au point que le catholique moyen qui les a commis a parfaitement le droit, sa besogne accomplie, d'aller servir la messe et d'y recevoir la Sainte Communion (pourvu, du moins, qu'il n'ait pas, dans le court trajet du terrain d'aviation à l'église, commis la faute de regarder trop attentivement les jambes de sa voisine d'autobus), comment voudriez-vous que ce chrétien ne se fasse pas, à la longue, de l'État Omnipotent, la même idée qu'un disciple de Hitler ? Si l'on peut tout autoriser ou tout absoudre au nom de la Nation » pourquoi pas au nom d'un Parti, ou de l'homme qui le représente, et qui assume ainsi, par une caricature sacrilège de la Rédemption, les péchés de son peuple ! Comment ne voit-on pas qu'à travers cette brèche ouverte, par les casuistes et les diplomates d'Église, tout ce qui fait la dignité de l'homme peut s'écouler sans retour ? Et ne dites pas qu'il en a toujours été ainsi, qu'un soldat s'est toujours considéré lui-même comme une espèce d'instrument irresponsable, une machine à tuer. Je vous répondrais d'abord que, en eût-il toujours été ainsi, en effet, il n'en serait pas moins absolument nécessaire de procéder à un nouvel examen de la question. Car l'instrument irresponsable de jadis, avec ses deux bras, ses deux jambes, et quelques armes dont l'efficacité n'a guère varié pendant des millénaires – une arquebuse du XVIe siècle n'étant pas beaucoup plus meurtrière que l'arc numide ou persan, les guerres d'Italie, à la même époque, ont été, grâce à l'armure, parmi les moins sanglantes de l'histoire – voit maintenant chaque jour son pouvoir de destruction multiplié par d'autres mécaniques, encore plus irresponsables que lui. L'outil de jadis est devenu on ne sait quelle prodigieuse association de machines, parmi lesquelles on a parfois du mal à reconnaître la moins perfectionnée, la moins efficiente, celle qui est pourvue d'un cerveau. Hélas ! la grande pitié du Monde n'est pas de manquer de vérités ; elles sont toujours là, le Monde a toujours son compte de vérités, malheureusement il ne sait plus s'en servir ou, pour mieux dire, il ne les voit pas. Du moins il ne voit pas les plus simples, celles qui le sauveraient. Il ne sait pas les voir, parce qu'il leur a fermé, non sa raison, mais son cœur. N'importe ! J'affirme une fois de plus que l'avilissement de l'homme se marque à ce signe que les idées ne sont plus pour lui que des formules abstraites et conventionnelles, une espèce d'algèbre, comme si le Verbe ne se faisait plus chair, comme si l'Humanité reprenait, en sens inverse, le chemin de l'Incarnation. Les imbéciles sont capables de discuter indéfiniment sur n'importe quelle question, mais ils se garderont bien de la poser d'une telle manière qu'ils soient forcés d'y répondre... Et, par exemple, pour nous en tenir au sujet qui nous occupe, ils ne se diront jamais : « Voyons ! Voyons ! c'est vrai que le soldat moderne et ses mécaniques ne font plus qu'une seule redoutable Machine. » En somme, tout se passe comme si l'homme était devenu tout à coup, en quelques décades, dans une formidable crise de croissance, un géant pesant quarante tonnes, capable d'abattre deux ou trois gratte-ciel d'un seul coup de poing, de bondir à dix mille mètres et de courir aussi vite que le son. Certes, lorsque ce phénomène ne mesurait en moyenne qu'un mètre cinquante, et pesait soixante kilos, il était assez dangereux déjà pour qu'on ne lui permît pas de se promener sans sa conscience, mais aujourd'hui la précaution est plus indispensable encore. Étant donné la dimension de l'animal, une seule conscience nous paraît même bien insuffisante – deux douzaines ne seraient pas trop.

Malheureusement, lorsqu'on raisonne ainsi, on a l'air, je le répète, de penser qu'à toutes les époques le soldat n'a jamais cru être autre chose qu'un instrument passif. Rien n'est plus faux. Je ne désire nullement passer pour un de ces écrivains qui par zèle apologétique parlent toujours de l'ancienne chevalerie avec une excessive complaisance, mais enfin le dernier des imbéciles n'oserait tout de même prétendre qu'un chevalier du XIe ou du XIIe siècle se faisait de sa vocation militaire une idée aussi basse. Loin de se croire un simple outil dans la main de ses chefs, le chevalier s'engageait personnellement par des vœux si solennels qu'aucun ordre, ni même aucune nécessité n'aurait pu le contraindre d'y manquer. Il ne s'engageait pas seulement, remarquez-le bien, à s'abstenir d'actes réputés criminels, mais à en pratiquer librement d'autres que la stricte Morale n'aurait pu lui imposer, qui ne relevaient que de sa conception personnelle de l'Honneur, qui étaient une inspiration de l'Honneur, comme on dit de certains actes gratuits des Saints qu'ils sont une inspiration de l'Esprit. Lorsqu'un chevalier de l'Hôpital ou du Temple jurait de ne pas refuser le combat pourvu que le nombre de ses adversaires ne dépassât pas le chiffre de trois, il n'était certainement pas d'accord avec les principes de la moderne guerre totale et particulièrement de la guerre totale américaine, car ce que le brave général Patton ferait bien plutôt jurer à ses boys, c'est d'éviter autant que possible de se battre à moins de se trouver trois contre un... Qu'a de commun, je vous le demande, la conception individualiste de la guerre d'un Hospitalier ou d'un Templier, avec celle qui exige l'obéissance aveugle et mécanique d'un homme dégagé, par son métier, de toute obligation morale, placé ainsi hors la loi morale, hors la loi ? La guerre, évidemment, a toujours été une science, mais elle a été aussi jadis un art, et nos pères chrétiens ont même réussi à en faire une espèce de sainteté. Durant des siècles, il a été tenu pour déshonorant de frapper le cheval, c'est-à-dire de démonter l'adversaire. Des milliers d'hommes ont refusé de sauver ainsi leur vie, en face d'un ennemi plus vigoureux, ou mieux confirmé dans les armes. Vous trouverez peut-être que ces gens-là sont maintenant trop loin de nous, mais, en un temps beaucoup moins reculé, quelle tête pensez-vous qu'aurait faite Bayard, par exemple, si quelque diplomate d'Église, quelque abject entremetteur casuiste avait prétendu le convaincre que la profession militaire l'autorisait à se conduire en Turc ou en Maure sans courir plus de risque d'être damné qu'un chien. Le bon chevalier aurait sûrement pris par le fond de sa culotte et jeté par la fenêtre le corrupteur de soldats.

Ces sortes de considérations sur la guerre révoltent les imbéciles, je le sais. Les imbéciles veulent absolument considérer cette guerre comme une catastrophe imprévisible, pour la raison, sans doute, qu'ils ne l'ont pas prévue. Si, voilà quelque cinquante-cinq ans, n'était pas né en Allemagne un marmot du nom d'Adolphe, et en Italie un autre marmot du nom de Benito, les imbéciles soutiennent imperturbablement que les hommes seraient toujours prêts à interrompre leurs innocents négoces pour tomber dans les bras les uns des autres en pleurant de joie. Les imbéciles savent pourtant très bien que, depuis 1918, l'humanité garde dans le ventre le fœtus d'une paix avortée et qu'aucun chirurgien n'a encore réussi à la délivrer de cette infection. Ils voient la purulence sortir intarissablement de ce grand corps, mais ils ne sont toujours attentifs qu'à Hitler et à Mussolini, aux deux répugnants bubons que la malade porte sous chaque aisselle. Les imbéciles mettent le nez sur les bubons et ils se disent entre eux : « Comment diable ces choses violacées, dont la plus grosse atteint à peine la taille d'un œuf de pigeon, peuvent-elles contenir tant de pus ! » L'idée ne vient pas aux imbéciles que le corps tout entier refait à mesure cette purulence, qu'il faut en tarir la source. Et si, par hasard, une telle idée leur était venue, ils se seraient bien gardés de l'avouer car ils sont un des éléments de cette pourriture. La Bêtise, en effet, m'apparaît de plus en plus comme la cause première et principale de la corruption des Nations. La seconde, c'est l'avarice. L'ambition des dictateurs ne vient qu'au troisième rang.

Vous accusez le Racisme allemand d'avoir dévasté la terre. Mais, si les Démocraties n'avaient pas été si sottes et si lâches, les Allemands n'auraient jamais osé se dire un peuple de Seigneurs. Si j'avais la disgrâce d'être Allemand, j'avoue volontiers qu'à Munich, devant Daladier et Chamberlain, les deux *Bigs* de ce temps-là – bigre de *Bigs* ! – j'aurais été tenté de me croire non seulement seigneur, mais Dieu.

Aussi longtemps qu'on prendra ou qu'on feindra de prendre cette guerre pour un accident, une anomalie, un phénomène, un exemple bizarre de retour au type primitif, une réapparition du passé dans le présent, il sera parfaitement inutile d'attendre quoi que ce soit, sinon de nouvelles déceptions plus sanglantes. Le désordre actuel ne saurait nullement se comparer, par exemple, à celui qui dévasta le monde après la chute de l'Empire romain. Nous n'assistons pas à la fin naturelle d'une grande civilisation humaine, mais à la naissance d'une civilisation inhumaine qui ne saurait s'établir que grâce à une vaste, à une immense, à une universelle stérilisation des hautes valeurs de la vie. Car, en dépit de ce que j'écrivais tout à l'heure, il s'agit beaucoup moins de corruption que de pétrification. La Barbarie, d'ailleurs, multipliant les ruines qu'elle était incapable de réparer, le désordre finissait par s'arrêter de lui-même, faute d'aliment, ainsi qu'un gigantesque incendie. Au lieu que la civilisation actuelle est parfaitement capable de reconstruire à mesure tout ce qu'elle jette par terre, et avec une rapidité croissante. Elle est donc sûre de poursuivre presque indéfiniment ses expériences et ses expériences se feront de plus en plus monstrueuses...

CHAPITRE SEPT

Aujourd'hui même les journaux nous apprennent que la langue française ne sera pas considérée à San Francisco comme une langue diplomatique. Nos représentants devront donc faire traduire leurs discours en anglais, en espagnol ou en russe. Nous voilà loin du temps où l'Académie de Berlin proposait son fameux sujet de concours : « Les raisons de la supériorité de la langue française. »

Ceux qui ne voient dans cette exclusion qu'une conséquence naturelle de notre défaite militaire, et se rassurent en pensant qu'une future victoire ne pourra manquer de rendre à notre langue le prestige qu'elle a perdu sont des imbéciles et je n'écris pas pour eux. Vainqueurs ou vaincus, la civilisation des Machines n'a nullement besoin de notre langue, notre langue est précisément la fleur et le fruit d'une civilisation absolument différente de la civilisation des Machines.

Il est inutile de déranger Rabelais, Montaigne, Pascal, pour exprimer une certaine conception sommaire de la vie, dont le caractère sommaire fait précisément toute l'efficience. La langue française est une œuvre d'art, et la civilisation des machines n'a besoin pour ses hommes d'affaires, comme pour ses diplomates, que d'un outil, rien davantage. Je dis des hommes d'affaires et des diplomates, faute, évidemment, de pouvoir toujours nettement distinguer entre eux.

Les imbéciles diront que je parle ainsi par amertume. Ils se trompent. J'invite au contraire les imbéciles à ne pas voir, dans la mesure prise contre nous, une manifestation consciente et délibérée de haine, ou seulement de mépris. Les maîtres de la civilisation des Machines ne croient pas à la supériorité de la langue française pour les mêmes raisons sur lesquelles l'Académie de Berlin fondait jadis une opinion contraire. Il va de soi que la langue française ne peut être jugée supérieure à la fois par les humanistes de l'Académie de Berlin et par les hommes de San Francisco. Je m'en vais reprendre un argument dont je me suis déjà servi au cours de ces pages, mais qu'importe ? Il est beaucoup moins nécessaire aujourd'hui de dire beaucoup de vérités que d'en répéter un petit nombre sous différentes formes. Eh bien, si l'Académie de Berlin avait proposé le sujet de concours suivant : « Quelle espèce de monde le Progrès des Lumières, l'avancement des sciences, la lutte universelle contre le Fanatisme et la Superstition nous donneront-ils demain ? » aucun des concurrents n'aurait certainement songé à prévoir rien qui ressemblât, fût-ce de très loin, à la civilisation des Machines s'exterminant elle-même, au risque, dans sa rage croissante, de détruire la planète avec elle. Mais enfin, si, par impossible, quelque génie naissant, quelque prophète obscur, ou mieux encore quelque apprenti sorcier – Cagliostro par exemple – avait réussi à mettre sous les yeux de la docte compagnie cette vision de cauchemar, les académiciens berlinois se seraient, deux cents ans à l'avance, trouvés d'accord, bien que d'un point de vue différent, avec les négociateurs de San Francisco. Ils auraient certainement jugé que notre langue était bien la dernière qui pût convenir à ce monde hagard et à ces liquidateurs.

Ceux qui m'ont déjà fait l'honneur de me lire savent que je n'ai pas l'habitude de désigner sous le nom d'imbéciles les ignorants ou les simples. Bien au contraire. L'expérience m'a depuis longtemps démontré que l'imbécile n'est jamais simple, et très rarement ignorant. L'intellectuel devrait donc nous être, par définition, suspect ? Certainement. Je dis l'intellectuel, l'homme qui se donne lui-même ce titre, en raison des connaissances et des diplômes qu'il possède. Je ne parle évidemment pas du savant, de l'artiste ou de l'écrivain dont la vocation est de créer – pour lesquels l'intelligence n'est pas une profession, mais une vocation. Oui, dussé-je, une fois de plus, perdre en un instant tout le bénéfice de mon habituelle modération, j'irai jusqu'au bout de ma pensée. L'intellectuel est si souvent un imbécile que nous devrions toujours le tenir pour tel, jusqu'à ce qu'il nous ait prouvé le contraire.

Ayant ainsi défini l'imbécile, j'ajoute que je n'ai nullement la prétention de le détourner de la Civilisation des Machines, parce que cette civilisation le favorise d'une manière incroyable aux yeux de cette espèce d'hommes qu'il appelle haineusement les « originaux », les « inconformistes ». La Civilisation des Machines est la civilisation des techniciens, et dans l'ordre de la Technique un imbécile peut parvenir aux plus hauts grades sans cesser d'être imbécile, à cela près qu'il est plus ou moins décoré. La Civilisation des Machines est la civilisation de la quantité opposée à celle de la qualité. Les imbéciles y dominent donc par le nombre, ils y sont le nombre. J'ai déjà dit, je dirai encore, je le répéterai aussi longtemps que le bourreau n'aura pas noué sous mon menton la cravate de chanvre : un monde dominé par la Force est un monde abominable, mais le monde dominé par le Nombre est ignoble. La Force fait tôt ou tard surgir des révoltés, elle engendre l'esprit de Révolte, elle fait des héros et des Martyrs. La tyrannie abjecte du Nombre est une infection lente qui n'a jamais provoqué de fièvre. Le Nombre crée une société à son image, une société d'êtres non pas égaux, mais pareils, seulement reconnaissables à leurs empreintes digitales. Il est fou de confier au Nombre la garde de la Liberté. Il est fou d'opposer le Nombre à l'argent, car l'argent a toujours raison du Nombre, puisqu'il est plus facile et moins coûteux d'acheter en gros qu'au détail. Or, l'électeur s'achète en gros, les politiciens n'ayant d'autre raison d'être que de toucher une commission sur l'affaire. Avec une radio, deux ou trois cinémas, et quelques journaux, le premier venu peut ramasser, en un petit nombre de semaines, cent mille partisans, bien encadrés par quelques techniciens, experts en cette sorte d'industrie. Que pourraient bien rêver de mieux, je vous le demande, les imbéciles des Trusts ? Mais, je vous le demande aussi, quel régime est plus favorable à l'établissement de la dictature ? Car les Puissances de l'Argent savent utiliser à merveille le suffrage universel, mais cet instrument ressemble aux autres, il s'use à force de servir. En exploitant le suffrage universel, elles le dégradent. L'opposition entre le suffrage universel corrompu et les masses finit par prendre le caractère d'une crise aiguë. Pour se délivrer de l'Argent – ou du moins pour se donner l'illusion de cette délivrance – les masses se choisissent un chef, Marius ou Hitler. Encore ose-t-on à peine écrire ce mot de chef. Le dictateur n'est pas un chef. C'est une émanation, une création des masses. C'est la Masse incarnée, la Masse à son plus haut degré de malfaisance, à son plus haut pouvoir de destruction. Ainsi, le monde ira-t-il, en un rythme toujours accéléré, de la démocratie à la dictature, de la dictature à la démocratie, jusqu'au jour…

Je m'arrête ici un moment. Certes – pourquoi le cacherais-je ? – depuis le printemps fatal, depuis le malheur de mon pays, quelque chose en moi s'est brisé, il me semble que je suis devenu incapable de haïr ou de mépriser qui que ce soit. Mais l'ancienne blessure est sans doute encore sensible sous le tissu cicatriciel qui la recouvre. Lorsque j'exprime certaines vérités simples, semblables à celles qu'on vient de lire, je ne puis m'empêcher de penser avec un cruel plaisir à l'embarras des imbéciles qui se croient très différents les uns des autres, et qui vont pourtant se sentir atteints en me lisant au même point de leur sécurité d'imbéciles, par la même insupportable démangeaison. Car le cuir de l'imbécile est réellement un cuir difficile à trouer. Mais qui ne sait que la piqûre d'un moustique est plus douloureuse et plus durable aux endroits du corps les mieux défendus par l'épaisseur de la peau, si le dard de l'insecte est entré assez profond ? « Hé quoi ! diront les imbéciles, l'auteur prétend-il nous interdire d'être démocrates ou fascistes ? Faudra-t-il nous résigner à être seulement imbéciles ? »

Je demande pardon à Dieu de regarder avec trop de complaisance se gratter les imbéciles. La malfaisance n'est pas dans les imbéciles, elle est dans le mystère qui les favorise et les exploite, qui ne les favorise que pour mieux les exploiter. Le cerveau de l'imbécile n'est pas un cerveau vide, c'est un cerveau encombré où les idées fermentent au lieu de s'assimiler, comme les résidus alimentaires dans un côlon envahi par les toxines. Lorsqu'on pense aux moyens chaque fois plus puissants dont dispose le système, un esprit ne peut évidemment rester libre qu'au prix d'un effort continuel. Qui de nous peut se vanter de poursuivre cet effort jusqu'au bout ? Qui de nous est sûr, non seulement de résister à tous les slogans, mais aussi à la tentation d'opposer un slogan à un autre ? Et d'ailleurs le Système fait rarement sa propre apologie, les catastrophes se succèdent trop vite. Il préfère imposer à ses victimes l'idée de sa nécessité. Ô vous qui me lisez, veuillez vous examiner sans complaisance et demandez-vous si vous n'êtes pas imbéciles sur ce point ? Que vous formuliez clairement ou non votre pensée, ne raisonnez-vous pas toujours, par exemple, comme si l'histoire obéissait à des lois aussi rigoureusement mécaniques que celle de la gravitation universelle, comme si le monde de 1945, achevé dans toutes ses parties, jusqu'au dernier détail, était apparu à la seconde précise, ainsi qu'une comète dont on a calculé l'orbite ? Oh ! sans doute, un catholique ne s'exprime pas là-dessus comme un marxiste ; le déterminisme historique n'a pas le même vocabulaire que la théologie ; mais enfin, pour l'un comme pour l'autre, on dirait à les entendre que les hommes ne sont absolument pour rien dans les contradictions et les extravagances d'un régime qui remédie à la surproduction par les guerres, faisant ainsi une énorme consommation de consommateurs. Ils ne songent évidemment pas à nier les catastrophes, ils accordent qu'elles se multiplient, et à un rythme sans cesse accéléré ; mais, dès qu'on les pousse, ils répondent avec la même grimace douloureuse qui révèle, non pas, hélas ! le trouble de leur conscience ou le doute de leur esprit, mais la fatigue, la mélancolie, l'écœurement d'un cerveau si parfaitement bourré de notions contradictoires et de formules qu'on n'y trouverait pas la place d'une idée de plus, si modeste fût-elle : « Eh quoi, vous voulez revenir en arrière ? » Il est tout de même étrange qu'un chrétien ose parler ainsi du destin de la libre famille humaine. Sommes-nous des êtres conscients et libres, ou des pierres roulant sur une pente ? S'il est permis de parler ainsi d'une société humaine, pourquoi pas de chacun d'entre nous ? Lorsqu'on dit : revenir de ses erreurs, cette expression ne signifie nullement un retour en arrière. Mais on devrait évoquer bien plutôt l'idée d'un changement de direction dans la marche en avant. Et d'abord il ne s'agit pas de condamner ou même seulement de regretter l'invention des mécaniques, comme s'il était prouvé que l'existence du système était absolument liée au développement naturel des sciences, qu'on ne saurait critiquer ce système sans commettre un attentat contre l'intelligence. À en croire les imbéciles, ce sont les savants qui ont fait le système. Le système est le dernier mot de la Science. Or, le système n'est pas du tout l'œuvre des savants, mais celle d'hommes avides qui l'ont créé pour ainsi dire sans intention – au fur et à mesure des nécessités de leur négoce. On connaît le mot de Guizot : « Enrichissez-vous ! » Pour cet homme considérable, comme d'ailleurs pour tous les économistes libéraux de son temps, la lutte féroce des égoïsmes était la condition indispensable et suffisante du progrès humain. Je dis des égoïsmes, car le mot d'ambition a un sens trop noble. On peut être ambitieux de la gloire, de la puissance, on ne saurait être ambitieux de l'argent. « Qu'importe ! se disaient alors les imbéciles, nous savons bien que la cupidité n'est pas une vertu, mais le monde n'a pas besoin de vertu, il réclame du confort, et la cupidité sans frein des marchands finira, grâce au jeu de la concurrence, par lui fournir ce confort à bas prix, à un prix toujours plus bas. » C'est là une de ces évidences imbéciles qui assurent l'imbécile sécurité des imbéciles. Ces malheureux auraient été bien incapables de prévoir que rien n'arrêterait les cupidités déchaînées, qu'elles finiraient par se disputer la clientèle à coups de canon : « Achète ou meurs ! » Ils ne prévoyaient pas davantage que le jour ne tarderait pas à venir où la baisse des prix, fût-ce ceux des objets indispensables à la vie, serait considérée comme un mal majeur – pour la raison trop simple qu'un monde né de la spéculation ne peut s'organiser que pour la spéculation. La première, ou plutôt l'unique nécessité de ce monde, c'est de fournir à la spéculation les éléments indispensables. Oh ! sans doute il est malheureusement vrai que, en détruisant aujourd'hui les spéculateurs, on risquerait d'atteindre du même coup des millions de pauvres diables qui en vivent à leur insu, qui ne peuvent vivre d'autre chose, puisque la spéculation a tout envahi. Mais quoi ! le cancer devenu inopérable parce qu'il tient à un organe essentiel par toutes ses fibres hideuses n'en est pas moins un cancer.

Je vous dénonce ce cancer. J'aurais eu un immense mérite, j'aurais pris ma place entre les génies protecteurs de l'humanité, si je l'avais dénoncé il y a une cinquantaine d'années aussi nettement que je le fais à cette minute. N'étant nullement un génie, mais un homme doué de bon sens, je ne tire aucune satisfaction d'amour-propre à vous dire que notre société est en train de crever, parce que cela se voit très clairement à sa mine. Vous le verriez comme moi, si vous vouliez le voir. Mon rôle n'est pas de vous fournir la technique de l'opération nécessaire, je ne suis pas chirurgien, j'ignore si l'opération est encore possible. Dans le cas où elle est possible, elle est urgente, elle est d'une extrême urgence. Voyons ! Comment ces deux guerres, la brève période qui les sépare l'une de l'autre, ces convulsions, ces fureurs, n'évoquent-elles pas à votre esprit les efforts désespérés d'un organisme vivant pour expulser, rejeter des toxines mortelles ? Oh ! je le sais aussi bien que vous, imbéciles ! ces images ne sont que des images. Une société humaine ne périt pas comme le premier venu d'entre nous empoisonné par des champignons vénéneux… La chose est à la fois plus simple et plus compliquée. Quand la société impose à l'homme des sacrifices supérieurs aux services qu'elle lui rend, on a le droit de dire qu'elle cesse d'être humaine, qu'elle n'est plus faite pour l'homme, mais contre l'homme. Dans ces conditions, s'il arrive qu'elle se maintienne, ce ne peut être qu'aux dépens des citoyens ou de leur liberté ! Imbéciles, ne voyez-vous pas que la civilisation des machines exige en effet de vous une discipline chaque jour plus stricte ? Elle l'exige au nom du Progrès, c'est-à-dire au nom d'une conception nouvelle de la vie, imposée aux esprits par son énorme machinerie de propagande et de publicité. Imbéciles ! comprenez donc que la civilisation des machines est elle-même une machine, dont tous les mouvements doivent être de plus en plus parfaitement synchronisés ! Une récolte exceptionnelle de café au Brésil influe aussitôt sur le cours d'une autre marchandise en Chine ou en Australie ; le temps n'est certainement pas loin où la plus légère augmentation de salaires au Japon déchaînera des grèves à Detroit ou à Chicago, et finalement mettra une fois encore le feu au monde. Imbéciles ! avez-vous jamais imaginé que dans une société où les dépendances naturelles ont pris le caractère rigoureux, implacable, des rapports mathématiques, vous pourrez aller et venir, acheter ou vendre, travailler ou ne pas travailler, avec la même tranquille bonhomie que vos ancêtres ? Politique d'abord ! disait Maurras. La Civilisation des Machines a aussi sa devise : « Technique d'abord ! technique partout ! » Imbéciles ! vous vous dites que la technique ne contrôlera, au pis aller, que votre activité matérielle, et comme vous attendez pour demain la « semaine de cinq heures » et la foire aux attractions ouverte jour et nuit, cette hypothèse n'a pas de quoi troubler beaucoup votre quiétude. Prenez garde, imbéciles ! Parmi toutes les Techniques, il y a une technique de la discipline, et elle ne saurait se satisfaire de l'ancienne obéissance obtenue vaille que vaille par des procédés empiriques, et dont on aurait dû dire qu'elle était moins la discipline qu'une indiscipline modérée. La Technique prétendra tôt ou tard former des collaborateurs acquis corps et âme à son Principe, c'est-à-dire qui accepteront sans discussion inutile sa conception de l'ordre, de la vie, ses Raisons de Vivre. Dans un monde tout entier voué à l'Efficience, au Rendement, n'importe-t-il pas que chaque citoyen, dès sa naissance, soit consacré aux mêmes dieux ? La Technique ne peut être discutée, les solutions qu'elle impose étant par définition les plus pratiques. Une solution pratique n'est pas esthétique ou morale. Imbéciles ! La Technique ne se reconnaît-elle pas déjà le droit, par exemple, d'orienter les jeunes enfants vers telle ou telle profession ? N'attendez pas qu'elle se contente toujours de les orienter, elle les désignera.

Ainsi, à l'idée morale, et même surnaturelle, de la vocation s'oppose peu à peu celle d'une simple disposition physique et mentale, facilement contrôlable par les Techniciens. Croyez-vous, imbéciles, qu'un tel système, et si rigoureux, puisse subsister par le simple consentement ? Pour l'accepter comme il veut qu'on l'accepte, il faut y croire, il faut y conformer entièrement non seulement ses actes, mais sa conscience. Le système n'admet pas de mécontents. Le rendement d'un mécontent – les statistiques le prouvent – est inférieur de 30 % au rendement normal, et de 50 ou 60 % au rendement d'un citoyen qui ne se contente pas de trouver sa situation supportable – en attendant le Paradis – mais qui la tient pour la meilleure possible. Dès lors, le premier venu comprend très bien quelle sorte de collaborateur le technicien est tenu logiquement de former. Il n'y a rien de plus mélancolique que d'entendre les imbéciles donner encore au mot de Démocratie son ancien sens. Imbéciles ! Comment diable pouvez-vous espérer que la Technique tolère un régime où le technicien serait désigné par le moyen du vote, c'est-à-dire non pas selon son expérience technique garantie par des diplômes, mais selon le degré de sympathie qu'il est capable d'inspirer à l'électeur ? La Société moderne est désormais un ensemble de problèmes techniques à résoudre. Quelle place le politicien roublard, comme d'ailleurs l'électeur idéaliste, peuvent-ils avoir là-dedans ? Imbéciles ! Pensez-vous que la marche de tous ces rouages économiques, étroitement dépendants les uns des autres et tournant à la vitesse de l'éclair va dépendre demain du bon plaisir des braves gens rassemblés dans les comices pour acclamer tel ou tel programme électoral ? Imaginez-vous que la Technique d'orientation professionnelle, après avoir désigné pour quelque emploi subalterne un citoyen jugé particulièrement mal doué, supportera que le vote de ce malheureux décide, en dernier ressort, de l'adoption ou du rejet d'une mesure proposée par la Technique elle-même ? Imbéciles ! chaque progrès de la Technique vous éloigne un peu plus de la démocratie rêvée jadis par les ouvriers idéalistes du faubourg Saint-Antoine. Il ne faut vraiment pas comprendre grand-chose aux faits politiques de ces dernières aimées pour refuser encore d'admettre que le Monde moderne a déjà résolu, au seul avantage de la Technique, le problème de la Démocratie. Les États totalitaires, enfants terribles et trop précoces de la Civilisation des Machines, ont tenté de résoudre ce problème brutalement, d'un seul coup. Les autres nations brûlaient de les imiter, mais leur évolution vers la dictature s'est trouvée un peu ralentie du fait que, contraintes après Munich d'entrer en guerre contre l'hitlérisme et le fascisme, elles ont dû, bon gré mal gré, faire de l'idée démocratique le principal, ou plus exactement l'unique élément de leur propagande. Pour qui sait voir, il n'en est pas moins évident que le réalisme des démocraties ne se définit nullement lui-même par des déclarations retentissantes et vaines comme, par exemple, celle de la Charte de l'Atlantique, déjà tombée dans l'oubli.

Depuis la guerre de 1914, c'est-à-dire depuis leurs premières expériences, avec Lloyd George et Clemenceau, des facilités de la dictature, les Grandes Démocraties ont visiblement perdu toute confiance dans l'efficacité des anciennes méthodes démocratiques de travail et de gouvernement. On peut être sûr que c'est parmi leurs anciens adversaires, dont elles apprécient l'esprit de discipline, qu'elles recruteront bientôt leurs principaux collaborateurs ; elles n'ont que faire des idéalistes, car l'État technique n'aura demain qu'un seul ennemi : « l'homme qui ne fait pas comme tout le monde » – ou encore : « l'homme qui a du temps à perdre » – ou plus simplement si vous voulez : « l'homme qui croit à autre chose qu'à la Technique ».

CHAPITRE HUIT

Imbéciles ! chaque fois que j'écris votre nom, je me reproche de donner au dernier chapitre de ce modeste petit livre l'apparence d'une espèce de proclamation aux Imbéciles. N'importe ! À bien réfléchir, votre salut m'apparaît de plus en plus comme la condition – peut-être surnaturelle – du salut de tous les hommes. Dans la Civilisation des Machines, pourquoi ne tiendriez-vous pas, en effet, la place des pauvres ? L'ancien monde sacrifiait le pauvre à sa prospérité, à sa grandeur, à sa beauté, à ses plaisirs. Le monde moderne vous sacrifie à ses expériences démesurées. Il ne vous sacrifie pas de la même manière que l'ancien monde sacrifiait le pauvre. Jadis le pauvre manquait du nécessaire pour que le riche puisse jouir du superflu. Mais l'espèce de pauvreté qui vous est particulière n'enrichit personne, les imbéciles ne sont pas imbéciles pour que certains privilégiés de l'intelligence aient du génie.

Il arrivait autrefois que les pauvres se révoltassent. Quel pourrait bien être le but de la révolte des pauvres sinon de dépouiller les riches ? La révolte des imbéciles n'a pas de but.

J'ai écrit dans *les Grands Cimetières* que la colère des imbéciles menaçait le monde. La « Colère des Imbéciles » ravage aujourd'hui la Terre. Elle est mille fois plus redoutable que celle des Huns ou des Vandales. Les Huns et les Vandales voulaient de l'or, du vin, des femmes et de grandes chevauchées sous les étoiles. Mais les imbéciles ne savent pas ce qu'ils veulent. Les imbéciles se battent avec le désespoir convulsif d'un noyé qui s'accroche des ongles à l'épave, et sanglote de la sentir s'enfoncer sous lui. Certes, l'hitlérisme ou le fascisme ne pouvaient soutenir personne à la surface des eaux, dans cet ouragan d'apocalypse. Mais les imbéciles, rendus furieux par la peur, seraient parfaitement incapables d'utiliser la meilleure des planches de salut.

La colère des imbéciles est pour la Civilisation des Machines un témoignage accablant. Une société normale compte toujours une grande proportion d'imbéciles, c'est entendu, mais ils s'y distinguent peu des autres citoyens pour la raison que, étant incapables de recevoir beaucoup d'idées à la fois, ils n'en accueillent par un naturel réflexe de défense que le petit nombre indispensable à l'entretien de leur vie, à l'exercice de leur métier. La Civilisation des Machines force cette défense jour et nuit. La Civilisation des Machines a besoin, sous peine de mort, d'écouler l'énorme production de sa machinerie et elle utilise dans ce but – pour employer l'expression vengeresse inventée au cours de la dernière guerre mondiale par le génie populaire – des machines à bourrer le crâne. Oh! je sais, le mot vous fait sourire. Vous n'êtes même plus sensibles au caractère réellement démoniaque de cette énorme entreprise d'abêtissement universel, où l'on voit collaborer les intérêts les plus divers, des plus abjects aux plus élevés – car les religions utilisent déjà les slogans. Politiciens, spéculateurs, gangsters, marchands, il ne s'agit que de faire vite, d'obtenir le résultat immédiat, coûte que coûte, soit qu'il s'agisse de lancer une marque de savon, ou de justifier une guerre, ou de négocier un emprunt de mille milliards. Ainsi les bons esprits s'avilissent, les esprits moyens deviennent imbéciles, et les imbéciles, le crâne bourré à éclater, la matière cérébrale giclant par les yeux et par les oreilles, se jettent les uns sur les autres, en hurlant de rage et d'épouvante.

Ne pas comprendre! il faudrait un peu plus de cœur que n'en possèdent la plupart des hommes d'aujourd'hui pour ressentir la détresse de ces êtres malheureux auxquels on retire impitoyablement toute chance d'atteindre le petit nombre d'humbles vérités auxquelles ils ont droit, qu'un genre de vie proportionné à leurs modestes capacités leur aurait permis d'atteindre, et qui doivent subir, de la naissance à la mort, la furie des convoitises rivales, déchaînées dans la presse, la radio. Être informé de tout et condamné ainsi à ne rien comprendre, tel est le sort des imbéciles. Toute la vie d'un de ces infortunés ne suffirait pas probablement à lui permettre d'assimiler la moitié des notions contradictoires qui, pour une raison ou pour une autre, lui sont proposées en une semaine. Oui, je sais que je suis presque seul à dénoncer si violemment ce crime organisé contre l'esprit. Je sais que les imbéciles dont je prends ainsi la défense n'attendent que l'occasion de me pendre, ou peut-être de me manger » car où s'arrêtera leur colère? N'importe! je répète que ce ne sont pas les Machines à tuer qui me font peur. Aussi longtemps que tueront, brûleront, écorcheront, disséqueront les Machines à tuer, nous saurons du moins qu'il y a encore des hommes libres, ou du moins suspects de l'être. La plus redoutable des machines est la machine à bourrer les crânes, à liquéfier les cerveaux. Oui, oui, riez tant que vous voudrez de ma colère, misérables prêtres sans cœur ! Tant que vous aurez un bout de tribune pour y menacer de l'enfer l'imbécile qui ne tire pas sa casquette au curé, ou qui ne donne pas à la quête, vous vous vanterez de tenir en main des consciences. Mais la Machine à bourrer les crânes en aura fini depuis longtemps avec le jugement, et sans jugement, pas de conscience ! Vos menaces ne toucheront plus que les tripes, non les âmes.

Les âmes ! On rougit presque d'écrire aujourd'hui ce mot sacré. Les mêmes prêtres imposteurs diront qu'aucune force au monde ne saurait avoir raison des âmes. Je ne prétends pas que la Machine à bourrer les crânes est capable de débourrer les âmes, ou de vider un homme de son âme, comme une cuisinière vide un lapin. Je crois seulement qu'un homme peut très bien garder une âme et ne pas la sentir, n'en être nullement incommodé ; cela se voit, hélas ! tous les jours. L'homme n'a de contact avec son âme que par la vie intérieure, et dans la Civilisation des Machines la vie intérieure prend peu à peu un caractère anormal. Pour des millions d'imbéciles, elle n'est qu'un synonyme vulgaire de la vie subconsciente, et le subconscient doit rester sous le contrôle du psychiatre. Oh ! sans doute, le psychiatre ne saurait être tenu pour responsable de cette bêtise, mais il ne peut pas non plus faire grand'chose contre elle. La Civilisation des Machines qui exploite le travail désintéressé du savant est moins tentée que jamais de lui déléguer la plus petite part de son magistère sur les consciences. Peut-être eût-elle été tentée de le faire au temps de la science matérialiste dont certaines théories, du moins en apparence, s'accordaient avec sa propre conception de la vie, mais la science actuelle ne se prête nullement aux grossières simplifications de la propagande.

Dans la lutte plus ou moins sournoise contre la vie intérieure, la Civilisation des Machines ne s'inspire, directement du moins, d'aucun plan idéologique, elle défend son principe essentiel, qui est celui de la primauté de l'action. La liberté d'action ne lui inspire aucune crainte, c'est la liberté de penser qu'elle redoute. Elle encourage volontiers tout ce qui agit, tout ce qui bouge, mais elle juge, non sans raison, que ce que nous donnons à la vie intérieure est perdu pour la communauté. Lorsque l'idée du salut a une signification spirituelle, on peut justifier l'existence des contemplatifs – c'est ce que fait l'Église au nom de la réversibilité des mérites et de la Communion des Saints. Mais dès qu'on a fait descendre du ciel sur la terre l'idée du salut, si le salut de l'homme est ici-bas, dans la domination chaque jour plus efficiente de toutes les ressources de la planète, la vie contemplative est une fuite ou un refus. Pour employer une autre expression de l'avant-dernière guerre, dans la Civilisation des Machines tout contemplatif est embusqué. La seule espèce de vie intérieure que le Technicien pourrait permettre serait tout juste celle nécessaire à une modeste introspection, contrôlée par le Médecin, afin de développer l'optimisme, grâce à l'élimination, jusqu'aux racines, de tous les désirs irréalisables en ce monde.

Imbéciles ! Vous vous fichez éperdument de la vie intérieure, mais c'est tout de même en elle et par elle que se sont transmises jusqu'à nous des valeurs indispensables, sans quoi la liberté ne serait qu'un mot. Vous, vous fichez non moins éperdument de ces valeurs ? Soit ! Ce que j'écrivais il y a un instant sur les gaillards qui se sont à peu près libérés de leur âme ne vous intéresse pas davantage ? Tant pis. Je me permettrai pourtant de revenir sur ce type si parfaitement représentatif, en un sens, de l'ordre et de la civilisation des machines, l'aviateur bombardier. À ce mot, les imbéciles recommencent à se gratter ; je devrai donc ouvrir une parenthèse. Il est d'usage, pour essayer de distinguer entre eux les imbéciles, de les classer en imbéciles de droite et en imbéciles de gauche. Les imbéciles de gauche n'auront pas tort de dire que la guerre totale est une invention des fascistes. Mais supposons, par exemple, qu'au temps de la guerre espagnole, les vaillantes armées russes aient envahi l'Allemagne. Existe-t-il, à droite ou à gauche, un imbécile assez imbécile pour oser me démentir si je dis que les aviateurs du maréchal Staline auraient pu se comporter exactement comme le firent, quatre ans plus tard, les aviateurs du maréchal Gœring, sans encourir le moindre blâme de leurs amis ? Ces messieurs, en se grattant plus énergiquement que jamais, auraient invoqué les impitoyables nécessités de la guerre, comme dix ans plus tôt ils invoquaient, pour excuser les milliers de cadavres de l'épuration léniniste, les nécessités non moins sacrées de la révolution communiste. Imbéciles de droite et de gauche, chiens que vous êtes, si vous vous grattez si furieusement, c'est que vous vous sentez, au fond, tous d'accord, vous savez tous très bien qu'à la Civilisation des Machines doit logiquement correspondre la guerre des machines. Assez de grimaces, hypocrites ! Torchez-vous une dernière fois les yeux, et revenons si vous le voulez bien à l'aviateur bombardier. Je disais donc que le brave type qui vient de réduire en cendres une ville endormie se sent parfaitement le droit de présider le repas de famille, entre sa femme et ses enfants, comme un ouvrier tranquille sa journée faite. « Quoi de plus naturel ! » pense l'imbécile, dans sa logique imbécile, « ce brave type est un soldat, il y a toujours eu des soldats ». Je l'accorde. Mais le signe inquiétant, et peut-être fatal, c'est que précisément rien ne distingue ce tueur du premier passant venu, et ce passant lui-même, jusqu'ici doux comme un agneau, n'attend qu'une consigne pour être tueur à son tour, et, devenant tueur, il ne cessera pas d'être un agneau. Ne trouvez-vous pas cela étrange ? Un tueur d'autrefois se distinguait facilement des autres citoyens, non seulement par le costume, mais par sa manière de vivre. Un vieux routier espagnol, un lansquenet allemand, ivrogne, bretteur et paillard, se mettaient, comme d'eux-mêmes, en dehors, ou en marge de la communauté. Ils agissaient ainsi par bravade sans doute, mais nous savons que la bravade et le cynisme sont toujours une défense, plus ou moins consciente, contre le jugement d'autrui, le masque d'une honte secrète, une manière d'aller au devant d'un affront possible, de rendre terreur pour mépris. Car le routier espagnol, le lansquenet allemand se jugeaient, eux aussi, de simples instruments irresponsables entre les mains de leurs chefs, mais ils n'en étaient pas fiers. Ils préféraient qu'on les crût plutôt criminels que dociles. Ils voulaient que leur irresponsabilité parût venir plutôt de leur nature, de leurs penchants, de la volonté du Bon Dieu, auquel ils croyaient en le blasphémant. Le bombardier d'aujourd'hui, qui tue en une nuit plus de femmes et d'enfants que le lansquenet en dix ans de guerre, ne souffrirait pas qu'on le prît pour un garçon mal élevé, querelleur. « Je suis bon comme le pain, dirait-il volontiers, bon comme le pain et même, si vous y tenez, comme la lune. Le grincement de la roulette du dentiste me donne des attaques de nerfs et je m'arrêterais sans respect humain dans la rue pour aider les petits enfants à faire pipi. Mais ce que je fais, ou ne fais pas, lorsque je suis revêtu d'un uniforme, c'est-à-dire au cours de mon activité comme fonctionnaire de l'État, ne regarde personne. »

Je répète que cette espèce d'homme diffère absolument de celle où se recrutaient jadis les aventuriers, les soudards. Elle est mille fois plus dangereuse, ou, pour mieux dire, afin de n'être pas injuste, son apparition et sa propagation parmi nous sont un présage inquiétant, une menace. L'espèce des soudards demeurait nécessairement peu nombreuse. On ne trouve pas, à chaque coin de rue, de ces risque-tout, de ces hors-la-loi – la guerre moderne, d'ailleurs, s'en accommoderait mal ; les fameux miquelets seraient plutôt aujourd'hui, en Amérique du Nord, des gangsters ou des policiers... Il est prouvé aujourd'hui que la Civilisation des Machines, pour ses besognes les plus sanglantes, peut trouver des collaborateurs dans n'importe quelle classe de la société, parmi les croyants ou les incroyants, les riches ou les pauvres, les intellectuels ou les brutes. Trouvez-vous cela très rassurant, imbéciles ? Moi, pas. Oh ! sans doute, les bombardiers démocrates, dites-vous, exécutent une besogne de justice. Mais les bombardiers d'Italie, par exemple, à l'époque de la guerre d'Éthiopie, ne pouvaient nullement prétendre exécuter une besogne de justice. Ils ne s'en recrutaient pas moins dans les mêmes milieux décents, bien-pensants. Et rappelez-vous, rappelez-vous un peu !... Parmi les justiciers démocrates d'aujourd'hui, en Amérique comme en Angleterre, n'auriez-vous pas trouvé alors un grand nombre d'amis et d'admirateurs de Mussolini ? M. Churchill lui-même ne comptait-il pas alors parmi eux ? Imbéciles ! Voilà longtemps que je le pense, si notre espèce finit par disparaître un jour de cette planète, grâce à l'efficacité croissante des techniques de destruction, ce n'est pas la cruauté qui sera responsable de notre extinction et moins encore, bien entendu, l'indignation qu'elle inspire, les représailles et les vengeances qu'elle suscite ; ni la cruauté ni la vengeance, mais bien plutôt la docilité, l'irresponsabilité de l'homme moderne, son abjecte complaisance à toute volonté du collectif. Les horreurs que nous venons de voir, et celles pires que nous verrons bientôt, ne sont nullement le signe que le nombre des révoltés, des insoumis, des indomptables, augmente dans le monde, mais bien plutôt que croît sans cesse, avec une rapidité stupéfiante, le nombre des obéissants, des dociles, des hommes, qui, selon l'expression fameuse de l'avant-dernière guerre, « ne cherchaient pas à comprendre ». Imbéciles ! Imbéciles ! Êtes-vous assez parfaitement imbéciles pour croire que, si demain, par exemple, l'impérialisme russe affrontait l'impérialisme américain, les bombardiers de l'une et l'autre nation hésiteraient une seconde à remplir de nouveau leur tâche ? Allez ! Allez ! imbéciles ! nous n'en resterons pas là. Les mêmes mains innocentes se feront demain dans la paix, avec la même indifférence professionnelle, les humbles servantes de l'État contre les inconformistes de mon espèce, les mal-pensants. « Que voulez-vous ? Je n'en suis pas responsable », voilà l'excuse-type, valable pour n'importe quel cas. Des milliers de braves gens de mon pays l'ont entendue tomber de la bouche du policier ou du gendarme de Vichy, pendant l'occupation allemande. Ces policiers, ces gendarmes étaient leurs compatriotes, souvent même leurs anciens camarades de la guerre, n'importe ! Pétain se nommait le chef de l'État, et l'État, dont les imbéciles croient dur comme fer que le rôle est de les élever, ou de les nourrir, de les instruire, de les soigner dans leurs maladies, de les entretenir dans leur vieillesse et finalement de les enterrer, a tous les droits. Que Pétain fût devenu chef de l'État par une véritable escroquerie et dans les conditions les plus déshonorantes pour un militaire, c'est-à-dire à la faveur de la déroute, le policier ou le gendarme ne s'embarrassaient nullement de ce détail. Au fond, l'immense majorité des hommes modernes est d'accord sur ce point. Le Pouvoir légitime est celui qui tient les cordons de la bourse, et par conséquent dispose des fonds nécessaires pour les entretenir, eux et leur progéniture. Si les chiens raisonnaient, ils ne raisonneraient pas autrement en faveur de celui qui leur donne la niche et la pâtée. « Ne te fâche pas, disait le gendarme de Vichy à son compatriote, je m'en vais te livrer à la police allemande, qui après t'avoir scientifiquement torturé te fusillera, mais que veux-tu ? Le gouvernement m'a donné une situation, et je ne peux naturellement pas risquer de perdre cette situation, sans parler de ma petite retraite future. Allons ! ouste ! Il ne faut pas chercher à comprendre. » La preuve que ce raisonnement est tout à fait dans le sens et l'esprit de la vie moderne, c'est que personne ne songe aujourd'hui à inquiéter ce policier ou ce gendarme. Lorsque ce brave serviteur de l'État rencontre le général de Gaulle, il le salue, et le général lui rend certainement son salut avec bienveillance.

Obéissance et irresponsabilité, voilà les deux Mots Magiques qui ouvriront demain le Paradis de la Civilisation des Machines. La civilisation française, héritière de la civilisation hellénique, a travaillé pendant des siècles pour former des hommes libres, c'est-à-dire pleinement responsables de leurs actes : la France refuse d'entrer dans le Paradis des Robots.

Et d'ailleurs, ce Paradis n'existe pas. Rien non plus ne l'annonce. Dans son discours d'inauguration à la conférence de San Francisco, le nouveau Président des États-Unis, Harry Truman, a déclaré textuellement : « Avec la brutalité et la destruction en rythme croissant, la guerre moderne, si nous ne réussissons pas à la contenir, détruira, en dernière instance, toute la civilisation. » Cette conférence est sans doute la dernière opportunité de salut qui est laissée au monde. Or, je le demande aux imbéciles, n'est-ce pas la condamnation du Système et de la Civilisation fondés sur le primat des formes les plus grossières de l'action que de telles paroles aient pu être prononcées, notamment par ce Truman, politicien d'affaires, sans race, sans passé, sans culture, et qui devrait avoir dans la Civilisation des Machines une confiance aveugle ? Hélas ! nous voyons bien se perfectionner chaque jour les instruments et les méthodes de la destruction, mais que trouvons-nous à opposer à la guerre sinon la guerre elle-même ? Oh ! je sais bien, il y a les conférences et les traités. Mais les imbéciles eux-mêmes comprennent que le perfectionnement de la guerre entraîne logiquement l'affaiblissement et la décadence des méthodes pacifiques de la diplomatie. Chaque invention nouvelle accroît le prestige de la Force, et fait décroître celui du Droit. Dans un monde armé jusqu'aux dents, le juge de Droit International Public finit par devenir une espèce de personnage cocasse, le survivant d'une époque disparue. Et d'ailleurs, il n'y a pas de professeur à la conférence de San Francisco ; le public a déjà très bien compris qu'elle est un événement de la guerre, qu'elle est dans le cadre de la guerre, les maîtres de la guerre s'y faisant représenter par des civils dont la seule besogne sera de traduire les formules de l'impérialisme en langage diplomatique et juridique.

Copyright © 2022 par FV Éditions
Couverture et mise en page : canva.com, FVE
ISBN Ebook : 9791029913846
ISBN Livre broché : 9791029913853
Tous droits réservés

www.ingramcontent.com/pod-product-compliance
Lightning Source LLC
LaVergne TN
LVHW031605060526
838201LV00063B/4737